황교장와 운명을 바꾸는

사주명리학 여행

국립중앙도서관 출판예정도서목록(CIP)

(운명을 바꾸는) 황교장의 사주명리학 여행 / 지은이: 황대
식. ─ 서울 : 상원문화사, 2017
    p. ;   cm

ISBN 979-11-85179-23-0 03180 : ₩20000

사주 명리학[四柱命理學]

188.5-KDC6
133.3-DDC23   CIP2017021429

황교장의

운명을 바꾸는

사주명리학 여행

황대식 지음

祥元文化社

추천의 글 1

"개인뿐만 아니라 집단이나 조직, 그리고 민족에게도 사주팔자가 있는 것 같습니다. 우리요? 우리 민족은 참 선하고 좋은 사주를 갖고 있죠."

사람들에게 가끔 농담 삼아 하는 얘기다. 물론 내가 사주팔자나 명리학에 대해서 잘 알고 하는 얘기는 아니다. 그런데 우리 민족 아니 내 주변에 있는 사람들의 심성만 잘 관찰해도 저런 생각이 들 때가 많다. 우리나라는 영어로도 잘 번역이 안 되는 '정(情)'이 넘치는 나라 아닌가?

가끔 이렇게 농담 삼아 '사주팔자'를 논하다가 친구 덕에 사주명리학 책을 접하게 되었다. 황교장은 나의 오랜 친구다. 창녕 영산중학교 동기생이다. 그동안 황교장에게 사주에 대한 많은 이야기를 들어왔는데 막상 책으로 대하니 느낌이 새롭다.

이 책 『운명을 바꾸는 황교장의 사주명리학 여행』은 나처럼 명리학을 잘 모르는 사람들도 부담 없이 읽을 수 있는 책이다. 그리고 어렵고 힘든 시기를 거치는 누군가를 돕고자 하는 선한 마음이 오롯이 담겨 있다.

저자는 사주명리학은 고단한 인생 상담의 중요한 도구일 따름이라고 말한다. 저자 본인이 그랬듯 사주팔자를 공부하는 이유는 꿈과 희망을 찾기 위해서라고 말한다. 실제로 황교장은 사주명리학을 학생들의 상담 도구로 활용하면서 학생들을 위로하고 격려하고 있다. 공부의 좋은 예라고 할 수 있다.

황교장은 운명을 바꿀 수 있다고 주장한다. 이른바 운명개척론이다. 사주를 보는 이유는 나의 타고난 장점을 취하고 단점을 보강하는 데 그 의미가 있다는 것이다. 이 책에서 가장 나의 눈길을 끈 것도 '운명을 바꾸는 개운법'이다. 사주명리학에 대한 바른 이해를 바탕으로 자신의 운명을 개척하는 방법으로 이 책에서는 '적덕'을 강조하고 있다.

적덕은 동서고금을 막론하고 관통하는 주제다. 사주가 나쁜데도 일이 잘 풀리는 사람들을 보면 그 집안의 선조들이 적선을 많이 한 경우를 볼수 있다고 한다. 『주역』〈문언전〉의 "積善之家 必有餘慶 積不善之家 必有餘殃"은 "선을 쌓은 집은 반드시 경사가 넘치고 불선을 쌓은 집은 반드시 재앙이 넘친다."라는 동양 고전과 서양 심리학자 알프레드 아들러(Alfred Adler, 1870-1937)의 행복의 세 가지 조건 중 '타자공헌'과 일맥상통한다고 할 수 있다.

내가 돈 잘 벌던 변호사로 살다가 인권변호사, 시민운동가, 그리고 지금 시장으로 사는 것도 바로 이런 기쁨 때문이다. 참여연대, 아름다운재단, 아름다운가게, 희망제작소 등 사회단체를 운영하면서 수많은 이타적삶을 지켜보았다. 수많은 이타적 삶이 모여 사회를 바꿔왔고, 지금도 바꾸고 있다. 이타적 삶은 자신의 운명을 바꿀 뿐 아니라 중독성과 감염성을 가지고 다른 사람의 인생을 바꾸기도 한다.

이 책을 읽으면서 인생을 돌아보고 앞으로의 삶에 대해서 생각해보는 시간이 되었다. 그런 성찰의 시간, 전망의 시간을 갖게 해준 황교장에게 고맙다. 황교장의 선한 생각, 그 실천을 위한 40년간 공부에 박수를 보낸다.

서울특별시장
박원순

# 추천의 글 2

　황대식 교장선생님은 내게 늘 큰 힘이 되어주시는 '큰 형님' 같은 분
이다. 실제로는 고등학교, 대학교 선배님이자 대학원 석사과정에서는 교
육행정을 함께 전공해 같이 졸업한 동기생이기도 하다. 그리고 내가 연
애를 하고 결혼을 할 때 사주를 봐주며 '격려'를 해주고, 두 아이가 장성
하기까지 진로문제에도 조언을 아끼지 않은 나의 영원한 '상담역'이기
도 하다.

　퇴직을 앞두고 그동안 40년 넘게 공부해 온 명리학의 이론과 실제에
관한 저서를 펴낸다고 하여 이 분야에 대한 나의 일천한 지식에 조금 도
움을 얻고자 숙독하는 기회를 가졌다.

　『운명을 바꾸는 황교장의 사주명리학 여행』은 나처럼 전공영역이 다
른 일반 독자가 사주명리학이 어떤 학문인지를 알 수 있도록 아주 쉽게,
그리고 체계적으로 접근하고 있다.

Chapter01 명리학 기본 여행은 명리학을 처음 접하는 일반 독자가 차례 차례 읽어가면 명리학의 기본을 알게 되어 자신의 사주를 직접 해석해 볼 수 있는 기초상식을 제공해 주고 있다.

Chapter02 명리학 핵심 여행은 Chapter01을 바탕으로 좀더 깊이 있게 공부하고 싶은 독자들에게 도움이 될 수 있는 심화 확장된 내용을 다루고 있다.

Chapter03 명리학 진로 여행은 사주명리학이 상담의 도구로서 어떤 역할을 할 수 있는지 알 수 있도록 명리학과 진로, 직업과의 관련성을 제시하고 있다.

Chapter04 명리학 공부 여행은 Chapter03의 진로를 바탕으로 하여 평생학습시대에 어떻게 공부해야 4차 산업혁명시대를 살아갈 수 있는가를 구체적으로 진술하고 있다.

마지막 **Chapter05 운명을 바꾸는 여행**에서 자신의 운명을 바꾸는 구체적이고 실천적 방법을 제안하고 있다. 특히 사주 풀이는 상담의 한 도구일 뿐이므로 자신의 사주에 대한 이해를 바탕으로 자신의 운명을 바꾸는 '개운법'을 제시하고 있는 것이 이 책이 여타 다른 명리학 서적과 다른 점일 것이다.

명리학의 이론적 공부를 넓게, 깊게 하는 것은 명리학자의 몫이다. 일반인들은 명리학에 대한 기초적인 앎이 있어야 그들이 하는 풀이와 해석이 옳은 것인지, 그른 것인지 판단할 수 있다. 또한 나의 사주를 아는 것에 그친다면 그 앎은 의미가 없다. 앎으로써 개선하고 개척해 나가야 한다. 이 책에서 저자가 주장하는 바 역시 운명을 개척하자는 것이다. 그리고 운명을 개척하기 위해 어떻게 살아야 하는가를 구체적으로 제시하고 있기에 더 의미가 있다.

이 책은 일반독자의 입장에서 읽어도 쉽게 이해가 되지만, 여러 전문가들의 이론을 망라하여 비교 분석하고 있어 명리학의 전문가가 읽어도 손색이 없다고 느껴졌다.

이제 퇴임을 앞두고 그간의 '내공'을 한 권의 역작에 쏟아부은 그 열정에 고마움과 감사한 마음을 전한다. 앞으로도 늘 든든한 형님으로, 내 삶의 영원한 '상담역', 나아가 우리 사회의 '황도사님'으로 늘 함께 해주시길 부탁드린다.

경성대학교 환경공학과 교수
환경경제학 박사 김해창

운명은 바꿀 수 있다

2007년부터 Daum 블로그에 '황도사의 사주여행'이라는 이름으로 글을 올리기 시작했다. 그 후 '황교장의 명리학 여행'으로 타이틀을 바꾸었다. 2010년 모라중학교 교장으로 재직할 때 한 여학생이 담임선생님에게 걱정스러운 표정으로 '우리 교장선생님이 무당이에요?'라고 물었기 때문이다. 도사와 무당을 구분하지 못하고 도사라고 했더니 자칫 혹세무민하는 무당과 같은 것으로 오해하였던 것이다.

그래서 황도사를 황교장으로, 사주여행을 명리학 여행으로 바꾸어 '황교장의 명리학 여행'이라고 이름을 붙였다. 지금은 '황교장의 사주명리학 여행(http://blog.daum.net/whang77)'이 블로그의 정식 이름이다. 명리학이 어떤 학문인지를 모르는 사람들이 많아서 다시 좀더 명확하게 명리학에 사주를 하나 더 붙인 것이다.

2015년부터 부산광역시 교육연수원 지정 특수분야 연수로 '사주명리학으로 열어가는 진로상담'과 '사주명리학으로 열어가는 학습지도',

'사주명리학으로 열어가는 생활지도'라는 내용으로 연수를 실시했다. 이 연수의 대상자는 초·중등학교 교원들이다. 이 책은 이 연수의 교재를 바탕으로 일부 수정, 첨삭하여 만들어졌다.

책의 부제가 '운명을 바꾸는'이다. 일반적으로 운명을 말할 때 운명결정론과 운명개척론으로 구분한다. 나는 운명개척론자이다. 타고난 운명을 바꿀 수 없다면 사주팔자를 볼 필요가 없는 것이다. 사주를 보는 이유는 취장보단(取長補短)이다. 즉, 나의 타고난 장점을 취하고 단점을 보강하는 데 그 의미가 있다.

고등학교 시절 아버지의 갑작스런 죽음으로 인생무상을 경험하면서 운명학에 입문하게 되었다. 그 후 많은 시련과 좌절을 겪었다. 그 과정에서 과연 인간의 운명은 타고나는 것인가에 대한 의문을 항상 가지고 있었다. 사주명리학에 대한 나의 공부는 그 의문에 대한 답을 얻기 위한 부단한 탐색이라고 할 수 있다.

지금까지 45년 정도의 탐색 끝에 이런 결론에 도달했다. "인간은 많은 부분 타고난 운명대로 살아간다. 그러나 그 운명을 바꿀 수 있다."

그동안 우리나라에 출판된 명리학 관련 책들은 거의 다 보았고, 실제 수많은 사람들의 사주를 분석해 보았다. 그러나 명리학의 고전이라는 책들도 내용이 서로 달라 애로가 많았고, 실제 사주감정을 해 보면 책에서 말하는 이론과는 다르게 살아가는 사람들이 많았다. 이러한 것들을 극복하기 위해 또 많은 책을 보고 여러 사람의 사주를 감정하는 데 아주 많은 시간이 걸렸다. 40년간의 이론과 실전을 거친 결과 결국 사주감정은 인생상담에 있어서 참고할 수 있는 가장 중요한 도구라는 결론에 이르렀다. 사주팔자를 분석하는 것은 고단한 인생상담의 중요한 도구일 따름이다. 사주팔자가 말 많고 한 많은 인생의 모든 것을 말해 주지는 않는다. 그러나 현대심리학에서는 결코 해결해 줄 수 없는 것을 우리에게 많이 알려준다.

현대심리학과 뇌과학에서는 인간의 동기나 행동양식, 이상행동, 정신분석 등 자신의 행동이 왜 그렇게 나오고 그 밑에 깔려 있는 욕망과 동기와 리비도가 어떻게 연결되는가 등을 설명한다. 전두엽의 기능에 문제가 있으면 주의력결핍과잉행동장애(attention deficit hyperactivity disorder, ADHD)와 충동조절장애(Impulse control disorder) 등으로 설명하고 치료할 수는 있지만 인간의 미래에 대한 예측은 전혀 할 수 없다.

그런데 사주이론은 언제쯤이면 운의 흐름이 좋아질 것이라는 예측이 가능하다. 그동안 많은 학생들을 상담하면서 실증적 경험을 하였다. 생을 포기하려고 수면제를 과다 복용한 학생이 있었다. 학교 부적응으로 전학을 가기 위해 허락을 받으러 교장실로 왔다가 사주상담을 30분 가량 받고서는 그 후 열심히 학교생활에 잘 적응하여 무난히 졸업하고 고등학교에 진학해서도 잘 살아가고 있다. 상담을 통해 장래에 대한 희망을 주었기 때문이다.

그 학생은 42살부터 대운이 오는 사주였다. 그래서 42살이 되면 CEO 가 되는 사주인데 '그냥 이대로 생을 그만둘 것인가?'라는 것이 상담의 핵심이었다. 미래에 대한 불안과 불확실함을 꿈과 희망으로 바꾸어준 것이다.

우리 인간은 꿈과 희망을 먹고 산다. 사주명리학을 공부하는 이유는 꿈과 희망을 찾기 위해서다. 그런데 일반 시중의 술사들 중에서는 그저 위협적인 이야기만 들려주고 굿을 한다거나 부적을 쓰라고 하면서 혹세무민을 하다 보니 사주명리학을 비판하는 사람들도 많이 있다.

그런데 사주명리학을 비판하는 사람 중에 사주팔자가 무엇인지 제대로 알고 비판하는 사람은 드물다. 그저 피상적으로 알고 있는 것만을 가지고, 또는 무지해서 무조건 적대시하기도 한다. 그러나 사주명리학은 미신, 종교도 아닌 가장 현실적이고 오래된 학문이다. 이 책을 한 번이라고 끝까지 읽는다면 어설픈 술사들에게 혹세무민 당하지 않을 것으로 확신한다. 적대시하는 사람도 이 책을 다 읽고 합리적 비판을 한다면 사주 명리학이 학문으로서 더 발전할 수 있을 것으로 생각한다.

　이 책은 명리학의 기본이론을 다지고, 핵심이론을 거쳐 학생들의 진로 교육과 학습이론에 초점을 맞추었다. 그리고 무엇보다도 강조하는 것은 타고난 운명도 노력과 신념으로 바꿀 수 있다는 것이다. 쉽지 않은 내용 이지만 끝까지 정독을 하여 인생에 좋은 지침서가 되었으면 하는 것이 나의 40년 공부의 바람이다.

황대식 드림

|目次|

● 추천의 글 1 4
● 추천의 글 2 8
● 프롤로그 12

Chapter 01 명리학 기본 여행

Ⅰ 명리학의 역사 22

Ⅱ 명리학이란 무엇인가 31

Ⅲ 음양오행이란 무엇인가 33

Ⅳ 간지란 무엇인가 41

Ⅴ 십간 이야기 44

Ⅵ 십이지 이야기 62

Ⅶ 지지의 비밀 – 지장간(支藏干) 86

Ⅷ 명리학의 기준은 음력인가, 양력인가 94

Ⅸ 내 사주 내가 보는 법 101

Chapter 02 명리학 핵심 여행

Ⅰ 십성(十星), 사주 분석의 핵심 112

Ⅱ 간지의 변화 128

Ⅲ 용신이란 무엇인가 151

Ⅳ 신살 이야기 162

Ⅴ 십이운성 221

Chapter 03 **명리학 진로 여행**

　　Ⅰ　진로와 직업 232

　　Ⅱ　일간과 진로직업 243

　　Ⅲ　격국과 진로직업 248

　　Ⅳ　용신과 진로직업 268

　　Ⅴ　직업의 적응과 변동 274

　　Ⅵ　4차 산업혁명과 직업 277

Chapter 04 **명리학 공부 여행**

　　Ⅰ　사주와 학습 292

　　Ⅱ　공부 잘하는 방법 297

Chapter 05 **운명을 바꾸는 여행**

　　Ⅰ　좋은 사주는 어떤 사주인가 330

　　Ⅱ　운명을 바꾸는 개운법(改運法) 347

● 참고문헌 365

황교장의 시주명리학 여행

Chapter 01

명리학 기본 여행

I 명리학의 역사

사주의 역사는 인류의 역사와 같다고 해도 과언은 아닐 것이다. 인간은 미래가 불확실한 존재다. 언제 어떻게 살다가 죽는가에 대한 의문과 살아가는 동안 길흉화복(吉凶禍福)에 대한 궁금증은 원시사회에서도 지금과 마찬가지로 존재했을 것이다.

사주의 근원은 동양역사와 같은 뿌리를 갖고 있다. 중국 고대 신화의 제왕들인 삼황오제 시대부터 명리학은 시작되었다고 볼 수 있다.

① 삼황(三皇)

사마천은『사기(史記)』에서 천황, 지황, 인황으로 나누었지만 황보밀의『제왕세기』에서는 복희, 신농, 황제를 삼황이라고 했다.

② 오제(五帝)

오제는 여러 문헌에서 조금씩 다르게 표현하고 있는데 대체로 소호 금천씨, 전욱, 제곡, 요임금, 순임금으로 전해진다.

가. 소호 금천씨는 황제의 아들로서 서쪽을 다스리는 신이다.

나. 전욱은 황제의 손자이고 금천씨의 아들이다. 북쪽을 다스리는 신이다. 여기에서 오행이 나왔다. 동쪽을 다스리는 복희씨, 남쪽을 다스리는 신농씨, 중앙을 다스리는 황제, 서쪽을 다스리는 금천씨, 북쪽을 다스리는 전욱이다.

또한 사계절도 같이 포함시키고 있다. 동쪽은 봄, 남쪽은 여름, 서쪽은 가을, 북쪽은 겨울을 나타낸다. 동서남북 가운데 있는 것이 중앙이다. 오행사상은 중앙을 가장 중시하고 있다. 황제는 중국 역사상 최고의 신이다.

여기에 중국 한(漢)족들의 천하관(天下觀)이 잘 나타내고 있다. 가운데에 있는 자신들은 가운데에서 화려하게 빛난다는 의미인 중화(中華)라고 하고, 동서남북 변방에 있는 민족은 오랑캐라고 생각하는 그들의 선민의식을 엿볼 수 있다. 그들은 황제가 문자,

의복, 집, 수레, 악기 등 인간이 살 수 있는 기본적인 문명과 문화를 만들었다고 생각한다. 또한 한자와 12간지도 황제가 만들었다고 한다.

우리가 단군임금을 배달민족의 시조라고 생각하듯이, 중국 한족들의 시조는 황제라고 생각한다. 중화민국(中華民國)도 중앙에서 화려하게 빛나는 나라라는 의미다.

3. 하(夏)나라

순임금은 아들인 상균에게 나라를 물려준 게 아니라 신하 가운데 가장 어질고 현명한 우임금에게 나라를 물려주었다. 이 우임금이 바로 중국 최초의 고대왕조인 하나라의 시조가 된다.

하나라는 17대 걸왕 때 은나라를 세운 탕왕에게 멸망된다. 걸왕은 사치와 향락에 빠져 정사를 게을리 하고 주지육림의 놀이를 즐기는 등 악행을 일삼은 왕이다.

4. 은(殷)나라

탕왕은 주지육림의 걸왕을 물리치고 새로이 은(殷, BC1751-BC1111, 초기 국명은 商)나라를 세웠다. 이는 중국 역사상 최초의 역성혁명이다. 역성혁명의 명분은 천명(天命)과 민심(民心)이다.

탕왕이 세운 은나라 때에 갑골문자가 만들어졌다. 또한 1년을 12달로 나누고 60갑자를 사용했다.

은나라는 제30대 임금인 주왕 때 주나라 무왕에게 멸망된다. 주왕은 바른말을 하는 숙부인 비간의 심장을 꺼내는 등 만행을 일삼은 폭군의 대명사이다.

5. 주(周)나라

은나라를 멸하고 주(BC 1111-BC 221)나라를 세운 것이 중국 왕조 역사상 두 번째의 역성혁명이다.

주나라의 초대왕인 무왕의 아버지인 문왕이 후천팔괘를 만들었다는 설이 지금까지는 가장 유력한 설이다. 즉, 선천팔괘는 복희씨가 만들고 후천팔괘는 문왕의 작품이다. 지금 우리가 사용하는 『주역』은 무왕의 아들인 주공이 384효(爻)에 사(辭)를 붙여서 완성하였다고 한다.

6. 춘추전국시대

기원 전 770년, 주나라 13대 천자인 평왕이 유목민인 견융족에 의해 쫓겨나 낙읍으로 천도하면서 동주시대가 시작되었다.

동주는 춘추(春秋)와 전국(戰國) 두 시기로 나누어진다. 동주의 전기를 춘추시대라 칭하고, 후기는 전국시대라 칭한다. 춘추시대(BC 770-BC 403)라는 명칭은 공자의 저서 『춘추』에서 유래했다. 전국시대(BC 403-BC 221)라는 명칭은 유향의 『전국책』이라는 저서에서 유래되었다.

춘추전국시대에는 여러 나라들의 군주들이 패권을 차지하기 위해 경쟁을 벌였다. 이러한 역사적인 배경이 사상의 발달을 촉진시켰다. 그 결과 중국 사상사에서 가장 빛나는 시대를 열었다. 일반적으로 춘추전국시대를 사상의 황금시대인 '제자백가' 시대라 부른다. 이때 형성된 사상들은 공자를 중심으로 한 유가사상과 묵자를 중심으로 한 묵가사상, 노자와 장자를 중심으로 한 노장사상, 한비자와 이사를 중심으로 한 법가사상 등이다.

위의 사상들과 더불어 제나라의 학자 추연은 오행설을 주창하며 제왕의 운명과 인간의 길흉화복을 설명하였다.

전국시대에는 천문학도 발달하여 황도 부근 120개 항성의 위치와 북극의 각도 등이 정밀하게 기록되어 있다. 태양력인 절기력이 이때에 완성된 것으로 본다.

또한 지금도 활용되고 있는 한의학의 고전인 『황제내경』이 전국시대 초기에 쓰였다. 한의학은 음양오행을 바탕으로 발전된 학문이므로 이 당시에 음양오행 이론이 상당한 수준으로 발전되었다고 볼 수 있다.

전국시대도 BC 221년에 진(秦)의 시황제가 중국 최초의 통일 국가를 이루게 됨으로써 막을 내리게 된다.

전국시대가 진(秦, BC 221-BC 207)나라로 통일된 후 다시 한(漢, BC 206-220) → 삼국시대(三國時代, 220-265, 위, 촉한, 오) → 진(晋, 265-420) → 5호 16국(五胡十六國, 304-439) → 남북조(南北朝, 439-589) → 수(隋, 581-618) → 당(唐, 618-907)으로 이어지면서 사주이론은

조금씩 발전하였다.

현재까지 전해지고 있는 당사주(唐四柱)는 당나라 때 만들어진 사주라서 당사주라고 한다. 지금도 공원이나 유원지에서 할아버지들이 그림이 들어 있는 당사주를 봐주고 있다.

7. 오대십국과 송나라

현대 명리이론의 기본인 일간을 중심으로 보는 방법은 서자평(徐子平)이 처음으로 사용했다. 서자평은 당이 멸망하고 송이 건국되기까지 53년간 혼란기인 오대십국(五代十國, 907–960)시대의 사람이다. 서자평은 종전의 연주(年柱) 위주에서 일간(日干) 위주로 보는 오늘의 명리이론을 처음 만들었다.

명리학을 일명 '자평명리학'이라고 하는 이유가 여기에 있다. 오늘날 명리를 공부하는 사람은 반드시 읽어야 하는 교과서적인 책이 바로 서자평이 지었다는 『연해자평』이다.

그러나 『연해자평』은 서승이 엮었다고 알려져 있다. 서승은 송(宋, 960–1279)나라 때 사람이다. 서승(徐升)이 서자평이 지은 『연원(淵源)』이라는 책과 자기가 쓴 『연해(淵海)』를 합본한 것이 오늘날 우리가 공부하는 『연해자평(淵海子平)』이라고 한다.

8. 원나라

원(元, 1271–1368)나라 말기에 경도(京圖)라는 분이 『적천수(滴天

髓)』원문을 지었다고 알려져 있다. 그러나 경도는 명나라의 개국공
신인 유백온과 같은 사람이라는 설도 있다.

9. 명나라

명(明, 1367-1644)나라 때는 개국 공신인 유백온이 명리학 최고의
교과서인 『적천수(滴天髓)』를 지었다고 알려져 있다. 그리고 장남(張
楠)은 『명리정종(命理正宗)』을 지었다. 이는 『연해자평』과 대동소이
하나 조금 진일보한 느낌이 드는 책이다.

10. 청나라

청(淸, 1616-1912)나라로 넘어오면서 고증학의 영향으로 명리이론
은 더욱 발전한다. 청나라 초기에 작자 미상의 『난강망(欄江網)』이 발
행되었는데 이 책을 기초로 여춘태가 『궁통보감(窮通寶鑑)』을 지었다.
청나라 중엽에 심효첨이 『자평진전(子平眞詮)』을 저술했다. 심효첨
은 건륭 4년(1665)에 진사에 급제한 사람이다.
임철초는 1846년에 『적천수천미(滴天髓闡微)』를 저술했다.

11. 중화민국

중화민국(1912-) 이후에는 원수산, 서락오, 위천리라는 3대 학자가
있다.

가. 원수산

원수산은 그동안 비밀리에 전해오던 『적천수천미(滴天髓闡微)』를 발행하여 대중에게 알린 사람이다.

나. 서락오

서락오(1886-1948)는 근대 중국 명리학계의 아버지로 1935년에 『적천수징의(滴天髓徵義)』를 발행했다. 1938년에 명리학의 내용을 일목요연하게 정리한 『자평수언(子平粹言)』을 저술하였다. 1941년 자신의 『궁통보감』을 증보하여 『조화원약평주(造化元鑰評註)』를 발행했다.

서락오는 이처럼 명리학의 삼대 필독서라고 평가되는 『적천수』, 『자평진전』, 『궁통보감』을 모두 평주하여 현대 명리이론의 기틀을 마련했다.

다. 위천리

위천리는 1911년 절강성에서 출생했다. 위천리(韋千里)는 1933년 진소암의 『명리약언』을 교정, 주석하여 『정선명리약언』을 출판하였으며 1934년 『명학강의』를 저술, 발행했다. 1946년 『팔자제요(八字提要)』를, 1963년에는 중국의 유명인사와 자신이 직접 감명한 자료를 엮은 『고고집(呱呱集)』을 저술했다. 이 책들 중에서 『정선명리약언』은 고전을 발견하여 발행한 것으로 명리학 연구에 큰 공헌을 한 것이다.

한국의 명리 대가라고 평가받는 박재완(朴在玩)선생이 1974년 『명리요강(命理要綱)』을 저술할 때 위천리의 『명학강의』를 번역하여 출간했다. 『팔자제요』 또한 박재완이 번역하면서 일지론(日支論)을 추가하고 한국인 사주와 명리용어해설을 약간 삽입해서 『명리사전』으로 저술한 것이다. 그러므로 위천리의 학설은 박재완을 통하여 간접적으로 한국에 전파되었다.

12 우리나라

고려 태조 13년(930)에 '서경에 학교를 창설하고 여기에 의업과 복업의 두 과목을 병설하였다' 라는 기록과 '고려 광종 9년에 진사 갑과에 2인과 명경과 3인과 복업과에 2인을 뽑았다.' 라는 기록이 『고려사』에 나온다.

조선시대에는 세종 12년(1430)에 명학과의 취재시험과목에 『난강망』이 등장한다. 그리고 세조 12년(1466)에 편찬된 『경국대전』〈예전〉에서 '자평통변연원'이 음양과, 명학과의 시험과목으로 채택되었다. 그 외 무학대사의 『무학비결』, 화담 서경덕선생의 『홍연진결』, 남사고선생의 『격암유록』, 이지함선생의 『토정비결』 등이 있다.

해방 후에는 이석영(李錫暎)선생의 『사주첩경(四柱捷徑)』이 있다. 그동안 한국의 명리이론서는 중국책의 번역이 대부분이었는데 이 책은 1948년부터 1969년 동안 약 20년간 저자가 직접 임상경험을 바탕으로 저술된 국산 1호인 셈이다.

Ⅱ 명리학이란 무엇인가

명리학이란 태어난 생년월일시를 간지로 환산한 사주팔자를 가지고 운명을 예측하는 학문이다. 사주팔자를 연구하는 것을 우리나라에서는 명리학(命理學), 일본은 추명학(推命學), 중국은 산명학(算命學) 등으로 부른다.

사주팔자(四柱八字)란, 쉽게 풀이하면 4개의 기둥과 8개의 글자다. 사주(四柱), 즉 4개의 기둥은 자신이 태어난 연, 월, 일, 시를 말한다. 즉 사주는 생년월일시를 이름이다. 팔자(八子), 8개의 글자란 태어난 연, 월, 일, 시에 배당된 글자가 각각 두 자씩 여덟 자라서 팔자라고 한다. 결국 사주와 팔자는 같은 말이다.

그렇다면 간지란 무엇인가?
간지란, 천간과 지지를 줄여서 이르는 말이다. 천간은 하늘을 뜻하고, 지지는 땅을 뜻한다.

천간(天干)은 **갑(甲) 을(乙) 병(丙) 정(丁) 무(戊) 기(己) 경(庚) 신(辛) 임(壬) 계(癸)** 10개이기 때문에 십간(十干)이라고 부른다.

지지(地支)는 **자(子) 축(丑) 인(寅) 묘(卯) 진(辰) 사(巳) 오(午) 미(未) 신(申) 유(酉) 술(戌) 해(亥)**의 12가지를 말하며, 그래서 십이지(十二支)라고 부른다.

다시 말해 간지란 십간(十干)과 십이지(十二支)를 이르는 말이다. 10개의 천간이 12개의 지지와 짝을 이루어 60갑자를 만들고 그것으로 사주팔자를 구성하여 인간의 운명을 설명하게 된다.

60甲子									
甲子	乙丑	丙寅	丁卯	戊辰	己巳	庚午	辛未	壬申	癸酉
甲戌	乙亥	丙子	丁丑	戊寅	己卯	庚辰	辛巳	壬午	癸未
甲申	乙酉	丙戌	丁亥	戊子	己丑	庚寅	辛卯	壬辰	癸巳
甲午	乙未	丙申	丁酉	戊戌	己亥	庚子	辛丑	壬寅	癸卯
甲辰	乙巳	丙午	丁未	戊申	己酉	庚戌	辛亥	壬子	癸丑
甲寅	乙卯	丙辰	丁巳	戊午	己未	庚申	辛酉	壬戌	癸亥

Ⅲ 음양오행이란 무엇인가

　　우주의 원리는 음양의 운동성이다. 우주는 끊임없이 음양운동을
하고 있다. 이 음양운동을 조금 더 구체적으로 표현한 것이 쉼 없이
운행하는 오행의 상생 상극이다.

1. 음양오행의 뜻

우리가 늘상 쓰고 있는 '일월화수목금토'에서 '일월'은 음양이고 '화수목금토'는 오행이다. 한 주일이 끝나면 다시 처음부터 시작되는 것이 바로 음양오행의 원리이다. 여기에는 우주는 돌고 돈다는 의미가 내포되어 있다.

해는 양이고, 달은 음이다. 남자는 양이고, 여자는 음이다. 밝음은 양이고, 어둠은 음이다. 기쁨은 양이고, 슬픔은 음이다. 교만은 양이고, 겸양은 음이다. 이처럼 음양은 상대적이다. 대립 속에 융화를 나타낸다. 서로 의지하고 도와준다. 이기고 지는 법이 없다.

음이 극에 달하면 양이 생긴다. 양이 극에 달하면 음이 생긴다. 슬픔이 극에 달하면 웃음이 나온다. 기쁨이 극에 달하면 눈물이 난다. 양지가 음지된다. 음지가 양지된다. 즉 양 속에 음이 존재하고 음 속에 양이 존재하면서 공존하는 것이다. 사랑에도 남녀가 공존해야지 어느 한 쪽의 일방적인 사랑은 아픔과 슬픔만 주는 것이다.

『주역』《계사전》〈상편〉에 일음일양지위도(一陰一陽之謂道, '음에도 한결 같고 양에도 한결 같음을 도라고 하니' 또는 '한 번 음하고 한 번 양하는 것을 일러 도라고 하니'로 해석함)의 구절이 나온다.

이것이 『주역』과 성리학의 토대를 이룬다.

2. 음양오행_상생 관계

오행은 서로 다른 다섯 가지의 기운들[목화토금수]이 순환하면서 우주의 모든 것들을 탄생시키고, 소멸시키는 원초적인 기운이라고 정의할 수 있다.

음양오행 이론을 인체에 적용시키면 한의학이 되고, 지리에 적용시키면 풍수지리학이 되고, 인간의 품성에 적용시키면 성리학이 되고, 인간의 운명에 적용시키면 사주명리학이 된다.

음양오행에서 음양은 해와 달을 의미하고, 오행은 목성, 화성, 토성, 금성, 수성을 의미한다. 이때 목은 나무를 말하는 것이 아니고 나무의 기운인 형이상학적인 의미다. 화는 불의 기운, 토는 흙의 기운, 금은 쇠의 기운, 수는 물의 기운이다.

오행의 서로 다른 다섯 가지 기운들은 서로 돕는 것[상생]과 서로 극[상극]하는 성분들이 있다. 이것을 상생과 상극이라고 말한다.

상생(相生) 관계란 목생화(木生火), 화생토(火生土), 토생금(土生金), 금생수(金生水), 수생목(水生木)이다.

이해를 돕기 위해 풀이해 보면 다음과 같다.

가. **목생화** : 나무는 불이 잘 탈 수 있도록 도와준다.
나. **화생토** : 불이 타면 재가 되어 흙이 된다.
다. **토생금** : 흙 속에서 금이 나온다.
라. **금생수** : 금은 물을 만든다. 이른 아침 쇠로 된 가로등 전신주에
　　　　　　　물이 맺힌 것을 상상해 보시라.
마. **수생목** : 다시 물이 나무가 잘 자랄 수 있도록 도와준다.

목→화→토→금→수→목→……이렇게 자연스런 순환이 상생 관계이다.

3. 음양오행_상극 관계

상극(相剋) 관계란 목극토(木剋土), 토극수(土剋水), 수극화(水剋火), 화극금(火剋金), 금극목(金剋木)이다.

좀더 자세히 풀이하면 다음과 같다.

가. **목극토** : 나무의 뿌리가 흙을 파고 든다.
나. **토극수** : 흙(제방)은 흐르는 물을 막는다.
다. **수극화** : 물은 타오르는 불을 끈다.
라. **화극금** : 불은 쇠를 녹인다.
마. **금극목** : 쇠는 나무를 자른다.

4. 오행의 상생상극도(相生相剋圖)

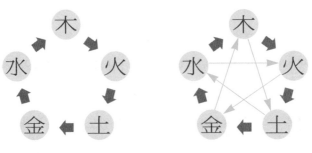

오행의 상생표(바깥 방향)   오행의 상극표(안쪽 방향)

종류 \ 오행	木	火	土	金	水
기본형	나무	불	흙	쇠	물
천간	갑을(甲乙)	병정(丙丁)	무기(戊己)	경신(庚辛)	임계(壬癸)
지지	인묘(寅卯)	사오(巳午)	진술축미(辰戌丑未)	신유(申酉)	해자(亥子)
색	청색	적색	황색	백색	흑색
오음	아음(牙音)	설음(舌音)	후음(喉音)	치음(齒音)	순음(脣音)
오장	간장	심장	비장	폐장	신장
오부	담	소장	위장	대장	방광
오방	동	남	중앙	서	북
숫자	3, 8	2, 7	5, 10	4, 9	1, 6
자음	ㄱ,ㅋ	ㄴ,ㄷ,ㄹ,ㅌ	ㅇ,ㅎ	ㅅ,ㅈ,ㅊ	ㅁ,ㅂ,ㅍ

6. 사주에 특정 오행이 많을 경우

가. 목(木)이 많은 경우

木은 적극성, 진취성, 긍정성, 유연성, 추진력, 미래지향성, 창조력, 즉흥성 등을 나타낸다. 직업으로는 학자, 기획, 발명, 디자인, 제조 등 무에서 유를 창조한다. 그러나 목이 너무 많으면 토와 금이 약해진다. 그래서 수렴과 결실이 약해지고 소비나 지출이 많아진다.

나. 화(火)가 많은 경우

火는 사교성, 열정, 밝은 것, 화려한 것, 예쁜 것, 세속적인 것 등을 의미하며 명예, 명랑, 쾌활, 예의, 인기, 처세 등을 상징한다. 화가 많으면 금기나 수기가 약해져 수렴과 결실이 부족하고 안정과 휴식이 부족하다.

다. 토(土)가 많은 경우

土는 중재와 조절을 나타낸다. 중용지도이다. 토가 많으면 둔해 보이고 우유부단하다. 수가 약해지므로 신장, 방광, 생식기 계통의 질병이 있는 경우가 있다.

라. 금(金)이 많은 경우

金은 결실, 단절, 흑백논리, 냉정함, 의리, 혁명 등을 나타낸다. 금이 많으면 시비를 즐기고 타협이 부족하고, 깐깐하고 인간관계가 부족하다. 목이 약해 추진력과 실천력이 부족할 수 있다.

마. 수(水)가 많은 경우

水는 지혜, 저장, 갈무리, 휴식, 충전, 인내, 어두운 것, 비세속적인 것 등을 나타낸다. 수가 많으면 근심 걱정이 많고 두려움이 많으며 남과 잘 어울리지 못한다. 우울증 등 스트레스성 질환이 잘 생긴다.

7. 사주에 특정 오행이 없는 경우

가. 목(木)이 없는 경우

木은 의욕, 추진력을 나타낸다. 목이 없으면 적극성, 창의성, 기획, 설계, 활동성 등 새로운 일을 하지 못한다. 또한 삶에 대한 긍정적 적극성이 약하다. 이는 봄이나 아침이 없는 것과도 같다. 목이 없고 금이 왕성하면 인색하고 몰인정하고 폐쇄적인 경향이 있다.

나. 화(火)가 없는 경우

火는 인기, 사회성 등을 나타낸다. 화가 없으면 예절, 화려함, 활동력, 변화, 촉진, 문명 등이 부족하다. 화가 없으면 소극적이고 활동성이 약하다. 이는 여름과 낮이 없는 것과 같다. 내향적이며 과묵하고 사회활동을 잘 하지 못하며 좋은 직업을 얻기 힘들고 사회적 성취가 더디다. 여자는 양의 기운이 부족하여 배우자의 덕이 부족할 수 있다.

다. 토(土)가 없는 경우

土는 조절과 중재 즉 중용을 나타낸다. 토가 없는 사주는 안정감이 없어 직업도 자주 바꾸고 삶의 기복이 심하다. 토가 없으면 재물이 부족하고 수가 자극을 받지 못해 건강에 문제가 있다.

라. 금(金)이 없는 경우

金은 수렴과 결실을 나타낸다. 금이 없으면 가을과 저녁이 없는 것과 같아 수렴과 결실이 없어 부가가치가 높은 일은 하지 못한다. 결단력이 부족하고 우유부단하며 어떠한 일이든 용두사미로 끝나는 경우가 많다. 금은 돈, 재산을 나타내는데 금이 없으면 부유하지 못하는 경우가 있다.

마. 수(水)가 없는 경우

水는 안정, 휴식, 저장, 준비, 조심성, 차분함과 융통성 등을 나타낸다. 수가 없으면 겨울과 밤이 없는 것과 같으므로 과로하거나 무리를 하게 된다. 사주에 수가 없고 토가 많으면 자식을 얻기 힘들다. 수가 없으면 애정사에 관심이 적고, 지구력과 참을성이 부족하다.

사주팔자에 있어서 사주 전체 오행의 조화와 균형이 중요하다. 조화와 균형이 깨어지면 삶의 굴곡이 심하다.

IV 간지란 무엇인가

음양오행을 기호화한 것이 10간 12지다.

우주 = 음양 = 오행 = 10간 12지의 22자

그럼 인간은 무엇인가?

인간이 10간 12지를 다 갖고 있으면 우주 그 자체일 것인데, 인간의 사주란 8자에 불과하다. 즉 4개의 천간(天干)과 4개의 지지(地支)밖에 못 가진 불완전한 존재가 인간이고, 우주의 일부분인 소우주인 셈이다.

10간을 음양오행으로 분류하면 다음과 같다.

양(陽) ☞ 갑甲 병丙 무戊 경庚 임壬

음(陰) ☞ 을乙 정丁 기己 신辛 계癸

10간을 오행으로 나누면 다음과 같다.

목(木) ☞ 갑甲 을乙

화(火) ☞ 병丙 정丁

토(土) ☞ 무戊 기己

금(金) ☞ 경庚 신辛

수(水) ☞ 임壬 계癸

결론적으로 **갑(甲)**은 양목(陽木), **을(乙)**은 음목(陰木), **병(丙)**은 양화(陽火), **정(丁)**은 음화(陰火), **무(戊)**는 양토(陽土), **기(己)**는 음토(陰土), **경(庚)**은 양금(陽金), **신(辛)**은 음금(陰金), **임(壬)**은 양수(陽水), **계(癸)**는 음수(陰水)이다.

사주명리학을 이해하기 위해서는 이 부분을 반드시 기억해야만 한다. 기본적인 것은 암기를 해야 되고, 나머지들은 원리를 이해하면 암기는 저절로 된다.

12지를 음양(陰陽)으로 나누면 다음과 같다.

양(陽) ☞ 자子 인寅 진辰 오午 신申 술戌
음(陰) ☞ 축丑 묘卯 사巳 미未 유酉 해亥

홀수는 양(陽), 짝수는 음(陰)이라고 외우면 된다.

지지(地支)를 오행(五行)으로 나누면 다음과 같다.

목(木) ☞ 인寅 묘卯
화(火) ☞ 사巳 오午
토(土) ☞ 축丑 진辰 미未 술戌
금(金) ☞ 신申 유酉
수(水) ☞ 해亥 자子

결론적으로 **자(子)**는 양수(陽水), **축(丑)**은 음토(陰土), **인(寅)**은 양목(陽木), **묘(卯)**는 음목(陰木), **진(辰)**은 양토(陽土), **사(巳)**는 음화(陰火), **오(午)**는 양화(陽火), **미(未)**는 음토(陰土), **신(申)**은 양금(陽金), **유(酉)**는 음금(陰金), **술(戌)**은 양토(陽土), **해(亥)**는 음수(陰水)이다.

앞에서 설명한 10간은 10자라서 각 오행에 음양이 각각 1개씩이지만 12지는 12자이므로 중앙에 있는 토가 음과 양, 두개씩 4자를 차지하고 있다.

 십간 첫 번째_갑목(甲木) **이야기**

우리나라에는 좋은 나무들이 많이 있다. 양평 용문사 은행나무, 해남 대흥사의 천년수, 영동 영국사 은행나무, 울진 소광리 금강송, 안면도 적송, 제주도의 비자림 등 멋진 나무들이 많다. 이들은 쭉쭉 잘 뻗은 수백 년 이상 된 나무들이다. 십간에서 곧게 뻗은 나무들의 성질을 갑목이라고 한다.

사주에서 일간은 자기 자신을 상징한다. 사주(四柱)에서 일간(日干)이 갑목(甲木)인 사람은 나무의 성질을 많이 갖고 있다. 나무는 죽는 순간까지 자란다. 이처럼 갑목인 사람은 죽을 때까지 노력하다가 죽는다. 말기암에 걸렸더라도 포기하지 않고 죽는 순간까지 무엇인가를 추구하는 것이 일반적으로 갑목의 특징이다.

목의 기본 성정은 인의예지신(仁義禮智信, 五常) 중 인(仁)에 속한다. 따라서 갑목을 가진 사람의 품성은 기본적으로 인자하다. 리더십이 강하고 진취적인 기상이 있다. 상대방의 입장을 생각하는 배려심이 있다. 자신의 의견을 논리적으로 설득하고 관철시키는 힘이 있다. 목표를 설정하면 끈기 있게 성취해 나간다.

하지만 꼿꼿하고 자존심이 강하여 남하고 타협하지 못한다. 고지식하여 융통성이 부족한 면도 있다. 좋아하는 사람을 지나치게 믿는다. 인정과 배려 때문에 손해를 심하게 볼 수 있다. 이등은 안 되고 꼭 일등이어야 한다.

갑목은 끊임없이 노력하여 성장하는 사람이다. 무에서 유를 만들어낸다. 일간이 갑목인 사람은 창작, 발명, 기획, 교육 등에 적합하다.

갑목은 양목(陽木)으로 음토(陰土)인 기토(己土)를 좋아한다. 남자가 갑목이고 여자가 기토면 일단 궁합이 좋다.

갑목의 방향은 동쪽이다. 사주에 목이 약한 사람은 잠잘 때 머리를 동쪽으로 향하면 건강이 좋아지고 꿈자리도 좋아진다.

목은 오미(五味) 중 신맛(酸)에 해당된다. 목은 장기(臟器) 중 간(肝)과 담(膽)에 해당된다. 목이 너무 많으면 간담(肝膽)에 병이 생기고, 목이 토를 극하기에 토가 약하면 비장(脾臟)이나 위장(胃臟)이 나빠진다.

명리학에서 최고의 경전으로 알려진 『적천수』에서는 갑목을 아래와 같이 말하고 있다.

甲木參天 갑목참천　脫胎要火 탈태요화　春不容金 춘불용금
秋不容土 추불용토　火熾乘龍 화치승룡　水蕩騎虎 수탕기호

地潤天和지윤천화 **植立千古**식립천고

갑목은 하늘을 찌르고 처음에는 화의 도움이 필요하다.

봄의 갑목은 금을 용할 수 없고 가을의 갑목은 토를 용할 수 없다.

불길이 치솟으면 진토를 써야 하고 물이 너무 많으면 인목을 써야 한다. 땅이 촉촉하고 천간이 온화하면 나무는 곧게 뻗어 천 년을 살게 된다.

② 십간 두 번째_ 을목(乙木) 이야기

등나무, 다래덩굴, 칡 등 줄을 타고 가는 나무, 어리고 여린 나무나 화초, 풀꽃은 을목의 성질을 나타낸다. 십간에서 곧게 뻗은 나무들의 성질이 갑목이라면, 부드럽고 여린 나무의 성질이 을목이다.

사주에서 일간(日干)이 을목(乙木)인 사람은 여린 나무의 성질을 많이 갖고 있다. 목의 기본 성정은 인의예지신(仁義禮智信, 五常) 중 인(仁)에 속한다. 따라서 을목을 갖고 있는 사람은 기본적으로 부드럽고 겸손하며 예의바르다.

새로운 환경에도 잘 적응하고, 낯선 사람들과도 잘 어울린다. 순간적인 판단력이 뛰어나고 급한 상황에 대처하는 능력이 뛰어나다. 인내심이 강하다. 반면에 상황에 따라서는 신경이 예민하고, 질투심이 강하다.

일간이 을목인 사람은 인내심을 요구하고 끈기 있게 마무리할 수 있는 직업, 융통성이 필요한 직업, 대인관계가 좋아야 하는 직업이 알맞다.

을목의 방향은 동쪽이다. 사주에 목이 약한 사람은 잠잘 때 머리를 동쪽으로 향하면 건강이 좋아지고 꿈자리도 좋아진다.

목은 오미(五味) 중 신맛(酸)에 해당된다. 간이 약한 사람은 신맛이 나는 음식이 몸에 좋다.

목은 장기(臟器) 중 간(肝)과 담(膽)에 해당된다. 갑목은 담과 더 관계가 있고, 을목은 간과 더 관계가 있다. 을목이 신금을 만나면 간이 상할 가능성이 많다.

『적천수』에서는 을목을 아래와 같이 말하고 있다.

乙木雖柔을목수유　刲羊解牛규양해우　懷丁抱丙회정포병
跨鳳乘猴과봉승후　虛濕之地허습지지　騎馬亦憂기마역우
藤蘿繫甲등라계갑　可春可秋가춘가추

을목은 비록 부드럽지만 능히 소(丑)와 양(未)을 찌르고 자를 수 있다. 병(丙)과 정(丁)을 품고 있으면 봉(酉)과 원숭이(申)를 탈 수 있다. 지지가 습하고 허하면 말(午)을 탄다고 해도 역시 근심을 면하기 어렵다. 등라계갑이 되면 봄도 좋고 가을도 좋다.

을목은 비록 연약하지만 축미월에 태어나면 을목이 뿌리를 내릴 수 있다. 신유월에 태어나 천간에 병정화가 있으면 금을 다스릴 수 있다. 해자월에 태어나면 수가 왕성하여 목이 물에 뜨게 되므로 비록 지지에 불이 있어도 생기를 얻기는 힘들다.

등라계갑(등나무 등, 담쟁이덩굴 라, 얽을 계, 첫째 천간 갑), 등나무와

담쟁이덩굴이 갑목을 타고 올라가면 봄에도 좋고 가을에도 좋다. 큰 갑목을 타고 올라가 번성한 다래덩굴을 상상해 보면 이해가 될 것이다. 천간에 갑목이 있고 지지에도 인목이 있으면 사계절이 모두 좋다.

③ 십간 세 번째 _ 병화(丙火) 이야기

병화(丙火)는 대지에 내리쬐는 태양, 포항제철의 용광로와 같이 이글이글 타오르는 성질과 빛나는 빛을 나타낸다.

화의 기본 성정은 인의예지신(仁義禮智信, 五常) 중 예(禮)에 속한다. 따라서 화는 인성적으로 예의가 바르다는 특성을 가지고 있다. 병화는 양화이므로 일간이 병화인 사람은 근본적으로 예의가 바르고 남에게 욕 듣기를 싫어한다.

일간(日干)이 병화인 사람은 혁명·혁신을 주장하는 경향이 강하다. 데모에 앞장서는 사람 중에는 병화가 많다고 한다. 불 같고 성격이 급한 사람이지만, 기본적으로는 명랑 쾌활하다. 병화는 사리사욕이 없다. 공명정대하다. 원리원칙을 중시한다. 사람들과 대인관계가 좋다. 추진력이 강하고 적극적으로 임한다. 리더십이 강하다. 표현력도 좋다.

상황에 따라서는 사치스럽고 소유욕과 집착이 강하다. 절제력이 부족하고 허례허식이 있다. 다혈적이고 흥분을 잘한다. 다른 사람을 무시하는 경향이 있다.

병화는 대인관계가 필요한 직업, 정열적이고 활동적인 직업, 아름다움을 추구하는 직업, 명분과 자존심이 뚜렷한 직업이 좋다.

병화의 방향은 남쪽이다. 사주에서 화가 약한 사람은 잠잘 때 머리를 남쪽으로 향하면 건강에 좋다.

화는 오미(五味) 중에서 쓴맛〔苦〕에 해당한다. 심장(心臟)과 소장(小腸)이 약한 사람은 쓴맛이 나는 음식이 몸에 좋다.

화는 장기(臟器) 중 소장(小腸)과 심장(心腸)에 해당된다. 병화는 소장(小腸)과 더 관계가 있고, 정화(丁火)는 심장(心腸)과 더 관계가 있다. 병화가 임수(壬水)를 만나면 소장이 상할 가능성이 많다.

『적천수』에서는 병화를 아래와 같이 말하고 있다.

丙火猛烈병화맹렬　欺霜侮雪기상모설　能煅庚金능단경금
逢辛反怯봉신반겁　土衆生慈토중생자　水猖顯節수창현절
虎馬犬鄉호마견향　甲來成滅갑래성멸

병화의 기운이 맹렬하니 서리를 속이고 눈을 능멸하고, 경금을 만나면 단련시키나 신금을 만나면 도리어 겁낸다. 토가 많으면 자비를 드러내고, 수가 창궐해도 절개를 지키는데 인오술의 고향에서 갑목을 만나면 멸하게 된다.

병은 태양의 정기이며, 순수한 양의 속성이어서 서리와 눈을 업신여기며 물이 극하는 것을 두려워하지 않는다. 경금이 비록 굳세지만 병화가 능히 단련시킬 수 있다. 신금은 연약하지만 병화와 병신(丙辛) 합(合)이 되어 수(水)로 오행의 성질이 변하므로 두려워한다. 토가 많으면 자비로워진다는 것은 화가 토를 도움으로써, 자신의 기운은 약해져 부드러워 순해진다.

수(水)를 만나도 타고난 강한 불의 속성은 그대로 드러낸다.

호마견이란, 호랑이의 인(寅)과 말의 오(午)와 개의 술(戌) 즉 인오술(寅午戌)이 삼합(三合)이 되어 강한 불을 나타낸다. 거기에 또 갑목(甲木) 즉 큰 나무를 만났으니 모든 것이 불에 타서 없어진다는 뜻이다. 따라서 병화는 이렇게 강렬하고 화끈하다는 뜻이다.

4 십간 네 번째 _ 정화(丁火) 이야기

병화가 대지에 내리쬐는 태양처럼 이글이글 타오르는 성질을 나타낸다면 정화는 달빛, 별빛, 전깃불, 모닥불, 촛불, 호롱불 등의 성질을 나타낸다. 정화는 이처럼 우리의 삶에 꼭 필요하면서 삶의 질을 높여주는 문명의 불이다.

화의 기본 성정은 인의예지신(仁義禮智信, 五常) 중 예(禮)에 속한다. 따라서 일간(日干)이 정화(丁火)인 사람은 기본적으로 예의가 바르다. 남의 아픈 마음을 어루만져주는 따뜻한 사람이며, 양심적이며 정직한 사람이다. 또한 헌신적이고 봉사정신이 강한 사람이다. 성품은 명랑하다. 은근과 끈기가 있다. 옳고 그름에 대한 구분이 분명하다. 자신의 감정을 숨기지 않고 부드럽게 표현한다.

반면에 상황에 따라 남이 이유 없이 잘못 건드리면 폭발하는 성격이다. 한편으로는 남의 말에 잘 흔들리며 주관이 약한 면도 있다. 결정적인 순간에 뒤로 물러선다. 변화가 많다.

정화는 창조적인 일, 섬세한 일, 추진력이 필요한 직업, 예의바른 직업 등이 좋다.

정화의 방향은 남쪽이다. 사주에서 화(火)가 약한 사람은 잠잘 때 머리를 남쪽으로 향하면 건강에 좋다.

화는 오미(五味) 중에서 쓴맛〔苦〕에 해당한다. 심장(心臟)과 소장(小腸)이 약한 사람은 쓴맛 나는 음식이 몸에 좋다.

화는 장기(臟器)중 소장과 심장에 해당된다. 병화(丙火)는 소장(小腸)과 더 관계가 있고, 정화(丁火)는 심장과 더 관계가 있다. 정화(丁火)가 계수(癸水)를 만나면 심장(心臟)이 상할 가능성이 많다.

『적천수』에서는 정화를 아래와 같이 말하고 있다.

丁火柔中 정화유중 内性昭融 내성소융 抱乙而孝 포을이효
合壬而忠 합임이충 旺而不烈 왕이불열 衰而不窮 쇠이불궁
如有嫡母 여유적모 可秋可冬 가추가동

정화는 부드러운 가운데서도 안으로 밝게 비추는 것이다. 을목을 안고 효도하고 임수와 합하여 충성을 다한다. 왕성하여도 맹렬하지 않고 쇠한 경우에도 궁색하지 않으며 적모(적당한 어머니)가 있으면 가을도 좋고 겨울도 좋다.

정화는 약한 등불이라기보다는 병화와 비교할 때 음(陰)의 성분이 있어 부드럽고 삶의 질을 높여주는 문명의 불이다. 을목을 안고 효도한다는 것은 정화는 신금이 을목을 극(克)하는 것을 극(克)으로 막아

준다는 의미다.

사주에 불이 좀 많아도 병화처럼 모든 것을 다 태우지는 않고, 사주에 불이 좀 적어도 병화처럼 가난하지는 않다.

천간(天干)에 갑(甲), 을(乙)의 목(木)이 있거나 지지(地支)에 인(寅), 묘(卯)의 목(木)이 있다면 – 정화에게 목은 어머니의 역할을 함 – 언제나, 모두가 좋다는 의미다.

십간 다섯 번째 _ 무토(戊土) 이야기

우리나라의 산 중에서 지리산, 덕유산, 오대산 등은 흙으로 된 큰 산이다. 이러한 흙산이 무토(戊土)의 성질을 나타낸다. 홍수를 막을 수 있는 흙으로 된 큰 제방도 무토의 성질을 나타낸다.

토의 기본 성정은 인의예지신(仁義禮智信, 五常) 중 신(信)이다.

토의 특징은 믿음(信)이다. 일간이 무토인 사람은 큰 흙산의 성질을 많이 갖고 있다. 따라서 사주에 무토가 있는 사람은 기본적으로 중후하고 듬직하며 신용과 포용력이 있다. 여유가 있고 스트레스에 강하다.

십간 중 가운데에 있어서 중용지도를 지키며 주변사람 모두를 포용하는 사람이다. 병화나 갑목은 자기가 추구하는 이상에 대한 의지가 강하지만, 무토는 실질적으로 실행하는 행동력이 강하다.

반면에 고정관념이 강하고, 융통성이 부족하며, 자만심이 강하다. 행동이 느리고, 기회포착이 느리다. 보수적이다.

무토는 포용력과 관대함이 있어야 하는 직업, 여러 사람들을 아우르는 직업, 중재 역할을 하는 직업이 적성에 맞다.

토는 오미(五味) 중 단맛〔甘〕에 해당된다. 비위(脾胃)가 약한 사람은 단맛이 나는 음식이 몸에 좋다.

토는 장기(臟器) 중 비장(脾臟)과 위장(胃臟)에 해당된다. 무토가 갑목을 만나면 위장이 상할 가능성이 많다. 무토는 위장에 더 많이 관계하고 기토는 비장(脾臟)에 더 많이 관여한다.

『적천수』에서는 무토를 아래와 같이 말하고 있다.

戊土固重무토고중　旣中且正기중차정　靜翕動闢정흡동벽
萬物司命만물사명　水潤物生수윤물생　火燥物病화조물병
如在艮坤여재간곤　把沖宜靜파충의정

무토는 단단하고 무거우니 그 자체로 이미 중심을 잡고서 반듯하다. 고요하면 합하고(합할 翕) 움직이면 열려서(열 闢) 만물의 생명을 관장하게 된다. 물이 있어 윤택하면 만물이 태어날 것이고, 불이 많아서 뜨거우면 만물은 병이 든다. 동북이나 남서가 있다면 충을 두려워(두려워할 把)하고 고요함을 좋아한다.

무는 양토다. 따라서 그 기운이 단단하고 무겁다. 중앙에 있기에 올바르다. 봄과 여름에는 기가 움직여 무토가 열리니 만물이 생기고 가을과 겨울에는 기가 고요하여 만물이 모여 거두고 저장하게 된다. 그러므로 무토가 만물의 생명을 다스린다. 무토는 높고 높은 흙의 기세다.

무토가 봄·여름에 태어나면 화가 왕성하니 적당히 물로 적셔 주면 만물이 생긴다. 반대로 메마르게 되면 만물은 말라죽는다.

무토가 가을과 겨울에 태어나면 물이 많아 차가우므로 당연히 불로 따뜻하게 하면 만물이 성숙하게 된다. 반대로 물이 많은데 불이 없으면 축축하여 병이 들게 된다.

간곤이란 인월(寅月, 1월)과 신월(申月, 7월)을 뜻한다. 봄에 태어나면 갑목이 무토를 극하게 되니 기가 허(虛)하므로 안정을 취해 주어야 하고 가을은 금의 계절이므로 토가 금을 도와주느라 기가 빠져 힘이 없는 상태라 충돌을 만나는 것을 꺼린다.

또한 무인(戊寅)일 무신(戊申)일도 마찬가지로 충돌을 꺼린다. 무토가 진술축미(辰戌丑未)월에 태어난 사람은 경신(庚申), 신유(辛酉)의 금을 가장 좋아한다. 무토가 토월에 태어나면 토가 너무 많은데 금을 도와주면 상생관계가 된다. 그렇게 되면 귀격(貴格)으로 귀하게 된다. 기토(己土)도 역시 마찬가지다. 이렇게 무토가 금(金)을 만난 사주가 운에서라도 목화(木火)를 만나면 깨어진다. 즉 금이 목을 자르거나, 화가 금을 녹여서도 안 되기 때문이다.

6 십간 여섯 번째 _ 기토(己土) 이야기

흙으로 된 큰 산, 홍수를 막을 수 있는 큰 제방 등이 무토의 성질을 나타낸다면 옥토(沃土), 즉 논과 밭이 기토의 성질이다. 기토는 온갖 곡식이 잘 자라게 할 수 있는 흙이다.

토의 기본 성정은 인의예지신(仁義禮智信, 五常) 중 신(信)이다. 토의 특징은 믿음[信]이다. 일간이 기토인 사람은 전답의 성질을 많이 갖고 있다. 따라서 기토를 갖고 있는 사람은 기본적으로 포용력이 있고 신뢰할 수 있으며 중용지도를 지킨다.

무토가 양의 중용지도(中庸之道)라면 기토는 음의 중용지도를 갖는다. 기토는 어머니 같은 마음이다. 자기관리를 잘한다. 남들과 인간관계를 잘한다. 겉으로는 어리숙하나, 그 속의 깊이를 알 수 없는 사람이다. 다정다감하며 목소리가 좋은 사람이 많다. 기토는 자기주장을 내세우지 않는다. 그러나 마음이 여리어 상처를 잘 받는다.

토의 성질이 재물이기 때문에 사주에 기토가 많으면 재물에 대한 욕심이 많다. 그래서 기토는 알뜰살뜰하다.

기토의 방향은 중앙이다. 사주의 구성에 따라 좋은 방향은 달라진다.

토는 오미(五味) 중 단맛[甘]에 해당된다. 비위가 약한 사람은 단맛이 나는 음식이 몸에 좋다.

토는 장기(臟器) 중 비장(脾臟)과 위장(胃臟)에 해당된다.

『적천수』에서는 기토를 아래와 같이 말하고 있다.

己土卑濕기토비습　中正蓄藏중정축장　不愁木盛불수목성
不畏水狂불외수광　火少火晦화소화회　金多金光금다금광
若要物旺약요물왕　赳助宜幇의조의방
기토는 낮고 습한 성분이며, 중심을 잡으면서 올바름을 저장한다. 목이 왕성해도 근심하지 않으며, 수가 미쳐 날뛰어도 두려워하지 않는다. 불이 적으면 불을 어둡게 하고, 금이 많으면 빛나게 해준다. 만약 만물을 왕성하게 하고자 할 때에는 불과 흙의 도움을 얻어야 한다.

십간 일곱 번째 _ 경금(庚金) 이야기

경금은 무쇠, 원광석, 큰 바위, 큰 돌과 같이 단단하고 강건한 성질을 나타낸다.

금의 기본 성정은 인의예지신(仁義禮智信, 五常) 중 의(義)에 속한다. 따라서 일간이 경금인 사람은 의리가 있다. 결단력과 추진력이 있으며 머리가 좋다. 행동이 민첩하고 부지런하다. 한번 의사결정을 내리면 끝까지 밀어붙이는 사람이다. 잘못을 알면서도 끝까지 간다. 고집불통이다. 허장성세(虛張聲勢)가 강하고 독선적이고 비타협적이다.

경금은 결단력이 필요한 직업, 냉철함이 필요한 직업, 계획성이 필요한 직업, 법령에 따라야만 하는 직업 등이 좋다.

경금의 방향은 서쪽이다. 금이 약한 사람은 서쪽 방향이 좋다.

금은 오미(五味) 중 매운 맛[辛]에 해당된다.

금은 장기(臟器) 중 폐(肺)와 대장(大腸)에 해당된다. 경금은 대장에 영향을 많이 주고 신금은 폐에 더 많은 영향을 준다. 경금이 강한 병화를 만나면 대장(大腸)이 상할 가능성이 많다.

『적천수』에서는 경금을 아래와 같이 말하고 있다.

庚金帶殺경금대살 剛健爲最강건위최 得水而淸득수이청

得火而銳득화이예 土潤則生토윤즉생 土乾則脆토건즉취
能贏甲兄능영갑형 輸於乙妹수어을매

경금은 살기를 갖고 있으며 최고로 강건하다. 물을 얻으면 맑아지고, 불을 얻으면 예리해진다. 토가 윤택하면 경금을 도와주나, 토가 마르고 건조하면 부스러져 쓸모가 없다. 형인 갑목을 능히 견제하고 통제하나 누이인 을목에게는 합하여 정을 준다.

십간 여덟 번째 _ 신금(辛金) 이야기

경금이 무쇠, 원광석의 성질을 나타낸다면 신금은 원석을 가공한 보석, 주옥, 쇠로 다듬은 농기구, 예리한 칼 등 인간이 다듬어 만든 금(金)의 성정을 나타낸다. 외모가 깨끗하고 멋쟁이다. 논리적이고 침착하며 냉정한 성격이다.

금의 기본 성정은 인의예지신(仁義禮智信, 五常) 중 의(義)에 속한다. 따라서 일간이 신금인 사람은 의리가 있다. 경금이 드러나는 결단력과 추진력이 있다면 신금은 음금(陰金)이기 때문에 마음속에 담아두는 결단력, 추진력, 끈기가 있다. 신금은 판단이 예리하다. 반면에 질투심이 강하다. 한번 앙심을 품으면 평생 간다. 양보심이 부족하고 따지기 좋아하며 주관적이며 냉소적이다.

신금은 냉철함이 필요한 직업, 엄격함이 필요한 직업, 원리원칙이 필요한 직업, 자존심이 뚜렷한 직업이 좋다.

신금의 방향은 서쪽이다. 금이 약한 사람은 서쪽 방향이 좋다.

금은 오미(五味) 중 매운 맛(辛)에 해당된다.

금은 장기(臟器) 중 폐(肺)와 대장(大腸)에 해당된다. 경금은 대장에 영향을 많이 주고 신금은 폐에 더 많은 영향을 준다. 신금이 강한 정화를 만나면 폐가 상할 가능성이 많다.

『적천수』에서는 신금을 아래와 같이 말하고 있다.

辛金軟弱신금연약　**溫潤而淸**온윤이청　**畏土之疊**외토지첩
樂水之盈요수지영　**能扶社稷**능부사직　**能救生靈**능구생령
熱則喜母열즉희모　**寒則喜丁**한즉희정

신금은 연약한 성분이나 온기로 따뜻하게 해주면 맑아진다. 토가 쌓이는 것을 두려워하나 물이 많은 것은 좋아한다. 능히 사직을 도우고 능히 생령을 구한다. 뜨거울 때(화가 강하면)는 어머니인 기토가 필요하고 추운 날이면(수가 강하면) 불인 정화를 좋아한다.

⑨ 십간 아홉 번째 _ 임수(壬水) 이야기

태평양, 동해, 한강, 낙동강, 대청호 등 큰 물의 성정을 나타내는 것이 임수의 특징이다.

수의 기본 성정은 인의예지신(仁義禮智信, 五常) 중 지(智)에 속한다. 인자요산(仁者樂山)이요, 지자요수(知者樂水)다. 따라서 일간이 임수인 사람은 지혜롭다. 연구하는 사람이다. 공부하는 사람이다. 실험정신이 강하다. 또한 바다의 성정을 가지고 있어서 침착하다. 느긋하다. 도량이 바다와 같이 넓다.

바다는 모든 물을 다 수용한다. 따라서 임수는 주워 담는 성질이 강해 부자가 많다. 그러나 함부로 상대하기가 어렵다. 바다 속을 알 수 없기 때문에 두렵다. 임수가 많으면 대체로 성적 욕구가 강하다. 상황에 따라서 참을성이 없고, 변덕이 심하고, 모사에 능하고, 남 잘 되는 꼴을 못 본다. 물은 늘 가만히 있지 못하고 얕으면 출렁거리기 때문이다.

임수는 창조력을 요하는 직업, 변화를 요하는 직업, 탐구정신을 요하는 직업이 적합하다.

임수의 방향은 북쪽이다. 수가 약한 사람은 북쪽이 좋다.

수는 오미(五味) 중 짠맛(鹹, 짤 함)에 해당된다.

수는 장기(臟器) 중 신장(腎臟)과 방광(膀胱)에 해당된다. 임수는 방광에 더 많이 관계가 있고 계수는 신장에 더 많이 관여한다.

『적천수』에서는 임수를 아래와 같이 말하고 있다.

壬水通河임수통하　能洩金氣능설금기　剛中之德강중지덕
周流不滯주류불체　通根透癸통근투계　沖天奔地충천분지
化則有情화즉유정　從則相濟종즉상제

임수는 두루 포용하는 물이므로, 능히 금의 기운을 설기(기운을 빼주는 것)하니 강함 속에 덕을 품고 두루두루 흘러서 막힘이 없다. 임수가 지지에 뿌리를 내리고 계수가 또 있으면 물이 많으므로 범람하여 분탕질을 일으킨다. 조화를 이루면 정이 있고, 세의 흐름을 따라가면 함께 이루어지게 된다.

IO 십간 열 번째 _ 계수(癸水) 이야기

태평양, 동해, 한강, 낙동강, 대청호 등 큰 물의 성정을 나타내는 것이 임수의 특징이라면 시냇물, 샘물, 빗물, 수돗물 등 인간의 생활에 꼭 필요한 물의 성정을 나타내는 것이 계수의 특징이다.

사주에서 일간이 계수인 사람은 샘물처럼 생명의 근원이며 생기가 있다.

수는 인의예지신(仁義禮智信, 五常) 중 지(智)에 속한다. 인자요산(仁者樂山)이요, 지자요수(知者樂水)처럼 지혜롭다. 물은 수평의 개념도 같이 있다. 일을 조절, 조정하는 능력이 있다. 사리분별력이 있다. 그래서인지 판사들 중에는 계수가 많다고 한다.

계수는 극음의 성질이므로 가장 깨끗한 것을 추구한다. 따라서 배우자가 바람을 피우면 참지 못한다. 배신을 당했다고 생각한다. 결벽증이 있다. 신경은 예민하고 차가운 면이 있다.

계수는 고도의 지식이 필요한 직업, 섬세하고 배려성이 깊은 직업, 수리능력이 필요한 직업 등이 적합하다.

계수의 방향은 북쪽이다. 수가 약한 사람은 북쪽이 좋다.

수는 오미(五味) 중 짠맛(鹹, 짤 함)에 해당된다.

수는 장기(臟器) 중 신장(腎臟)과 방광(膀胱)에 해당된다. 임수는 방광에 더 많이 관계가 있고 계수는 신장에 더 많이 관여한다.

『적천수』에서는 계수를 아래와 같이 말하고 있다.

癸水至弱세수지약 達於天津달어천진 得龍而潤득룡이윤

功化斯神공화사신 不愁火土불수화토 不論庚辛불론경신

合戊見火합무견화 化象斯眞화상사진

계수는 약한 성분이나 하늘의 나루터에 도달할 수 있다. 용을 만나 비를 내리게 되면 윤택해지고, 그 공이야말로 신이라고 할 만하다. 화토를 만나도 근심하지 않고 경금, 신금에 대해서는 논하지 않는다. 무토와 합하여 다시 불을 보게 되면 조화를 이루게 되어 형상이 참되다고 한다.

VI 십이지 이야기

① 십이지 첫 번째 _ 자수(子水) 이야기

지지에는 간(干)이 숨어 있다. 지지에 들어 있는 간은 겉으로 드러나지 않고 숨어 있다고 해서 감출 장(藏)자를 사용하여 지장간(支藏干)이라고 한다. 각각의 지지는 지장간을 2개 또는 3개를 가지고 있다.

십간은 양의 성질이라 겉으로 드러나지만 십이지는 음의 성질이라서 겉으로 나타나기보다는 숨겨져 있는 것이 많다. 흔히 말하듯 양인 남자들은 단순하고, 음인 여자들이 복잡한 것과 같다. 여성의 No를 남자들은 드러난 대로 No라고 생각하지만, 여자의 No는 단순히 No가 아니고 그 속에 Yes와 No를 다 가지고 있는 경우가 많다. 그래서 남자들은 여자들이 무슨 생각을 하는지 알 수 없다고 말하고, 여자들은 남자들이 너무 마음을 몰라준다고 한다. 결국 생각해 보면 겉으로 드러난 것〔양〕과 안에 숨겨진 것〔음〕의 차이에서 온다. 이러한 숨겨진 복잡성이 지장간이라고 생각하면 된다.

자수(子水)의 지장간은 임(壬)과 계(癸)이다. 각각 영향을 미치는 비율은 전체를 30이라고 한다면 이중 壬이 10이고 癸가 20이다. 따라서 자수는 본래 몸은 '양'이나, 쓰이는 용도는 '음'이다. 음수인 계수의 영향이 더 많기 때문에 자수의 대표선수는 음수인 계수(癸水)다.

자수는 임수의 바닷물 속성과 계수의 옹달샘 속성을 동시에 다 가지고 있다. 그러니 같은 물이지만 임수, 계수보다는 훨씬 복잡하다.

가. 연지(年支)에 자수가 있으면 쥐띠다.

나. 월지(月支)에 자수가 있으면 겨울에 태어난 사람이다.

대설(大雪, 12월 7, 8일)에서부터 소한(小寒, 1월 4, 5, 6일) 전까지 태어난 사람의 월지가 자수다. 사주에 있어 일간 다음으로 중요한 것이 월지다. 일단 월지가 자수인 사람은 추운 겨울에 태어났으므로 '따뜻한 목이나 화가 필요하겠구나'라고 생각하면 된다.

다. 일지(日支)가 자수인 경우

일지는 궁합을 볼 때 가장 많이 활용한다. 연지(年支)인 띠를 갖고 궁합을 보는 것보다 훨씬 정확도가 높은 것이 바로 일지다. 일간은 본인이고 일지는 배우자이기 때문이다. 이는 남녀 간의 궁합뿐만 아니라 일반적인 인간관계에도 적용된다.

일지가 자수인 사람은 일지가 축(丑)토, 진(辰)토, 신(申)금인 사람과 속궁합이 맞다. 일간의 궁합이 겉궁합이라면 일지는 속궁합이다.

일지가 오(午)인 사람과는 자오(子午) 충(沖, 충돌, 부딪치다) 되므로 궁합이 안 맞다.

라. 시지(時支)가 자수인 경우

밤 11시부터 다음날 1시 사이에 태어난 사람이다. 11시부터 12시 사이에 태어난 사람은 야자시(夜子時)라고 하여 그날의 일간(日干)을 사용하고, 12시부터 1시 사이에 태어난 사람은 조자시(朝子時)라 한다. 조자시에 태어난 사람은 그 다음날 일간을 가진다.

지금 우리나라에서는 표준 자오선을 동경 135도를 사용하고 있다. 이는 실제 서울의 자오선인 127도 30분보다 약 30분이 빠르다. 따라서 밤 11시 30분부터 12시 30분에 태어난 사람이 야자시에 태어난 사람이다. 12시 30분부터 1시 30분에 태어난 사람은 그 다음날 일간의 조자시에 태어난 사람이다.

이래저래 자시에 태어난 사람의 사주를 보는 것이 가장 까다롭다. 사주가 명확하지 않을 때는 그 사람이 살아온 내력을 보아서 판단할 수 있다.

子의 뜻은 자잉(慈孕), 즉 아이를 잉태함이다. 이는 양기가 처음 싹트게 되는 것을 말한다. 子水는 임과 계의 성질을 다 갖고 있다.
『주역』《계사전》에 의하면 짝수는 음이고, 홀수는 양이다. 쥐는 앞발의 발가락은 네 개고 뒷발의 발가락은 다섯 개다. 따라서 子水는 음과 양을 동시에 갖고 있다.

쥐는 번식력이 강하다. 야행성이다. 주로 子水가 많은 사람은 사회활동을 밤에 하는 경향이 있다. 일반적으로 밤에 태어난 사람은 밤이 되면 눈이 반짝반짝해지는 경우가 많다. 밤에 활동하는 직업을 많이 가진다. 또한 子水는 애정의 비밀과도 관련이 있다. 애정의 비밀은 주로 밤에 이루어지기 때문이다. 따라서 水는 정력을 나타내기도 한다.

그러나 단적으로 말하기는 어렵고, 사주팔자 전체와 운의 흐름을 모두 참고 해야 한다. 속단은 금물이다.

② 십이지 두 번째 _ 축토(丑土) 이야기

자수는 지장간을 2개 가졌지만 축토는 지장간을 3개나 가지고 있다.

축토의 지장간은 계(癸), 신(辛), 기(己)이다. 축토에는 계(癸)의 옹달샘과 신(辛)의 금속과 기(己)의 옥토라는 속성을 다 갖고 있다. 축토 안에 물과 쇠와 흙이라는 오행 중 3가지를 가지고 있는 셈이다.

이들이 각각 영향을 미치는 비율은, 전체를 30이라고 한다면 이중 癸가 9, 辛이 3, 己가 18이다. 즉, 癸辛己가 혼합된 것으로 보면 된다.

따라서 축은 지장간에서 제일 많은 비중을 차지하는 기토(己土)가 대표선수다.

가. 연지(年支)에 축토가 있으면 소띠다.

나. 월지(月支)에 축토가 있으면 겨울에 태어난 사람이다.

소한(小寒, 1월 4, 5, 6일)에서부터 입춘(立春, 2월 4, 5일)전까지 태어난 사람의 월지가 축토다. 사주에 있어 일간 다음으로 중요한 것이 월지인데 일단 월지가 축토인 사람은 추운 겨울에 태어났으므로 '따뜻한 목이나 화가 필요하겠구나' 라고 생각하면 된다.

다. 일지(日支)가 축토인 경우

일지는 궁합을 볼 때 가장 많이 활용하는 부분이라고 앞에서 밝혔다. 연지(年支)인 띠를 갖고 궁합을 보는 것보다 훨씬 정확도가 높은 것이 바로 일지다. 이것을 꼭 기억해 두면 좋다.

일간은 본인이고 일지는 배우자이다. 일지가 축토인 사람은 일지가 자(子)수나, 사(巳)화, 유(酉)금인 사람과 속궁합이 맞다. 일간의 궁합이 겉궁합이라면 일지는 속궁합이다. 일반적으로 겉궁합은 가치관, 이상 등 정신적인 요소를 보는 것이다. 속궁합은 성적인 궁합을 뜻한다. 이 둘이 다 맞는 것이 제일 이상적이지만, 이중 하나만 맞아도 그런대로 무난하게 살게 된다.

일지가 미(未)인 사람과는 축미(丑未) 충(冲, 충돌, 부딪치다) 되므로 궁합이 안 맞다.

라. 시지(時支)가 축토인 경우

밤 1시 30분부터 3시 30분 사이에 태어난 사람이다.

丑土는 겨울의 동토이다. 오행 중 土의 속성은 저장한다는 의미를 가지는데 겨울의 土는 봄에 뿌릴 씨앗을 저장하고 있다.

연지가 丑이면 소띠인데, 소는 일반적으로 부지런하다. 월지가 丑이면 추운 달에 태어났으므로 사주팔자 중 다른 곳에 따뜻한 간지가 필요하다.

3 십이지 세 번째 _ 인목(寅木) 이야기

사주를 보는 데 있어서 가장 난해한 부분 중 하나가 지장간을 완벽하게 이해하는 것이다. 지장간을 무시하면 사주가 맞을 확률이 훨씬 줄어든다. 따라서 지장간은 이해를 한 다음에는 반드시 외워야 한다.

인목은 양의 목이다. 인목도 축토처럼 지장간을 세 개 가지고 있다. 인(寅)의 지장간은 무(戊), 병(丙), 갑(甲)이다. 寅 안에는 대지인 戊土와 태양인 丙火와 큰 나무인 甲목의 속성들을 다 갖고 있다. 寅 안에는 흙과 불과 나무라는 오행 중 3가지를 가지고 있는 셈이다. 인목이 양의 목이므로 지장간도 모두 양의 간을 가지고 있다.

이들이 각각 영향을 미치는 비율은 전체를 30이라고 한다면, 이중 戊가 7, 丙이 7, 甲이 16이다. 즉 戊丙甲이 혼합된 것으로 보면 된다.

따라서 寅은 지장간에서 제일 많은 비중을 차지하는 갑목(甲木)이 대표선수다.

가. 연지(年支)에 인목이 있으면 호랑이(범)띠다.

나. 월지(月支)에 인목이 있으면 초봄에 태어난 사람이다.

입춘(立春, 2월 4, 5일)에서부터 경칩(驚蟄, 3월 4, 5, 6일)전까지 태어난 사람의 월지가 인목이다. 사주에 있어 일간 다음으로 중요한 것이 월지인데 일단 월지가 인목인 사람은 초봄에 태어났다.

다. 일지(日支)가 인목인 경우

일지는 궁합을 볼 때 가장 많이 활용하는 부분이라고 앞에서 밝혔다. 연지(年支)인 띠를 갖고 궁합을 보는 것보다 훨씬 정확도가 높은 것이 바로 일지다. 이것을 계속 강조하는 것은 중요하기 때문이다. 아직도 띠를 가지고 궁합을 운운하는 사람들이 많기 때문이다. 일간은 본인이고 일지는 배우자를 나타낸다.

일지가 寅인 사람은 일지가 해(亥)나, 오(午), 술(戌)인 사람과 속궁합이 맞다. 일간의 궁합이 겉궁합이라면 일지는 속궁합이다. 일반적으로 겉궁합은 정신적으로 서로 끌리는 것이고, 속궁합은 육체적으로 끌리는 것을 뜻한다. 이 둘이 다 맞는 것이 제일 이상적이지만, 이중 하나만 맞아도 그럭저럭 살아가게 된다.

일지가 신(申)인 사람과는 인신(寅申) 충(沖, 충돌, 부딪치다) 되므로 궁합이 안 맞다.

라. 시지(時支)가 인목인 경우

3시 30분부터 5시 30분 사이에 태어난 사람이다.

寅은 양목(陽木)이다. 초봄의 나무이다. 오행 중 木은 성장, 발전한다는 의미를 가지는데 봄의 목은 양기가 올라 만물을 자라나게 하는 속성을 가지고 있다.

연지(年支)가 인이면 범띠이다. 寅이 호랑이로 상징되는 것은 호랑이가 먹이를 잡아먹을 때의 솟구치는 힘이 바로 봄의 기운을 상징하기 때문이다.

4 십이지 네 번째 _ 묘목(卯木) 이야기

묘목은 음의 목으로 지장간을 2개 가지고 있다. 묘의 지장간은 갑(甲)과 을(乙)이다. 묘 안에는 큰 나무인 甲목과 덩굴나무인 乙목의 속성들을 다 갖고 있다. 그러나 묘목의 지장간인 갑목과 을목은 둘 다 오행으로 보면 나무이다.

묘목은 지장간도 나무인 甲과 乙만으로 구성되어 있다. 묘목은 다른 지지에 비해 순수하다. 이들이 각각 영향을 미치는 비율은 전체를 30이라고 한다면, 甲이 10이고 乙이 20이다. 따라서 묘(卯)는 지장간에서 제일 많은 비중을 차지하는 을목(乙木)이 대표선수다.

가. **연지(年支)에 묘목이 있으면 토끼띠다.**

나. **월지(月支)에 묘목이 있으면 봄이 한창일 때에 태어난 사람이다.**
경칩(驚蟄, 3월 4, 5, 6일)에서부터 청명(淸明, 4월 4, 5일)전까지 태어

난 사람의 월지가 卯목이다. 사주에 있어 일간 다음으로 중요한 것이 월지(月支)인데 일단 월지가 묘(卯)목인 사람은 봄이 한창일 때에 태어났다.

다. 일지(日支)가 묘목인 경우

일지가 卯인 사람은 일지가 戌이나 亥와 未인 사람과 속궁합이 맞다. 겉궁합은 일간을 가지고 맞추어 보고, 속궁합은 일지를 가지고 판단하는 경우가 많다. 일지가 유(酉)인 사람과는 묘유(卯酉) 충(沖, 충돌, 부딪치다) 되므로 궁합이 안 맞다.

라. 시지(時支)가 묘목인 경우

아침 5시 30분부터 7시 30분 사이에 태어난 사람이다.

卯는 음목(陰木)이다. 봄의 나무이다. 木은 성장, 발전한다는 의미를 가지는데 봄의 木은 양기가 올라 만물을 자라나게 하는 속성을 가지고 있다. 寅월은 호랑이가 먹이를 잡아먹을 때의 솟구치는 초봄의 기운을 상징한다면, 卯월은 봄이 절정에 도달하여 대지에 돋아난 풀을 토끼가 마음껏 먹을 수 있는 환경이 조성되어 있다는 의미로 이해하면 될 것이다.

5 십이지 다섯 번째 _ 진토(辰土) 이야기

지장간에 있어서 가장 이해하기 힘든 부분이 토이다.

십간은 오행이 음과 양으로 각각 2개씩 배당되어 10가지이다. 이에 비해 지지는 12개로 이중 목, 화, 금, 수는 음과 양 2개씩 배당되어 있고, 중간에 있는 토가 4개가 된다. 지지에 있는 토는 계절이 바뀌는 환절기에 배당되어 있다. 계절이 바뀌는 환절기가 토월인 셈이다.

즉 겨울에서 봄으로 넘어오는 길목에 축월(12월)이 있고, 봄에서 여름으로 넘어가는 길목에 진월(3월)이 있다. 그리고 여름에서 가을로 넘어가는 길목에 미월(6월)이 있고, 가을에서 겨울로 넘어가는 길목에 술월(9월)이 있다. 이때의 월은 앞에서도 밝힌 것처럼 24절기에 따른 구분이지 우리가 일반적으로 생각하는 양력이나 음력과는 다르다.

이처럼 토는 계절이 넘어갈 때 완충역할을 한다고 생각하면 된다. 따라서 토를 이해하는 데에는 많은 생각과 시간이 필요하다.

진토는 양의 토이다. 진토는 지장간을 3개 가지고 있다. 진의 지장간은 을(乙), 계(癸), 무(戊)이다. 진토 안에는 덩굴나무인 乙목과 옹달샘인 癸수와 대지인 戊토의 속성들을 다 갖고 있다.

이들이 각각 영향을 미치는 비율은 전체를 30이라고 한다면, 乙이 9, 癸가 3, 戊가 18이다. 따라서 진(辰)은 지장간에서 제일 많은 비중을 차지하는 무토(戊土)가 대표선수다.

가. 연지(年支)에 진토가 있으면 용띠다.

나. 월지(月支)에 진토가 있으면 봄의 마지막에 태어난 사람이다.
청명(淸明, 4월 4, 5일)에서부터 입하(立夏, 5월 5, 6일)전까지 태어난 사람의 월지가 진토이다. 사주에 있어 일간 다음으로 중요한 것이 월지인데 일단 월지가 진(辰)토인 사람은 봄에서 여름으로 넘어갈 때에 태어났다.

다. 일지(日支)가 진토인 경우

일지가 진(辰)인 사람은 일지가 유(酉)금이나 자(子)수나 신(申)금인 사람과 속궁합이 맞다. 일지가 술(戌)인 사람과는 진술(辰戌) 충(沖, 충돌, 부딪치다) 되므로 궁합이 안 맞다.

속궁합이나 겉궁합은 보는 방식이 주장하는 학자들 수만큼이나 조금씩은 다르다. 그러나 음양오행의 기본원칙에 충실하면 된다. 기본원칙이란 음양의 균형과 조화이다.

라. 시지(時支)가 진토인 경우

아침 7시 30분부터 9시 30분 사이에 태어난 사람이다.

辰은 양토(陽土)다. 봄의 土이다. 辰土 안에는 계수가 있어서 축축한 흙이다. 이러한 흙은 나무를 잘 자라게 하는 자양분을 갖고 있다.

연지(年支)가 辰이면 용띠이다. 용은 상상의 동물이다. 용의 특징은 변화무쌍하다. 진토는 양토이면서도 지장간은 음목(陰木)인 乙목과 음수(陰水)인 癸수가 포함되어 음양이 다 들어 있어 용의 변화무쌍함과 유사하다. 또한 辰월은 봄에서 여름으로 전환하는 환절기이기 때문에 변화가 많다는 의미로 이해하면 될 것이다.

6 십이지 여섯 번째 _ 사화(巳火) 이야기

사화는 음(陰)의 화(火)이다. 사화는 지장간 3개를 가지고 있다.

巳의 지장간은 무(戊), 경(庚), 병(丙)이다. 사 안에는 대지인 무(戊) 토와 철광석인 경(庚)금과 태양인 병(丙)화의 속성들을 다 갖고 있다.

이들이 각각 영향을 미치는 비율은 전체를 30이라고 한다면, 戊가 7, 庚이 7, 丙이 16이다. 따라서 巳의 지장간에서 가장 많은 비율을 차지하는 병화(丙火)가 대표선수다.

가. **연지(年支)에 사화가 있으면 뱀띠다.**

나. **월지(月支)에 사화가 있으면 여름이 시작되는 계절에 태어난 사람이다.**

입하(立夏, 5월 5, 6일)에서부터 망종(芒種, 6월 5, 6일) 전까지 태어난 사람의 월지가 사화이다. 사주에 월지가 사화인 사람은 초여름에 태어났다.

다. **일지(日支)가 사화인 경우**

일지가 사화인 사람은 일지가 축(丑), 유(酉)인 사람과 궁합이 맞다. 일지가 해(亥)인 사람과는 사해(巳亥) 충(沖, 충돌, 부딪치다) 되므로 궁합이 안 맞다.

다. **시지(時支)가 사화인 경우**

아침 9시 30분부터 11시 30분 사이에 태어난 사람이다.

巳는 음화(陰火)이다. 여름의 불이다. 巳火는 지지를 음양으로 분류할 때는 음화(陰火)이지만 지장간에서는 병(丙)화가 대표선수이기 때문에 실질적인 역할은 양(陽)화의 역할을 더 많이 한다. 즉 몸은 음이지만 쓰이는 용도는 양이다.

연지(年支)가 巳이면 뱀띠이다. 뱀은 추운 계절에는 활동을 멈추고 따뜻한 계절에만 활동을 열심히 한다. 뱀의 이러한 특성을 이해하면 될 것이다.

 십이지 일곱 번째_ 오화(午火) 이야기

오(午)년에 태어난 사람은 말띠다.

말띠 해에는 남자아이의 수는 그대로인데 여자아이의 수가 급격히 줄어든다고 한다. 이는 말띠 여자는 팔자가 사납다는 잘못된 속설 때문이다. 이러한 속설이 생긴 이유는 오는 강한 양이기 때문에 음인 여자가 오년에 태어나면 부드러워야 할 여자가 억센 남성적인 기질을 가지게 된다고 생각했기 때문이다. 이는 어떤 측면에서는 성차별적인 발상이다.

이러한 속설은 태어난 연지만을 가지고 이야기하는 것이므로 잘못된 해석이다. 앞에서도 말했듯이 사주의 전체 구성을 보고 판단해야지 연지만을 가지고 말하는 것은 그릇된 것이다. 사주를 올바르게 이해하게 되면 이러한 속설이 잘못된 미신이라는 것을 알게 된다.

오화는 양(陽)의 화(火)이다. 오화는 지장간 3개를 가지고 있다. 午의 지장간은 병, 기, 정이다. 오 안에는 태양의 성질인 병(丙)화와 옥토인 기(己)토와 문명의 불인 정(丁)화의 속성들을 다 갖고 있다.

이들이 각각 영향을 미치는 비율은 전체를 30이라고 한다면, 丙이 10, 己가 9, 丁이 11이다. 따라서 午의 지장간에서 조금 더 많은 비율을 차지하는 정화(丁火)가 대표선수다. 그런데 오화의 지장간은 다른 지지에 비해 지장간의 비율이 다르다. 병, 기, 정이 거의 비슷한 비율을 갖는 조금 특이한 지장간을 가지고 있다. 이는 양이 극에 달하면 음이 새롭게 태어나는 데서 연유한다고 보면 된다.

가. 연지(年支)에 오화가 있으면 말띠다.

나. 월지(月支)에 오화가 있으면 한여름에 태어난 사람이다.

망종(芒種, 6월 5, 6일)에서부터 소서(小暑, 7월 7, 8일) 전까지 태어난 사람의 월지가 오화이다. 일년 중에 해가 가장 긴 날이 하지(夏至, 6월 21, 22일)다. 하지는 오(午)월의 가운데에 있다. 양이 극에 도달하면 음이 생기는 이치대로 하지를 기점으로 음이 생겨나서, 해가 점점 짧아진다.

우리나라의 세시 풍속에 단오가 있다. 단오는 음력 5월 5일로 일년 중 양기가 가장 강한 날이라고 하는데, 이는 잘못된 설명이다. 왜냐하면 태양력에서는 하지가 가장 양기가 강한 날이기 때문이다. 명리학에서 말하는 절기는 태양력으로 보는 것이지 음력으로 보는 것이 아니다.

다. 일지(日支)가 오화인 경우

일지가 오화인 사람은 일지가 미(未), 인(寅), 술(戌)인 사람과 궁합이 맞다. 일지가 자(子)인 사람과는 자오(子午) 충(沖, 충돌, 부딪치다)되므로 궁합이 안 맞다.

라. 시지(時支)가 오화인 경우

오전 11시 30분부터 오후 1시 30분 사이에 태어난 사람이다. 오시의 한가운데가 낮 12시다. 우리가 정오(正午)라고 말하는 이유가 여기에 있다.

午는 양화(陽火)이다. 한여름의 불이다. 午火는 지지를 음양으로 분류할 때는 양화(陽火)이지만 실제 쓰임에 있어서는 음화이다.

연지(年支)가 午이면 말띠이다.

일년 중 가장 더운 계절이 여름이다. 태양이 이글이글 타는 계절이다. 말은 잘 달린다. 말이 달리는 모습이 이글이글 타고 있는 불의 특성으로 이해하면 될 것이다.

8 십이지 여덟 번째 _ 미토(未土) 이야기

미토는 음(陰)토다. 미토는 지장간 3개를 가지고 있다. 未의 지장간은 정, 을, 기이다. 未 안에는 문명의 불인 정(丁)화와 부드러운 나무인 을(乙)목과 옥토인 기(己)토의 속성들을 다 갖고 있다.

이들이 각각 영향을 미치는 비율은 전체를 30이라고 한다면, 丁이 9, 乙이 3, 己가 18이다. 따라서 未의 지장간에서 가장 많은 비율을 차지하는 기토(己土)가 대표선수다.

가. 연지(年支)에 미토가 있으면 양띠다.

나. 월지(月支)에 미토가 있으면 늦은 여름에 태어난 사람이다.

소서(小暑, 7월 7, 8일)에서부터 입추(立秋, 8월 7, 8일) 전까지 태어난 사람의 월지가 미토이다. 일년 중에 미월이 가장 덥다. 소서(小暑), 대서(大暑), 초복, 중복이 다 미(未)월에 있다. 이는 복사열 때문이라고 한다.

우리나라의 세시풍속에 삼복이 있다. 삼복(三伏)이란 초복(初伏), 중복(中伏), 말복(末伏)을 말한다. 삼복은 음력(陰曆)이 아닌 태양력(太陽曆)을 적용한 것으로 초복은 하지(夏至)로부터 세 번째 돌아오는 경일(庚日)이고, 중복은 네 번째 경일(庚日)이며, 말복은 입추(立秋)로부터 첫 번째 경일(庚日)이다. 중복은 정확히 초복 지나고 10일 후가 되는데 말복은 입추 후에 오는 경일이므로 입추가 언제인가에 따라 중복 후 10일이 될 수도 있고, 중복 후 20일이 될 수 있다.

초복에서 말복까지의 기간은 보통은 20일간인데, 중복에서 말복까지가 20일이 되는 경우를 월복(越伏)이라고 한다. 월복이 있는 해는 초복부터 말복까지 복날이 30일로 길어져 더운 해라고 한다. 이는 어느 정도 설득력이 있다고 본다. 올해(2017년)가 바로 월복이 있는 해다. 그리고 올 여름은 무척 덥고 길 것이다.

그럼 올해(2017년)의 복날을 계산해 보자.

올해의 하지는 6월 21일이다. 하지로부터 첫 경일(庚日)은 6월 22일로 경진(庚辰)일이고, 두 번째 庚日은 7월 2일 경인(庚寅)일, 세 번째 庚日은 7월 12일 경자(庚子)일이다. 바로 이 세 번째 경자(庚子)일이 초복이다. 초복 다음 경일인 7월 23일 경술(庚戌)일이 중복이다. 그 다음 경일은 8월 1일인 경신(庚申)일인데, 올해의 입추는 8월 7일이다. 입추 후의 첫 경일인 8월 11일 경오(庚午)일이 말복이다. 따라서 중복 후 20일이 지난 8월 11일 경오(庚午)일이 말복이다.

다. 일지(日支)가 미토인 경우

일지가 미토인 사람은 일지가 오(午), 묘(卯), 해(亥)인 사람과 궁합이 맞다. 일지가 축(丑)인 사람과는 축미(丑未) 충(沖, 충돌, 부딪치다) 되므로 궁합이 안 맞다.

라. 시지(時支)가 미토인 경우

오후 1시 30분부터 오후 3시 30분 사이에 태어난 사람이다.

未는 음토(陰土)이다. 여름의 土다. 未土는 지지를 음양으로 분류할 때는 음토이지만 여름의 土이므로 메마른 土이다.
연지(年支)가 未면 양띠이다.
절기상으로는 여름에서 가을로 넘어가는 계절인데도 인간이 피부로 느끼는 감각으로는 일년 중 가장 더운 달이다. 비가 잘 오지 않는 지역에 주로 양을 많이 방목한다. 메마른 나뭇잎 등도 잘 먹기 때문이다. 이처럼 메마른 땅인 未土의 특징을 잘 반영한다.

⑨ 십이지 아홉 번째 _ 신금(申金) 이야기

신금은 양금(陽金)이다. 신금은 지장간 3개를 가지고 있다. 신금의 지장간은 무(戊), 임(壬) 경(庚)이다. 신(申) 안에는 대지의 戊土와 바닷물인 壬수와 철광석인 庚금의 속성들을 다 갖고 있다.

이들이 각각 영향을 미치는 비율은 전체를 30이라고 한다면, 戊가 7, 壬이 7, 庚이 16이다. 따라서 신의 지장간에서 가장 많은 비율을 차지하는 경금(庚金)이 대표선수다.

가. **연지(年支)에 신금이 있으면 원숭이띠다.**

나. **월지(月支)에 신금이 있으면 초가을에 태어난 사람이다.**

입추(立秋, 8월 7, 8일)에서부터 백로(白露, 9월 7, 8일) 전까지 태어난 사람의 월지가 신금이다.

신(申)월은 입추가 지났지만, 삼복 중 말복은 반드시 신(申)월에 배당될 정도로 더위가 남아 있다. 고전으로 불리는 명리학 책에도 책에 따라서 지장간에 무토만 있는 것이 아니고 기토도 들어 있다고 주장하기도 한다. 24절기 중 처서(處暑, 8월 23, 24일)가 바로 신(申)월 한가운데에 있다. 처서가 지나면 '모기도 입이 비뚤어진다.' 라는 속담처럼 선선한 가을을 맞이하게 된다. 처서가 지나면 풀이 더 자라지 않아 산소에 풀을 베는 벌초를 시작한다.

다. 일지(日支)가 신금인 경우

일지(日支)가 신금인 사람은 일지가 사(巳), 자(子)와 진(辰)인 사람과 궁합이 맞다. 일지가 인(寅)인 사람과는 인신(寅申) 충(沖, 충돌, 부딪치다) 되므로 궁합이 안 맞다.

라. 시지(時支)가 신금인 경우

오후 3시 30분부터 오후 5시 30분 사이에 태어난 사람이다.

申은 양금(陽金)이다. 초가을의 금이다.

연지(年支)가 申이면 원숭이띠이다.

申월의 특징은 가을이면서도 아직 여름의 열기가 남아 있고, 아침저녁으로는 서늘하다가 낮이면 또 덥다. 심지어 申월의 지장간은 기(己)토와 무(戊)토, 임(壬)수, 경(庚)금의 네 가지라고 주장하는 대가들도 있다.

이러한 여러 가지의 특성이 원숭이의 특성과 비슷하다고 보면 견강부회(牽强附會)라도 될 것 같다. 원숭이는 우리나라에는 없는 동물이다. 동물원에 가야만 볼 수 있는데 원숭이는 재주가 많다. 또한 동물 중에서는 지능이 가장 높다고 한다.

IO 십이지 열 번째 _ 유금(酉金) 이야기

유(酉)금은 음금(陰金)이다. 유금은 지장간 2개를 가지고 있다. 유(酉)의 지장간은 경(庚), 신(辛)이다. 유금 안에는 금광석인 庚금과 귀금속인 辛금의 속성들을 다 갖고 있다.

이들이 각각 영향을 미치는 비율은 전체를 30이라고 한다면, 庚이 10이고 辛이 20이다. 따라서 酉의 지장간에서 가장 많은 비율을 차지하는 신금(辛金)이 대표선수다.

가. 연지(年支)에 유금에 있으면 닭띠다.

나. 월지(月支)에 유금이 있으면 가을에 태어난 사람이다.

백로(白露, 9월 7, 8일)부터 한로(寒露, 10월 8, 9일) 전까지 태어난 사람의 월지가 유금이다. 백로는 농작물에 백색의 이슬이 맺혀 가을 기운이 완연할 때를 말한다. 백로가 되기 전에 벼이삭이 펴지 않으면 그 해 농사는 망친다고 한다. 또한 유(酉)월의 한가운데에 추분(秋分, 9월 23, 24일)이 있다. 추분에는 낮과 밤의 길이가 같다.

다. 일지(日支)가 유금인 경우

일지가 유금인 사람은 일지가 사(巳), 축(丑), 진(辰)인 사람과 궁합이 맞다. 일지가 묘(卯)인 사람과는 묘유(卯酉) 충(沖, 충돌, 부딪치다)되므로 궁합이 안 맞다.

라. 시지(時支)가 유금인 경우

오후 5시 30분부터 오후 7시 30분 사이에 태어난 사람이다.

酉는 음금(陰金)이다. 酉金은 가을의 한가운데 있는 금이다. 가을의 금은
맑고 차고 날카롭다.
연지(年支)가 酉이면 닭띠이다.
유금의 지장간은 경(庚)금과 신(辛)금으로서 다른 오행이 들어 있지 않고
오직 금(金)만 있다. 따라서 금의 특성 중 날카로운 것이 닭과 닮은 점이
다. 닭은 먹이를 먹을 때 쪼아서 먹는다. 닭은 독이 있는 지네도 삽시간에
쪼아서 먹어 치운다. 닭의 이러한 날카로움을 유금의 특성으로 이해하면
될 것이다.

 십이지 열한 번째 _ 술토(戌土) 이야기

술(戌)토는 양토이다. 술토는 지장간 3개를 가지고 있다. 술의 지
장간에는 신(辛), 정(丁), 무(戊)이다. 술(戌) 안에는 귀금속인 辛금과
문명의 불인 丁화와 대지인 戊토의 속성들을 다 갖고 있다.

이들이 각각 영향을 미치는 비율은 전체를 30이라고 한다면, 신(辛)
이 9, 정(丁)이 3, 무(戊)가 18이다. 따라서 戌의 지장간에서 가장 많은
비율을 차지하는 무토(戊土)가 대표선수다.

가. 연지(年支)에 술토가 있으면 개띠다.

나. 월지(月支)에 술토가 있으면 늦가을에 태어난 사람이다.

한로(寒露, 10월 8, 9일)부터 입동(立冬, 11월 7, 8일) 전까지 태어난 사람의 월지가 술토이다. 한로는 글자의 뜻 그대로 찬 이슬이다. 이슬이 서리같이 차가워져 장차 서리가 내릴 것을 예고하고 있다. 戌월의 한가운데에 상강(霜降, 10월 24, 25일)이 있다. 밤에는 기온이 매우 낮아지므로 수증기가 지표에서 엉겨 서리가 내린다.

다. 일지(日支)가 술토인 경우

일지가 술토인 사람은 일지가 인(寅), 오(午), 묘(卯)인 사람과 궁합이 맞다. 일지가 진(辰)인 사람과는 진술(辰戌) 충(沖, 충돌, 부딪치다) 되므로 궁합이 안 맞다.

라. 시지(時支)가 술토인 경우

오후 7시 30분부터 오후 9시 30분 사이에 태어난 사람이다.

戌은 양토(陽土)이다. 가을에서 겨울로 넘어가는 환절기의 土이다.

연지(年支)가 戌이면 개띠이다. 개의 임무는 도둑으로부터 집을 보호하는 데 있다. 어두워지는 戌시부터 개가 본격적인 활동을 할 시간으로 이해하면 되겠다.

여담으로 술꾼들이 자주하는 말 중에는 이런 말이 있다. '낮에는 눈이 흐리멍텅하다가 술시가 되면 눈이 반짝반짝 빛이 난다'고. 이는 사주에 술(戌)이 많으면 그런 경우가 있다고 한다. 또 술(戌)시의 '술(戌)'과 마시는

'술'[酒]을 동음으로 보아 술시부터 술맛이 난다고 하는 것은 일종의 언어유희라고 할 수 있다.

II 십이지 열두 번째 _ 해수(亥水) 이야기

해(亥)수는 음(陰)수이다. 해수는 지장간 3개를 가지고 있다. 해의 지장간에는 무(戊), 갑(甲), 임(壬)이다. 해(亥) 안에는 대지인 戊토와 큰 나무인 甲목과 바다물인 壬수의 속성들을 다 갖고 있다.

이들이 각각 영향을 미치는 비율은 전체를 30이라고 한다면, 무(戊)가 7, 갑(甲)도 7, 임(壬)은 16이다. 따라서 亥의 지장간에서 가장 많은 비율을 차지하는 임수(壬水)가 대표선수다.

가. 연지(年支)에 해수가 있으면 돼지띠다.

나. 월지(月支)에 해수가 있으면 초겨울에 태어난 사람이다.

입동(立冬, 11월 7, 8일)부터 대설(大雪, 12월 7, 8일) 전까지 태어난 사람의 월지가 해수이다. 입동은 글자의 뜻 그대로 겨울의 문턱이다. 겨울에 담그는 김장김치는 입동 전후에 담가야만 제 맛이 난다고 한다. 해월의 한가운데에 소설(小雪, 11월 21, 22, 23일)이 있다. 이때부터 살얼음이 끼고 땅이 얼기 시작하며 눈이 조금씩 내린다.

다. 일지(日支)가 해수인 경우

일지가 해수인 사람은 일지가 인(寅), 묘(卯), 미(未)인 사람과 궁합이 맞다. 일지가 사(巳)인 사람과는 사해(巳亥) 충(沖, 충돌, 부딪치다)되므로 궁합이 안 맞다.

라. **시지(時支)가 해수인 경우**

오후 9시 30분부터 오후 11시 30분 사이에 태어난 사람이다.

亥는 음수(陰水)이다. 亥水는 지지를 음양으로 분류할 때는 음수이지만 지장간에서는 양수(陽水)인 壬수가 대표선수이기 때문에 실질적으로는 양수(陽水)의 역할을 더 많이 한다.

연지(年支)가 亥수이면 돼지띠이다. 돼지는 무엇이든 잘 먹는다.

이는 풍성함을 나타낸다. 亥월은 가을에 곡식을 거두어 들여 겨울을 나기 위해 저장을 하는 달이다. 이러한 풍성한 저장의 의미를 돼지와 연관 지으면 이해가 될 것이다.

또한 亥월은 음력으로는 10월달에 주로 해당된다. 음력 10월에는 조상들에게 시제(時祭)를 지내는 달이다. 시제에 반드시 필요한 것이 돼지머리다. 이것과 관련지어도 될 것 같다.

VII 지지의 비밀_지장간(支藏干)

지장간은 지지 속에 간이 숨겨져 있다는 뜻이다. 숨어 있는 지장간의 오묘한 이치를 잘 이해하고, 이를 활용할 수 있는 능력이 필요하다.

지장간을 도표로 나타내면 아래와 같다.

지지 구분		자(子)	축(丑)	인(寅)	묘(卯)	진(辰)	사(巳)	오(午)	미(未)	신(申)	유(酉)	술(戌)	해(亥)
지장간	여기	壬	癸	戊	甲	乙	戊	丙	丁	戊	庚	辛	戊
	중기		辛	丙		癸	庚	己	乙	壬		丁	甲
	정기	癸	己	甲	乙	戊	丙	丁	己	庚	辛	戊	壬

위의 지장간을 가만히 살펴보면 일정한 법칙이 적용됨을 알 수 있다. 먼저, 지장간은 여기(餘氣), 중기(中氣), 정기(正氣)로 구분한다.

1. 여기(餘氣)

여기(餘氣)를 자세히 살펴보면, 인월과 신월을 제외하고는 지난달의 정기를 사용하고 있음을 알 수 있다. 지난달의 남은 기가 바로 여기다.

앞의 표에서 보면, 자(子)월의 정기는 계(癸)수다. 따라서 축(丑)월의 여기도 계(癸)수다. 이처럼 지난달의 기운이 바로 없어지지 않고 남아 있다는 것이다.

이것은 24절기와 밀접한 관계가 있다. 절기가 바뀌었다고 계절이 바로 다음 계절로 넘어가는 것이 아니고, 앞 계절의 기운이 남아 영향을 미친다. 이는 지구와 달과 태양과 우주가 일정한 법칙 하에서 조금씩 움직이는데 그 기원을 두고 있다.

2. 중기(中氣)

가. 지지에서 봄은 인(寅), 묘(卯), 진(辰)월이고, 여름은 사(巳), 오(午), 미(未)월이며, 가을은 신(申), 유(酉), 술(戌)월이고, 겨울은 해(亥), 자(子), 축(丑)월이다.

봄의 시작은 인(寅)월이고, 여름의 시작은 사(巳)월이며, 가을의 시작은 신(申)월이고, 겨울의 시작은 해(亥)월이다.

봄을 상징하는 양간은 갑(甲)목이고, 여름을 상징하는 양간은 병(丙)화이며, 가을을 상징하는 양간은 경(庚)금이고, 겨울을 상징하는 양간은 임(壬)수이다. 이처럼 봄의 시작인 인(寅)월의 중기(中

氣)에는 그 다음에 올 계절인 여름의 양간인 병(丙)화가 들어 있다. 또한 여름의 시작은 사(巳)월인데, 여름 다음에 오는 계절인 가을의 양간 경(庚)금이 중기(中氣)에 있다.

가을의 시작은 신(申)월인데, 가을 다음에 올 계절인 겨울의 양간인 임(壬)수가 중기(中氣)에 있다. 겨울의 시작은 해(亥)월인데, 겨울 다음에 올 계절인 봄의 양간인 갑(甲)목이 해(亥)월의 중기(中氣)에 포진되어 있다.

각 계절의 시작인 인(寅), 사(巳), 신(申), 해(亥)월은 다음에 올 계절의 양간을 중기(中氣)에 간직하고 있다.

나. 자세히 살펴보면 중기가 없는 달이 있다. 子卯午酉월은 중기가 없다. 봄의 한가운데에 있는 달이 묘(卯)월이고, 여름의 한가운데에 있는 달이 오(午)월이고, 가을의 한가운데에 있는 달이 유(酉)월이고, 겨울의 한가운데에 있는 달이 자(子)월이다. 각각의 계절의 한가운데에 있는 달은 중기가 없는데 오(午)월만 예외다.

다. 봄의 마지막 달은 진(辰)월이고, 여름의 마지막 달은 미(未)월이고, 가을의 마지막 달은 술(戌)월이고, 겨울의 마지막 달은 축(丑)월이다. 이들의 공통적인 특성은 오행으로 보면 모두 토(土)의 달이라는 점이다. 토월은 환절기다. 계절이 바뀔 때마다 있는 환절기처럼 계절과 계절을 이어주는 토월이 항상 존재한다.

봄의 마지막인 달인 진(辰)월의 중기에는 지나간 계절인 겨울의 음간인 계(癸)수가 들어 있다.

여름의 마지막 달인 미(未)월의 중기에는 지나간 계절인 봄의 음간인 을(乙)목이 들어 있다.

가을의 마지막 달인 술(戌)월의 중기에는 지나간 계절인 여름의 음간인 정(丁)화가 들어 있다.

겨울의 마지막 달인 축(丑)월의 중기에는 지나간 가을의 음간인 신(辛)금이 들어 있다.

각 계절의 마지막 달인 진(辰), 미(未), 술(戌), 축(丑)월에는 지나간 계절의 대표적인 음간(陰干)을 중기에 간직하고 있다.

따라서 중기(中氣)는 계절이 시작하는 달〔寅巳申亥〕에는 앞으로 올 계절의 양간이 포진되어 있고, 그 계절의 마지막 달〔辰未戌丑〕에는 지나간 계절의 음간을 간직하고 있다.

이는 새로운 계절이 시작할 때는 앞으로 올 계절을 미리 예고하고 있는 속성이 있고, 계절의 마지막 달에는 지나간 계절이 아쉬워 이를 조금이라도 간직하고자 하는 속성이 있다.

그리고 앞으로 올 계절은 기대감과 희망의 뜻으로 양간을 사용하고, 지나간 계절은 과거를 뒤돌아보고 그리워한다는 뜻으로 음간을 사용한다. 양의 속성은 기대감과 희망을 뜻하고, 음의 속성은 회고와 그리움이다. 여기에도 음양의 법칙이 적용된다.

3. 정기(正氣)

정기를 자세히 살펴보면, 지지(地支)가 양지(陽支)이면 대표적인 간(干)이 양간(陽干)이고, 지지(地支)가 음지(陰支)이면 대표적인 간(干)이 음간(陰干)임을 알 수 있다.

그러나 예외가 존재한다. 자(子)월은 양지이나 정기는 계(癸)수이고, 해(亥)월은 음지이지만 정기는 양간인 임(壬)수이다. 또한 사(巳)월은 음지이나 정기는 양간인 병(丙)화이고, 오(午)월은 양지이나 정기는 음간인 정(丁)화이다. 이는 양이 극에 달하면 음이 되고 음이 극에 달하면 양이 된다는 『주역』의 원리를 적용한 것으로 볼 수 있다.

이처럼 지장간은 자연의 순환원리와 일치하고 있다. 그런데 지장간에 대한 견해는 학자와 고전에 따라 일치하고 있지 않다.

특히 여기(餘氣)는 대부분 지난달의 정기를 따르는데, 인(寅)월과 신(申)월은 다르다고 주장하는 고전들이 많다. 즉 인(寅)월은 지난달 축(丑)월의 정기, 즉 음토인 기(己)토가 아니라 양토인 무(戊)토가 인(寅)월의 여기라고 주장한다. 또한 신(申)월도 지난달인 미(未)월의 정기, 즉 음토인 기(己)토가 아니라 양토인 무(戊)토라고 주장한다.

이는 설득력이 있다. 인(寅)월과 신(申)월은 양지이므로 여기에도 양간인 무(戊)토를 쓴다고도 볼 수 있다.

지장간에 있어서 특히 짚고 넘어가야 할 것이 바로 오(午)화이다. 오(午)월은 양이 극에 달하는 하지(夏至)를 기점으로, 이때부터 낮이 점점 짧아진다. 오(午)월에는 기(己)토를 중기에 넣어놓은 고전이 많다. 음양의 중화(中和)를 추구하기 위해 넣었다고 생각된다. 설득력이 있다고 본다.

4 지장간의 비율

그럼 각 지지가 갖고 있는 지장간의 비율을 따져 보자.

가. **각 계절의 첫 달인 寅巳申亥의 달**은 전체를 30이라면, 지난달의 기운인 여기는 7, 앞으로 올 계절의 양간인 중기도 7, 그 달의 고유한 기운인 정기는 16의 비율을 가지고 있다.

❶ 봄의 첫 달인 寅월은 여기인 戊토의 비율이 7이고, 중기인 丙화의 비율이 7이며 정기인 甲은 16이다.

❷ 여름의 첫 달인 사(巳)월은 여기인 무(戊)토의 비율이 7이고, 중기인 경(庚)금도 7이고, 정기인 병(丙)화는 16이다.

❸ 가을의 첫 달인 신(申)월은 여기인 무(戊)토의 비율이 7이고, 중기인 임(壬)수가 7이고, 정기인 경(庚)금은 16이다.

❹ 겨울의 첫 달인 해(亥)월은 여기인 무(戊)토가 7이고, 중기인 갑(甲)목도 7이고, 정기인 임(壬)수는 16이다.

나. **각 계절의 중간에 있는 子卯午酉의 달**에는 중기(中氣)가 없고 여기(餘氣)와 정기(正氣)만 있다. 비율은 전체를 30이라면 여기가 10이고 정기가 20이다.

❶ 자(子)월은 여기인 임수가 10이고 정기인 계수가 20이다.

❷ 묘(卯)월은 여기인 갑목이 10이고 정기인 을목이 20이다.

❸ 유(酉)월은 여기인 경금이 10이고 정기인 신금이 20이다.

❹ 오(午)월은 예외에 속한다.

오월도 이 원칙에 의하면 병화가 10이고 정화가 20이어야만 하는데 예외규정으로 인정하는 것이다. 고전에서 오(午)월의 지장간은 병(丙), 기(己), 정(丁)이다.

이는 양이 극에 달해 음이 태동하는 과정으로 보아 가운데에 기(己)토를 넣었다. 이때의 비율은 여기인 丙화가 10이고, 己토는 9, 정기인 丁화가 11이다.

다. **각 계절의 마지막에 있는 辰未戌丑의 달**은 전체를 30이라면, 지난달의 정기의 기운인 여기가 9, 지난 계절의 음간인 중기가 3, 그 달의 고유한 기운인 정기의 비율이 18이다.

❶ 봄의 마지막 달인 진(辰)월은 지난달 묘(卯)월의 정기인 을(乙)목이 여기다. 을(乙)목의 비율은 9다. 진월의 중기는 지난 계절인 겨울의 음간인 계(癸)수다. 따라서 계(癸)수가 3이다. 진(辰)월의 정기는 무(戊)토다. 戊토의 비율은 18이다.

❷ 여름의 마지막 달인 미(未)월은 지난달 오(午)월의 정기인 정(丁)화가 여기다. 정(丁)화의 비율은 9다. 미(未)월의 중기는 지난 계절인 봄의 음간인 을(乙)목이다. 을(乙)목의 비율은 3이다. 미(未)월의 정기는 기(己)토다. 기(己)토의 비율은 18이다.

❸ 가을의 마지막 달인 술(戌)월은 지난달 유월의 정기인 신(辛)금이 여기다. 신(辛)금의 비율은 9다. 술(戌)월의 중기는 지난 계절인 여름의 음간인 정(丁)화이다. 정(丁)화의 비율은 3이다. 술(戌)월의 정기는 무(戊)토다. 무(戊)토의 비율은 18이다.

❹ 겨울의 마지막 달인 축(丑)월은 지난달 자(子)월의 정기인 계(癸)수가 여기다. 계(癸)수의 비율은 9다. 축(丑)월의 중기는 지난 계절인 가을의 음간인 신(辛)금이다. 신(辛)금의 비율은 3이다. 축(丑)월의 정기는 기(己)토다. 기(己)토의 비율은 18이다.

지금까지 설명한 비율은 1년을 360으로 보고 계산한 것이다. 각각의 오행들이 갖고 있는 비율을 보면 木이 65, 火가 56, 土가 109, 金이 65, 水가 65로 360이 된다. 토가 많은 이유는 12달 중 토월이 네 달이기 때문이다.

또한 간의 비율은 甲 33, 乙 32, 丙 33, 丁 23, 戊 64, 己 45, 庚 33, 辛 32, 壬 33, 癸 32이다. 이 비율을 자세히 살펴보면, 戊土와 己土를 제외한 나머지 8간은 양간은 33, 음간은 32가 배당되어 있다. 음양의 이치와 같다.

그런데 丁화가 유독 적은 것은 午월에서 己토에게 9를 빼앗겼기 때문이다.

지장간에서 오행 중 土가 많은 것은 土의 속성이 중용이기 때문이다. 이렇게 보면 사주는 土의 영향을 많이 받게 된다. 근원적으로 자연과 인간은 중용지도를 갖고 있다는 의미일 것이다.

VIII 명리학의 기준은 음력인가, 양력인가

　명리학에서 사주를 볼 때 아직도 음력으로 생년월일시를 알아야 한다고 생각하는 사람들이 많다. 그러나 사주는 엄밀한 의미에서 음력도, 양력도 아니다. 사주를 정하는 기준이 되는 것은 태양력[절기력]이다.

　그래서 양력과 음력, 태양력[절기력]을 알아보고자 한다.

Ⅰ. 양력

지구는 태양으로부터 평균 1억 5,000만km 떨어져서 1년 주기로 공전을 한다. 지구는 자전축이 23.5도 기울어져 자전과 공전하기 때문에 밤과 낮이 생기고 계절의 변화가 생긴다.

우리나라의 자전속도는 시속 1,337km이고 공전속도는 시속 10만 8천km이다. 이를 초속으로 나누면 1초에 약 30km를 달린다. 이처럼 빠른 속도로 자전과 공전을 한다. 속도를 인지할 수 있는 것은 속도의 변화가 있을 때인데 공전은 같은 속도로 움직이므로 지구가 움직이고 있다는 느낌을 못 느끼는 것이다.

양력은 지구가 태양을 한 바퀴 도는 공전주기에 따라 정해진다. 지구가 태양을 일주하는 데는 365일 5시간 48분 46초(365.2422일)가 걸린다. 따라서 일년은 365일로 하되, 4년마다 한 번씩 2월 달을 하루 늘려 29일인 윤년을 두어 일년이 366일이 된다.

그레고리력(Gregorian calendar)은 현재 세계적으로 통용되는 양력 달력이다. 교황 그레고리우스 13세가 1582년 발표하였다 하여 그레고리력이라 불린다. 그레고리력에서의 윤년은 400년에 97일이다. 따라서 윤년은 4의 배수로 하되, 백년 단위에서는 400으로 나누어져야 윤년이다.

1704, 1804, 1904, 1600, 2000, 2400 등은 윤년이지만 1700, 1800, 1900, 2100 ……들은 400으로 나누어지지를 않아 평년이다.

음력은 달이 지구를 한 바퀴 도는 공전주기에 따라 정해진다. 달의 공전주기는 29.53059일이다. 태양, 달, 지구가 순서대로 일직선상에 놓일 때가 합삭(合朔)이다. 이 합삭된 날을 그 달의 첫날로 잡은 것이 음력이다.

이를 12달로 계산을 하면 약 354일이 된다. 태양력의 365일에 비교하면 매년 11일의 차이가 난다. 따라서 음력은 5년에 두 번 정도의 비율로 1년을 13개월로 한다. 이것이 윤달이다. 윤달을 정하는 데도 규칙이 있다. 19년 7윤법이다. 즉 19년 동안에 7번은 윤달이 있는 해이다. 여기에도 규칙이 있다. 음력의 달에서 24절기(節氣) 중 중기[24절기 표에서 기(氣)로 표시된 것]가 없는 달을 윤달로 정한다. 만약에 그해에 중기가 없는 달이 여러 달이 있으면 그중 가장 먼저 오는 달이 윤달이 된다.

따라서 윤달은 어느 달이나 생기지 않고 지구와 달이 태양을 도는 공전 속도가 가장 느린 여름에 주로 생긴다. 그러므로 하지 경에 윤달이 생길 확률이 가장 높다.

1770년에서 2052년 사이에 윤5월이 22번으로 가장 많고, 윤4월과 윤6월이 각각 14번으로 많다. 그러나 동지섣달과 정월에는 한 번도 없다. 우리 속담에 '윤동지달에 빚 갚는다.' 라는 말은 결국 빚을 갚지 않겠다는 말이다. 또한 예로부터 윤달은 '썩은달' 이라 하여, "하늘과 땅의 신이 사람들에 대한 감시를 하지 않는 기간으로 그때는 불경스러운 행동을 해도 신의 벌을 피할 수 있다."고 널리 알려졌다. 이 때문에 윤달에는 이장(移葬)을 하거나 수의(壽衣)를 하는 풍습이 전해 내려왔다.

3. 태양력(절기력)

명리학에서는 절기력을 쓴다. 지구가 실제 태양 주위를 움직인 시간을 사용한다. 태양이 1년 동안 지나가는 경로를 황도(Ecliptic)라 한다. 이것은 지구의 공전운동으로 인해 태양의 위치가 상대적으로 하루에 약 1도씩 천구 상에서 이동하여 생기는 궤도이다. 따라서 실제로는 지구가 공간상에서 움직이는 길이 황도이다.

24절기는 태양의 운동에 근거한 것으로 춘분점(春分點, 태양이 남쪽에서 북쪽으로 향해 적도를 통과하는 점)으로부터 태양이 움직이는 길인 황도를 따라 동쪽으로 15도 간격으로 나누어 24점을 정하였을 때, 태양이 각 점을 지나는 시기를 말한다. 좀 더 정확히 말하면 천구 상에서 태양의 위치가 황도 0도일 때가 춘분이다. 이 황도가 움직인 각도가 황경(黃經, 황도 좌표의 경도이며, 춘분점을 기점으로 황도(黃道)를 따라서 잰 각거리(角距離))인데 황경이 15도 움직인 것이 청명이고, 다시 15도 더 움직여 30도가 된 것이 곡우다.

이렇게 정해진 24절기와 황경은 다음과 같다.

연번	절기	사주력	양력	음력	황경
1	입춘(立春)	인(寅)월	2월 4일경	정월 절(節)	태양이 황경(黃經) 315°에 도달하는 때
2	우수(雨水)	인(寅)월	2월 19, 20일	정월 기(氣)	황경 330°
3	경칩(驚蟄)	묘(卯)월	3월 6일경	2월 절(節)	황경 345°
4	춘분(春分)	묘(卯)월	3월 21일경	2월 기(氣)	황경 0° 태양이 북쪽을 향해 적도(赤道)를 통과하는 때
5	청명(淸明)	진(辰)월	4월 5, 6일	3월 절(節)	황경 15°
6	곡우(穀雨)	진(辰)월	4월 20, 21일	3월 기(氣)	황경 30°
7	입하(立夏)	사(巳)월	5월 5, 6일	4월 절(節)	황경 45°
8	소만(小滿)	사(巳)월	5월 21일	4월 기(氣)	황경 60°
9	망종(芒種)	오(午)월	6월 6, 7일	5월 절(節)	황경 75°
10	하지(夏至)	오(午)월	6월 21일경	5월 기(氣)	황경 90°
11	소서(小暑)	미(未)월	7월 7, 8일	6월 절(節)	황경 105°
12	대서(大暑)	미(未)월	7월 23일경	6월 기(氣)	황경 120°
13	입추(立秋)	신(申)월	8월 8, 9일	7월 절(節)	황경 135°
14	처서(處暑)	신(申)월	8월 23일경	7월 기(氣)	황경 150°
15	백로(白露)	유(酉)월	9월 8일경	8월 절(節)	황경 165°
16	추분(秋分)	유(酉)월	9월 23일경	8월 기(氣)	황경 180° 태양이 남쪽을 향해 적도(赤道)를 통과하는 때
17	한로(寒露)	술(戌)월	10월 8일경	9월 절(節)	황경 195°
18	상강(霜降)	술(戌)월	10월 23, 24일경	9월 기(氣)	황경 210°
19	입동(立冬)	해(亥)월	11월 7, 8일	10월 절(節)	황경 225°
20	소설(小雪)	해(亥)월	11월 22일경	10월 기(氣)	황경 240°
21	대설(大雪)	자(子)월	12월 7일경	11월 절(節)	황경 255°
22	동지(冬至)	자(子)월	12월 22, 23일	11월 기(氣)	황경 270°
23	소한(小寒)	축(丑)월	1월 5, 6일	12월 절(節)	황경 285°
24	대한(大寒)	축(丑)월	1월 20, 21일	12월 기(氣)	황경 300°

※절(節)은 그 달의 시작이고, 기(氣)는 그 달의 한가운데를 의미함.

이는 다음과 같이 정리할 수 있다.

24 × 15도 = 360도 = 황도 = 1년

절기와 절기 사이는 대부분 15일이며, 경우에 따라 14일이나 16일이 되기도 한다. 이는 지구의 공전 궤도가 타원형이어서 태양을 15도 도는 데 걸리는 시간이 똑같지 않기 때문이다.

여기에는 케플러의 법칙이 적용된다. 케플러의 법칙은 1619년에 케플러가 발표한 행성의 운동에 대한 법칙이다.

제1법칙 : 행성은 태양이 한 초점에 있는 타원 궤도를 따라 움직인다〔타원 궤도의 법칙〕.

제2법칙 : 행성과 태양을 잇는 선분이 지나는 면적은 일정시간에 대해 항상 일정하다〔면적 속도 일정의 법칙〕.

제3법칙 : 행성의 공전주기의 제곱은 궤도의 긴 반경의 세제곱에 비례한다〔조화의 법칙〕.

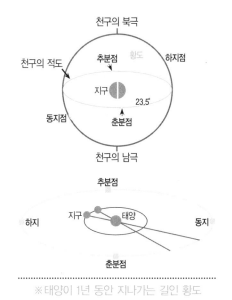

※태양이 1년 동안 지나가는 길인 황도

이 중에서 제2법칙을 구체적으로 설명하면 근일점(동지)에서는 공전 속도가 빠르고 원일점(하지)에서는 공전 속도가 느리다. 이는 같은 시기에 지구와 태양이 그리는 면적은 항상 일정하다는 것이다.

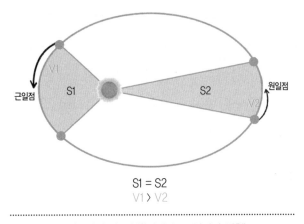

S1 = S2
V1 〉 V2

※ 케플러의 제2법칙(면적 속도 일정의 법칙)
S1의 면적과 S2의 면적은 같다.
그러나 속도는 근일점이 있는 V1이 원일점이 있는 V2보다 빠르다.
따라서 하지(원일점)가 있는 오(午)월보다 동지(근일점)가 있는 자(子)월이 날짜수가 적다.

　그러면 2017년도의 각 달의 날짜 수를 알아보자.

　올해의 입춘은 양력으로 2월 4일 0시 33분이다. 입춘 이후에 태어나야 닭띠다.

　입춘부터 경칩 전까지가 인(寅)월이다. 경칩은 3월 5일 18시 2분이므로 경칩에서 입춘을 빼면 29일 17시간 29분이 된다.

　이와 같은 방법으로 오(午)월은 31일 10시간 24분, 자(子)월은 29일 11시간 16분이다. 하지가 있는 오(午)월과 동지가 있는 자(子)월은 1일 23시간 8분이나 차이가 난다. 따라서 지구가 공전하는 속도가 여름은 느리고 겨울은 빠르다.

　명리학의 기준이 되는 절기력은 이처럼 정밀한 우주과학이다.

Ⅸ 내 사주 내가 보는 법

　자신의 사주를 해석하려면 본인의 생년월일시를 정확하게 알아서 이를 만세력에서 찾아야 한다.

　만세력은 여러 책이 있지만 갑을당에서 출판된 『컴퓨터 만세력』이나 동학사에서 나온 『보기 쉬운 사주 만세력』이 가장 쉽게 볼 수 있는 책이다. 만세력이 없다면 인터넷으로 "사주링크"를 검색하면 잘 나와 있다.

　가장 편리하게 이용할 수 있는 것은 스마트폰 만세력 앱이다. 그 중에서 가장 많이 사용하는 것 중 하나가 원광대학교에서 개발한 원광만세력이다. 스마트폰 앱스토어에서 원광만세력만 치면 앱이 뜬다. 이것을 바로 깔면 편리하게 사용할 수 있다. 여기에 이름, 성별, 생년월일시를 입력하고 저장하면 자신의 사주가 나온다.

사주에서 한 해의 기준은 양력 1월 1일도 아니고 음력 1월 1일도 아니다. 태양력의 절기인 입춘을 기점으로 한다.

입춘은 양력 2월 4일이 대부분인데, 해에 따라서는 2월 3일이나 2월 5일이 되기도 한다.

예 2016년 11월 17일 8시 30분에 태어난 여자아이의 사주

시	일	월	년
丙	癸	己	丙
辰	卯	亥	申

93	83	73	63	53	43	33	23	13	3
己	庚	辛	壬	癸	甲	乙	丙	丁	戊	己
丑	寅	卯	辰	巳	午	未	申	酉	戌	亥

연주는 2016년도가 병신년이니까 丙申이다.

월주는 11월 17일에 태어난 아이는 11월의 절입일(11월달이 시작되는 일)이 입동이다. 입동은 11월 7일 08시 18분부터 시작된다. 이때부터가 己亥월이다.

일주는 17일에 태어났으니 만세력에서 17일의 일진은 癸卯이다.

시주는 오전 8시 30분에 태어났으니 丙辰시다.

사주 밑의 숫자와 간지는 대운의 흐름을 보여주는 것이다.

이것이 의미하는 것을 알아보자.

1살부터 3살까지는 입운으로 사주의 월주인 **기해**의 영향력 아래에 있다

4살부터 13살까지 10년간은 대운 **무술**의 영향 하에 있다.

14살부터 23살까지는 대운 **정유**의 영향 하에 있다.

24살부터 33살까지는 대운 **병신**의 영향 하에 있다.

34살부터 43살까지는 대운 **을미**의 영향 하에 있다.

44살부터 53살까지는 대운 **갑오**의 영향 하에 있다.

54살부터 63살까지는 대운 **계사**의 영향 하에 있다.

64살부터 73살까지는 대운 **임진**의 영향 하에 있다.

74살부터 83살까지는 대운 **신묘**의 영향 하에 있다.

84살부터 93살까지는 대운 **경인**의 영향력이 작용을 한다.

여기서 운의 흐름을 좀더 자세히 관찰하면 나이가 많아질수록 **갑을병정무기경신임계**의 순행 운으로 가지 않고 **무정병을갑계임신경**의 역행 운으로 나아가고 있음을 알 수 있다.

그 해답은 다음과 같다.

- 양남 음녀는 순행(順行)운, 음남 양녀는 역행(逆行)운이다.
- 태어난 해의 간지가 양간이면 남자는 순행운, 여자는 역행운이다.
- 태어난 해의 간지가 음간이면 남자는 역행운, 여자는 순행운이다.
- 양간은 甲丙戊庚壬이고 음간은 乙丁己辛癸다.
- 2016년도의 간지는 병신년이다.
- 따라서 병은 양간이고 여자이므로 역행운이다.

	시	일	월	년
	丙	癸	己	丙
	辰	卯	亥	申

77	67	57	47	37	27	17	7
丁	丙	乙	甲	癸	壬	辛	庚
未	午	巳	辰	卯	寅	丑	子

병신년의 병은 양간이므로 나이가 올라가면서 甲乙丙丁戊己庚辛
의 순행(順行)으로 운이 흐른다.

　7살까지는 월주인 **기해**의 영향력을 받는다.

　8살부터 **17살**까지는 대운 **경자**의 영향 하에 있다.

　18살부터 **27살**까지는 대운 **신축**의 영향 하에 있다.

　28살부터 **37살**까지는 대운 **임인**의 영향 하에 있다.

　38살부터 **47살**까지는 대운 **계묘**의 영향 하에 있다.

　48살부터 **57살**까지는 대운 **갑진**의 영향 하에 있다.

　58살부터 **67살**까지는 대운 **을사**의 영향 하에 있다.

　68살부터 **77살**까지는 대운 **병오**의 영향 하에 있다.

　78살부터 **87살**까지는 대운 **정미**의 영향 하에 있다.

내 사주 내가 보는 법에서 사주팔자(四柱八字)를 자동차로 본다면,
대운은 차가 달릴 수 있는 길이라고 생각하면 된다.

사주가 별 볼일이 없어 값싸고 작은 차라도 운이 좋아서 시원한 고속도로를 달린다면 멋진 인생이 될 것이고, 사주가 최고급 외제차라도 험준한 산악길을 달린다면 삶은 계속 고달플 것이다.

따라서 삶에서 대운의 흐름이 중요하다.

여기서 의문을 가질 수 있는 것은 남자아이는 7로 대운의 10년 흐름이 바뀌고 여자아이는 3으로 바뀐다는 점이다.

이 부분의 해석은 전문가들도 많이 틀리는 대목이다.

자세히 설명하면, 태어난 아이가 **여자**라면 **역운**이다. 역운은 태어난 날에서 절입일〔입동〕을 빼서 나누기 3을 한다.

$$
\begin{array}{r}
11월\ 17일\ 08시\ 30분 \\
-\ 11월\ \ 7일\ 08시\ 18분 \\
\hline
10일\ \ \ 0시\ 12분
\end{array}
$$

10일 0시 12분을 3으로 나누면, 몫이 3일 하고 나머지가 1일 0시간 12분이 나온다.

나머지가 1일 12시간 이상이면 1을 올리고, 나머지가 1일 12시간 이하이면 버린다.

따라서 나머지가 1일 0시간 12분이므로 여기서는 3으로 계산된다.

이렇게 계산을 할 때는 6개월 정도의 오차가 있다.

정확한 계산은 1일이 4개월, 1시간은 5일, 1분은 2시간이다.

따라서 1일은 4월, 0시간은 0일, 12분은 24시간이다.

이것을 합치면 3년 4월 1일 0시간이 나온다.

따라서 이 아이의 생년월일인,

2016년 11월 17일 8시30분 + 3년 4월 1일 0시간은

2020년 3월 18일 8시 30분까지는 입운인 기해가 담당하고

2020년(4살) 3월 18일 8시 30분부터 2030년 3월 18일 8시 30분

까지는 대운 무술이 담당한다.

남자라면 병신년 병은 양간이므로 **순행**운(順行運)이다.

순행운일 때는 절입일의 기준이 자기 생일의 뒤에 있는 절입일에

서 자기의 출생 월일을 뺀 몫을 3으로 나눈다.

12월의 절입일인 대설(大雪)은 2016년 12월 7일 01시 11분이다.

12월 7일 01시 11분

－11월 17일 08시 30분
_____

19일 16시 41분

19일 16시 41분을 3으로 나누면 몫이 6이고, 나머지가 1일 16시간

41분이므로 이 아이의 사주는 나머지가 1일 12시간 이상이어서 7

살 단위로 바뀌게 된다.

정밀하게 계산을 하면 몫이 6년, 나머지가 1일 16시간 41분이므로

나머지가 1일이 4개월

1시간은 5일이므로 80일은 2개월 20일

1분은 2시간이므로 82시간은 3일 10시간이다.
1일 16시간 41분은 6년 6월 23일 10시간이다.

6년 6개월 23일 10시간이 태어난 생년월일시에 더해져서
2016년 11월 17일 08시 30분 더하기 6년 6개월 23일 10시간을 하면 2023년 6월 10일 18시 30분까지는 입운 기해의 영향력에 있고 2023년 6월 10일 18시 30분 1초부터 2033년 6월 10일 18시30분까지는 대운 경자의 영향 하에 놓여 있다.

사주와 대운을 보는 것은 이처럼 과학적이고 정밀하다. 그 근거는 지구의 자전과 공전에 두고 있다. 끊임없이 이어지는 우주의 음양운동이자, 오행의 순환에 근거를 두고 있다.

만세력을 보지 않고도 생년의 간지만 알면 생월은 알 수 있는 방법이 있다.

- 갑기년은 병인월부터 시작을 한다. 을경년은 무인월부터 시작을 하고, 병신년은 경인월부터 시작을 하고, 정임년은 임인월부터 시작을 하고, 무계년은 갑인월부터 시작을 한다.
- 갑기년은 합이 토이다. 토를 생하는 것은 화이다. 즉 합한 오행을 생해주는 병인월부터 시작을 한다.
- 을경년은 합이 금이다. 금을 생하는 것은 토다. 따라서 무인월부터 시작한다.

- 병신년의 합은 수이다. 수를 생하는 오행은 목이다. 따라서 병신년은 갑인월부터 시작한다.
- 정임년은 합이 목이다. 목을 생하는 오행은 수이다. 따라서 정인년은 임인월부터 시작한다.
- 무계년의 합은 화이다. 화를 생하는 오행은 목이다. 따라서 무계년은 갑인월부터 시작한다.

이를 도표로 나타내면 다음과 같다.

月\年	1月	2月	3月	4月	5月	6月	7月	8月	9月	10月	11月	12月
甲己	丙寅	丁卯	戊辰	己巳	庚午	辛未	壬申	癸酉	甲戌	乙亥	丙子	丁丑
乙庚	戊寅	己卯	庚辰	辛巳	壬午	癸未	甲申	乙酉	丙戌	丁亥	戊子	己丑
丙辛	庚寅	辛卯	壬辰	癸巳	甲午	乙未	丙申	丁酉	戊戌	己亥	庚子	辛丑
丁壬	壬寅	癸卯	甲辰	乙巳	丙午	丁未	戊申	己酉	庚戌	辛亥	壬子	癸丑
戊癸	甲寅	乙卯	丙辰	丁巳	戊午	己未	庚申	辛酉	壬戌	癸亥	甲子	乙丑

만세력을 보지 않아도 생일만 알면 생시를 알 수 있는 방법이 있다.

- 갑기일은 갑자시부터 시작을 한다. 을경일은 병자시부터 시작을 하고, 병신일은 무자시부터 시작을 하고, 정임일은 경자시부터 시작을 하고, 무계일은 임자시부터 시작을 한다.
- 갑기일은 합이 토이다. 토를 극하는 오행은 목이다. 즉 합한 오행을 극해주는 갑자시부터 시작한다.

- 을경일의 합은 금이다. 금을 극하는 오행은 화이다. 따라서 병자시부터 시작한다.
- 병신일의 합은 수이다. 수를 극하는 오행은 토이다. 따라서 무자시부터 시작한다.
- 정임일의 합은 목이다. 목을 극하는 오행은 금이다. 따라서 경자시부터 시작한다.
- 무계년의 합은 화이다. 화를 극하는 오행은 수이다. 따라서 임자시부터 시작한다.

이를 도표로 나타내면 다음과 같다.

時 日	子時	丑時	寅時	卯時	辰時	巳時	午時	未時	申時	酉時	戌時	亥時
甲己	甲子	乙丑	丙寅	丁卯	戊辰	己巳	庚午	辛未	壬申	癸酉	甲戌	乙亥
乙庚	丙子	丁丑	戊寅	己卯	庚辰	辛巳	壬午	癸未	甲申	乙酉	丙戌	丁亥
丙辛	戊子	己丑	庚寅	辛卯	壬辰	癸巳	甲午	乙未	丙申	丁酉	戊戌	己亥
丁壬	庚子	辛丑	壬寅	癸卯	甲辰	乙巳	丙午	丁未	戊申	己酉	庚戌	辛亥
戊癸	壬子	癸丑	甲寅	乙卯	丙辰	丁巳	戊午	己未	庚申	辛酉	壬戌	癸亥

이를 잊지 않기 위해서는 '甲己년 丙寅月'과 '甲己日 甲子時'라고 외우면 된다.

황교장의 사주명리학 여행

Chapter 02

명리학 핵심 여행

I 십성(十星), 사주 분석의 핵심

우주는 음양운동이다. 음양은 오행운동이다. 오행은 십간십이지 운동이다. 따라서 '음양=오행=십간십이지'라고 볼 수 있다. 이 음 양과 오행과 십간과 십이지의 관계를 10가지로 분류한 것이 바로 십 성이다.

사주에 있어 주인공인 나를 나타내는 것은 일간(日干)이다. 이 일 간(日干)을 기준으로 다른 곳의 간지와의 관계를 음양오행에 따라 10 가지로 분류한 것이 십성(十星)이다.

이를 십신(十神)이라 부르기도 하고, 가족관계에 비유해서 분류하 기 때문에 육친(부모, 형제, 처자)이라고도 부른다. 그러나 명칭만 다 를 뿐 근본원리는 바로 음양오행의 다른 이름이다.

십성의 이름은 다음과 같다.

*1*비견 *2*겁재 *3*식신 *4*상관 *5*편재

*6*정재 *7*편관 *8*정관 *9*편인 *10*정인

예를 들어 보자.

만일 **나의 일간이 甲木**이라면 다음과 같이 설명된다.

1 **비견** : 일간과 음양오행이 같은 것

甲은 오행 상 木이자 음양으로는 양이다. 따라서 나의 사주 구성에서 일간과 같은 양목인 甲목을 비견이라고 부른다.

2 **겁재** : 일간과 오행은 같으나 음양이 다른 것

일간과 오행은 같은 木이면서 음양이 다른 음목인 乙목을 겁재라 한다.

3 **식신** : 일간이 도와주는 오행이면서 음양이 같은 것

木이 도와주는 오행은 화이다. 그러므로 양목인 甲목이 도와주는 양화인 丙화가 식신이다.

4 **상관** : 일간이 도와주는 오행이면서 음양이 다른 것

木이 도와주는 오행은 화이다. 양목인 甲목이 도와주는 음화인 丁화가 상관이다.

5 **편재** : 일간이 극하는 오행이면서 음양이 같은 것

木이 극하는 오행은 토이다. 그러므로 양목인 甲목이 극하는 양토인 戊토를 편재라고 한다.

6 **정재** : 일간이 극하는 오행이면서 음양이 다른 것

木이 극하는 오행은 土이다. 그러므로 양목인 甲목이 극하는 음토인 己토를 정재라고 한다.

7 **편관** : 일간을 극하는 오행이면서 음양이 같은 것

木을 극하는 오행은 金이다. 그러므로 양목인 甲목을 극하는 양금인 庚금을 편관이라고 한다.

8 **정관** : 일간을 극하는 오행이면서 음양이 다른 것

木을 극하는 오행은 金이다. 그러므로 양목인 甲목을 극하는 음금인 辛금을 정관이라고 한다.

9 **편인** : 일간을 도와주는 오행이면서 음양이 같은 것

木을 도와주는 오행은 水이다. 그러므로 양목인 甲목을 도와주는 양수인 壬수를 편인이라고 한다.

10 **정인** : 일간을 도와주는 오행이면서 음양이 다른 것

木을 도와주는 오행은 수이다. 그러므로 양목인 甲목을 도와주는 음수인 癸수를 정인이라고 한다.

위의 내용을 도표로 나타내면 다음과 같다.

六神\日干	비견 比肩	겁재 劫財	식신 食神	상관 傷官	편재 偏財	정재 正財	편관 偏官	정관 正官	편인 偏印	정인 正印
甲	甲	乙	丙	丁	戊	己	庚	辛	壬	癸
乙	乙	甲	丁	丙	己	戊	辛	庚	癸	壬
丙	丙	丁	戊	己	庚	辛	壬	癸	甲	乙
丁	丁	丙	己	戊	辛	庚	癸	壬	乙	甲
戊	戊	己	庚	辛	壬	癸	甲	乙	丙	丁
己	己	戊	辛	庚	癸	壬	乙	甲	丁	丙
庚	庚	辛	壬	癸	甲	乙	丙	丁	戊	己
辛	辛	庚	癸	壬	乙	甲	丁	丙	己	戊
壬	壬	癸	甲	乙	丙	丁	戊	己	庚	辛
癸	癸	壬	乙	甲	丁	丙	己	戊	辛	庚

사주의 구성에서 일간과 같은 것을 비견이라고 한다. 비견(比肩)은 한자로 풀이하면 견줄 비(比)와 어깨 견(肩)이다. 즉, 어깨를 나란히 한다는 의미다. 비견은 사주에서 자기 자신을 나타내는 일간과 같은 음양오행이므로 인간관계로 보면 형제, 친구, 동료 등으로 해석한다.

그러므로 비견이 너무 많으면 형제, 친구, 동업자로 인한 어려움이 따르고 적당히 있으면 형제, 친구, 동업자로부터 도움을 받을 가능성이 많다. 사주에서 비견이 너무 많으면 돈이 안 되거나, 아버지가 일찍 돌아가시거나 살아 있어도 도움이 전혀 되지 않는다. 그리고 여자도 다른 사람에게 빼앗기거나, 있어도 별로 도움이 되지 않고 해만 끼친다.

그러나 이는 사주팔자를 전체 구성을 보아야지 단편적인 것만 보고 속단하는 것은 금물이다.

비견은 일간과 같은 음양오행이다. 그리고 비견의 속성은 나를 도와주는 형제, 친구, 동료, 동업자 등으로 해석한다. 형제나 친구, 동업자는 내 주변에 적당히 있어야지 아예 없거나 너무 많은 것은 도움이 되지 않는 경우가 많다.

사주에서 가장 영향력을 발휘하는 것은 월지이다. 따라서 월지 비견이 비견의 속성으로 사주에 미치는 힘이 제일 세다.

사주의 구성에서 일간과 오행은 같으나 음양이 다른 것을 겁재라고 한다. 겁재(劫財)를 한자로 풀이하면 겁탈할 겁(劫), 재물 재(財)이다. 즉, 재물을 겁탈한다는 무시무시한 의미이다.

겁재는 사주에서 자기 자신을 나타내는 일간과 같은 오행이므로 비견과 유사하다. 따라서 인간관계를 보면 형제, 친구, 동료 등으로 해석된다.

일간이 극하는 것을 재성이라고 하는데, 재성은 편재와 정재로 나눈다. 여기서 재의 의미는 인간관계로 볼 때는 남자의 경우 아버지, 여자를 나타낸다. 여자의 경우는 아버지만 나타낸다. 남자를 나타내지는 않는다. 글자의 의미로 보면 재물, 재산을 나타낸다. 성 평등적 관점에서는 비판이 따르겠지만 사주에서 여자는 남자에게 재물, 재산과 같은 의미로 본다. 아버지는 항상 돈을 대주는 사람이기 때문에 남녀 모두에게 재성은 재물이다.

일간과 같은 음양은 편재라고 하고, 일간과 다른 음양은 정재라고 한다. 일반적으로 정재를 본부인으로 보고 편재를 부인 이외의 여인으로 본다. 따라서 겁재는 본부인인 정재를 바로 극하기 때문에 재물도 겁탈하고 본부인도 상처하는 나쁜 이름을 가지게 된 것이다.

사주의 구성에서 월지가 비견이나 겁재이면서 다른 곳에도 비견, 겁재가 많으면 대다수가 부인과 사별하거나 부친이 일찍 죽거나 가난하게 사는 경우를 볼 수 있다. 그러나 겁재는 일간과 오행이 같으므로 일간을 도와주므로 일간에게 힘이 생긴다. 따라서 겁재는 강인한 의지력과 불굴의 추진력으로 큰 일을 할 수 있다.

겹재는 일간과 같은 오행이나 음양은 다르다.

그리고 겹재의 속성은 나를 도와주는 형제, 친구 동료, 동업자 등으로 비견과 거의 비슷하게 해석하나 겹재가 재산과 배우자를 극함에 있어서는 비견보다 더 강하다.

3. 십성 3_식신

사주의 구성에서 일간이 도와주는 오행 중에서 음양이 같은 것을 식신이라고 한다. 식신(食神)을 한자로 풀이하면 밥 식(食)과 귀신 신(神) 즉 '밥귀신'이라는 의미이다. 이는 식복과 장수를 상징한다.

식신은 십성 중 4길신〔식신, 정관, 재성, 정인〕에 속할 정도로 좋은 의미를 갖고 있다. 따라서 식신이 사주에 적절하게 있으면 먹을 복과 오래 살 복이 있고 표현능력이 좋아 그림이나 글씨나 말솜씨가 좋다.

식신을 도와줌으로써 일간의 기가 빠지는 것을 명리용어에서는 설기(洩氣)라고 한다. 일간인 내가 도와줌으로서 나의 기가 빠져나가기 때문이다. 이는 맛이 좋은 음식을 많이 먹고 시원하게 배설해 줌으로써 쾌락을 느끼는 것과도 같은 원리다.

프로이드는 원초적 본능인 이드(id)를 설명하면서 먹는 즐거움인 구강성애형과, 배설하는 즐거움인 항문성애형과 교접으로 인한 성기성애형으로 나누는데 그중에서 항문성애형으로 이해해도 좋을 것이다. 자고로 많이 먹고 배설하지 못하면 그것은 오히려 고통이니 설기가 나에게 득이 되는 원리와도 같다.

식신은 사주에서 일간이 직접 도와주는 오행이다. 인간관계로 보면 여자 사주에서는 식신을 자식으로 본다. 내가 직접 낳기 때문이다. 남자 사주에서는 장모 등으로 해석되는데 남자에게 여자를 뜻하는 재성(정재, 편재)을 낳아주는 사람이 장모이기 때문이다.

식신은 일간이 도와주는 오행이며 음양이 같다.

식신은 식복과 장수를 나타낸다.

여자사주에 식신은 자식이다.

여자사주에 식신이 적절하면 자식복이 많다.

4.십성4_상관

사주의 구성에서 일간이 도와주는 오행 중에서 음양이 다른 것을 상관이라고 한다.

상관(傷官)을 한자로 풀이하면 상할 상(傷)과 관리 관(官), 즉 관리를 상하게 한다는 의미이다. 이때의 관리는 관청을 뜻하기도 하고 여자 입장에서는 남편을 나타내기도 한다. 그러므로 상관은 남편을 상하게 하는 무서운 이름인 것이다. 아마 십성 중에서 가장 무시무시한 이름이 아닌가 싶다.

따라서 옛사람들은 상관이 사주에 있으면 관청이나 관리를 상하게 하는 이름인 동시에 남편 잡아먹는 사주로 본 것이다. 그러나 시대의 변천에 따라서 사주의 해석도 많이 달라지고 있다. 옛날에는 상관사주를 기생사주라고 해석한 경우도 있었다. 예전에는 여성이 사회활동을 할 수 있는 경우가 거의 없다. 기껏해야 기생 정도이다.

그러나 지금은 상관도 사주 전체의 구성이 잘 되어 있으면 식신과 같이 그림, 글씨, 말솜씨가 좋다. 그리고 활동적이고 머리가 총명하여 연예인, 예술가, 대학교수, 변호사, 언론인, 교사, 발명가 등의 직업을 갖고 있는 경우가 많다. 이유는 일간인 내가 도와줌으로써 나의 기가 빠져 나가서 무언가를 만들어 내기 때문이다. 특히 유명한 연예인들 중 상관사주가 가장 많다고 한다.

인간관계로 보면 여자 사주에서는 식신과 상관을 자식으로 본다. 이는 내가 직접 낳기 때문이다. 남자 사주에서는 장모 또는 할머니로 보는데 이는 여자를 뜻하는 재성〔정재, 편재〕을 낳아주는 사람이 장모이고, 편재인 아버지를 낳아준 분은 할머니이기 때문이다. 그러나 이러한 논리가 사주의 실제에서는 반드시 일치하지는 않는다.

상관은 일간이 도와주는 오행이며 음양이 다르다.

이러한 상관의 성격이 많이 나타나는 경우는 월지가 상관인 경우이다.

월지가 상관이고 다른 곳에 상관이나 식신이 2개 이상 있는 사람들 중에서는 남편과 사별하거나 홀로 사는 사람들이 많다. 이는 상당히 설득력이 있다.

주변에서 똑똑한 여성들 중에 자식은 똑똑한데 남편은 본인보다 훨씬 못하거나 사별한 사람들을 보면 상관사주를 갖고 있는 경우를 많이 볼 수 있다. 유명 연예인들의 결혼생활이 순탄하지 않는 것도 이와 무관하지 않을 것이다.

그러나 이러한 사주팔자를 가진 사람들은 궁합을 잘 맞추거나 심신수련을 통해 극복할 수 있다.

5. 십성 5_편재

사주의 구성에서 일간이 극(剋)하는 오행을 재성이라고 한다. 재성은 정재와 편재로 나누어진다. 이 중에서 음양이 같은 것을 편재라고 한다.

편재(偏財)를 한자로 풀이하면 치우칠 편(偏)과 재물 재(財), 즉 치우친 재물이라는 의미이다. 정재를 바른 재물이라면 편재는 치우친 재물이라는 의미이다. 그러나 이 두 경우를 구별하기보다는 같이 쓰일 때가 많다.

사주에서 편재는 재물과 아버지를 뜻하는데 남자의 경우 여자를 나타내기도 한다. 편재는 남녀 공히 재물, 즉 돈으로 풀이한다. 편재는 일간인 내가 직접 극하는 것으로 내 마음대로 쓸 수 있다는 면에서 내가 갖고 있는 재물로 본 것이다.

그리고 남자의 경우 첩이나 애인, 부인 등을 편재로 보는데 이는 여자를 남자에게 속한 재물로 보는 봉건시대의 잔재가 남아 있는 것으로 볼 수 있다. 우리 속담에 무더운 한여름에는 "첩산 팔아서 부채

산다."는 말이 있다. 이때도 첩이 아니고 첩산(妾産), 즉 첩도 재산의 일종으로 본 것이다.

또한 남녀 공히 편재를 부친, 즉 아버지로 보았다. 자식 입장에서 보면 아버지라는 존재는 내가 마음대로 해도 되는 사람으로 본 것이다. 이는 아버지가 갖고 있는 재물이 다 자식의 몫이라는 의미이다. 봉건시대에 이와 같은 이론을 전제로 한 옛 선인들의 지혜가 놀랍지 않은가.

일반적으로 정재는 고정적인 돈, 즉 월급 등으로 보고 편재는 사업 등으로 인해 벌어들이는 일시적인 큰돈을 의미하기도 한다. 옛날 사람들은 정재는 본부인이고 편재는 첩으로 보았다. 지금도 일반적으로 정재는 본부인이고 편재는 애인으로 봐도 되지만, 현대적 의미에서는 구별하지 않고 정재든 편재든 남자의 입장에서 여자로 보고 풀이하는 경향이 강하다.

편재는 일간인 내가 극하는 오행으로 일간과 음양이 같다.
편재가 적절하게 잘 구성된 사주는 재물복, 여자복, 아버지복을 타고난 사람으로 본다.

6. 십성6_ 정재

사주의 구성에서 일간이 극(剋)하는 오행을 재성이라고 한다. 재성은 정재와 편재로 나누어진다. 이 중에서 음양이 다른 것을 정재라고 한다.

정재(正財)를 한자로 풀이하면 바를 정(正)과 재물 재(財), 즉 올바른 재물이라는 의미이다.

편재가 치우친 재물이라면 정재는 바른 재물이라는 의미이다. 즉 편재가 일시적인 재물, 사업상의 큰돈, 융통성이 있는 재물이라면 정재는 월급과 같은 고정적인 돈이다.

정재가 잘 구성된 사주는 재물복이 있고 총명하며 근면, 성실하다. 또한 현실적이며 대인관계가 원만하고 섬세하며 치밀하다. 그리고 한번 믿고 정을 주면 쉽게 배신하지 않는다.

사주에서 정재는 남자 입장에서는 본처를 의미하고 여자 입장에서 보면 시어머니로 본다. 남자 사주에 정재가 적당하게 있으면 처덕이 많은 사람이다. 처가 알뜰살뜰하여 재산을 잘 관리하고 늘린다.

정재는 일간인 내가 극하는 오행으로 일간과 음양이 다르다.

정재는 올바른 재물이다. 고정자산, 월급 등을 나타낸다. 따라서 정재가 잘 구성된 사주는 부인복이 많다.

7. 십성7_편관

사주의 구성에서 일간인 나를 극(剋)하는 오행을 관성이라고 한다. 관성은 정관과 편관으로 나누어진다. 이 중에서 음양이 다른 것은 정관이고, 음양이 같은 것이 편관이다.

편관(偏官)을 한자로 풀이하면 치우칠 편(偏)과 관리, 관청 관(官)이다. 즉, 치우친 관리나 관청이라는 의미이다. 정관이 정상적인 관청 일을 나타내는 행정 계통의 업무를 담당한다면, 편관은 특수한 경우인 군인, 경찰, 검찰 등의 업무를 관장한다.

사주에서 편관이 잘 구성되면 생사여탈권을 쥐고 있다. 이런 사람의 직업을 보면 군 장성이나 검찰과 경찰의 고위 간부 또는 의사들에게서 많이 볼 수 있다고 한다. 그러나 잘못 구성되면 깡패, 강도 등이 많다고 한다. 이들은 결국 권력의 힘에 당하고 만다.

편관이 잘 구성된 사주는 명예와 권위를 존중하고, 진리와 정의를 숭상하고, 원리원칙을 고수하고, 약자를 보호하고, 희생정신이 강하다. 그리고 뇌물은 받지 않는다.

편관은 남자 사주에서는 명예와 자식을 의미하고, 여자 사주에서는 명예와 남편 혹은 애인을 나타낸다.

편관은 일간인 나를 극하는 오행으로 음양이 같다.

편관은 남자사주에서는 명예와 자식을 의미하고, 여자사주에서는 명예와 남편 혹은 애인을 나타낸다. 편관은 정관과 달리 일간을 직접 극하기 때문에 역동성이 강하다. 편관도 정관과 같이 사회정의를 실현하나, 그 방법에 있어서 강제성을 동원하여 사회적 법과 도덕을 지키고자 한다.

사주의 구성에서 일간인 나를 극(剋)하는 오행을 관성이라고 한다. 관성은 정관과 편관으로 나누어진다. 이 중에서 음양이 다른 것을 정관이라고 한다.

정관(正官)을 한자로 풀이하면 바를 정(正)과 관리, 관청 관(官)이다. 즉, 올바른 관리나 관청이라는 의미이다. 정관은 옛날에는 사(四)길신 중에서 가장 으뜸으로 쳐 주었다. 관(官)이 민(民)을 지배하기 때문이었다.

정관이 잘 구성된 사주는 명예와 권위를 존중하고, 진리와 정의를 숭상하고, 인간적이고, 합리적이며 융통성이 있고, 원리원칙을 고수하고, 약자를 보호하고, 품행이 단정하고 모범적이다. 그리고 뇌물을 받지 않는다.

정관은 남자 사주에서는 명예와 자식을 의미하고, 여자 사주에서는 명예와 남편을 나타낸다. 세상사에서 남자에게는 자식이, 여자에게는 남편이 큰 비중을 차지한다. 사주에서 정관이 최고의 대접을 받는 이유가 여기에 있다.

남자 사주에 정관이 잘 구성되어 있으면 똑똑한 자식을 두고 출세와 승진과 성공이 보장된다. 여자 사주에 정관이 잘 구성되면 똑똑하고 능력 있는 남편을 둔다.

정관은 일간인 나를 극하는 오행으로 음양이 다르다.

정관은 바른 관리다. 남자사주에서 정관은 자식과 관운을 나타내고, 여자
사주에서는 남편과 관운을 나타낸다. 정관은 사회적으로 모든 사람들이
인정할 만한 법, 규칙, 도덕, 윤리, 약속 등을 나타낸다.

9. 십성9_편인

사주의 구성에서 일간인 나를 도와주는 오행을 인성이라고 한다.
인성은 정인과 편인으로 나누어진다. 이 중에서 음양이 다른 것이 정
인이고, 음양이 같은 것은 편인이다.

편인(偏印)을 한자로 풀이하면 치우칠 편(偏)과 도장 인(印)이다. 즉,
치우친 도장(圖章)이라는 의미이다.

사주에서 인성의 특징은 학문을 나타낸다. 정인이 순수학문이라면
편인은 이를 응용한 학문을 나타낸다. 즉 의학, 종교, 기술, 역술, 예
술, 스포츠 등에서 탁월한 능력을 발휘한다.

편인이 잘 구성된 사주는 정인 못지않게 학문, 교육, 명예, 덕망,
자비, 품위가 있고 인격이 고상하다. 또한 정인이 육친관계에 있어서
남녀 모두 모친, 즉 어머니를 나타낸다면 편인은 어머니 또는 계모를
나타낸다.

편인은 일간인 나를 도와주는 오행으로 음양이 같다.

정인이 순수한 학문이라면 편인은 응용학문이다.

10. 십성 10_정인

사주의 구성에서 일간인 나를 도와주는 오행을 인성이라고 한다. 인성은 정인과 편인으로 나누어진다. 이 중에서 음양이 다른 것이 정인이고, 음양이 같은 것은 편인이다.

정인(正印)을 한자로 풀이하면 바를 정(正)과 도장 인(印)이다. 즉, 올바른 도장(圖章)이라는 의미이다.

정인을 인수(印綬)라고도 부른다. 이때는 도장 인(印)과 끈 수(綬), 즉 도장 끈이라는 뜻이다.

고대 중국에서는 인(印)은 관직의 표시로 패용한 금속류의 조각물을 말한다. 즉, 도장인 것이다. 그리고 수(綬)는 직인을 허리에 차는 데 쓰이는 끈이다.

사주에서 정인이 적당하게 있으면 학문, 교육, 명예, 덕망, 자비, 품위가 있고 인격이 고상하며 머리가 총명하고 배움에 대한 끊임없는 열정이 있다.

정인이 정관의 도움을 받는 사주는 대학자나 교육계의 고급관리가 많고, 정인이 편관의 도움을 받는 사주는 군인, 법관, 경찰관의 고위급 인사가 많다고 한다.

또한 정인은 육친관계에 있어서 남녀 모두 모친, 즉 어머니를 나타낸다. 따라서 정인이 적당하게 잘 구성된 사람은 어머니의 도움을 많이 받고 자란다.

정인은 일간인 나를 도와주는 오행으로 음양이 다르다.

정인은 남녀 공히 어머니를 나타낸다. 또한 정인은 학문과 도장을 나타내기도 한다.

II 간지의 변화

    사주공부에서 제일 혼동되는 것이 바로 간지의 변화이다. 10간과 12지가 본래의 성질이 그대로 있는 것이 아니라 누구를 만나느냐에 따라서 변심을 하기 때문이다.

    10간과 12지는 서로 합치기도 하고 충돌하기도 한다. 합하는 것을 합이라고 하고, 부딪치는 것을 충이라고 한다.

    합에는 간합, 지합, 삼합, 방합이 있다. 그리고 충에는 간충과 지충이 있다.

    이와 같은 변화를 읽을 줄 알아야 사주의 고수가 되는 것이다.

간합(干合)을 풀이하면 간(干)이 합(合)을 한다는 것이다. 즉, 10개의 간이 합한다는 의미이다.

간합을 자세히 보면 다음과 같다.

• 갑(甲)과 기(己)가 만나면 합(合)이 된다.

즉, 갑이라는 남자와 기라는 여자가 서로 사랑을 하여 한 몸이 된다. 궁합을 볼 때 가장 많이 활용하는 이유도 여기에 있다.

• 을(乙)과 경(庚)이 만나면 합(合)이 된다.
• 병(丙)과 신(辛)이 만나면 합(合)이 된다.
• 정(丁)과 임(壬)이 만나면 합(合)이 된다.
• 무(戊)와 계(癸)가 만하면 합(合)이 된다.

그런데 이들이 합해지면 원래의 오행과는 다른 오행으로 변한다.

• 갑(甲)목과 기(己)토가 합하면 토(土)로 변한다.
• 을(乙)목과 경(庚)금이 합하면 금(金)으로 변한다.
• 병(丙)화와 신(辛)금을 합하면 수(水)로 변한다.
• 정(丁)화와 임(壬)수가 합하면 목(木)으로 변한다.
• 무(戊)토와 계(癸)수가 합하면 화(火)로 변한다.

간합이 되어 다른 오행으로 변하는 것을 해석하는 것은 아주 복잡미묘한 부분이 많이 있지만 일단 암기해야만 더 많은 지식을 얻을 수 있다. 무슨 공부이든 기초적인 것은 이해한 다음 암기해야만 그 다음으로 응용이 가능한 법이다.

앞의 구조를 자세히 보면 10간 중 갑부터 순서대로 다섯 자가 아래로 배열되어 있다. 갑(甲)부터 시작하여 무(戊)까지 다섯 개를 적고, 기(己)부터 계(癸)까지 순서대로 그 옆에 배열되어 있는 것을 알 수 있다. 그리고 합한 결과물의 오행을 보면 토금수목화의 순으로 배열되어 있다.

다시 자세히 보면 갑목은 양간이면서 양목이다. 그리고 기토는 음간이면서 음토이다. 앞의 오행의 상생상극에서 보면 목이 토를 극(克)한다. 그러나 양목인 갑목은 음토인 기토를 극하는 것이 아니라 오히려 합하게 되는 것이다.

이것이야말로 절묘한 음양의 조화가 아닌가. 원래는 서로 극하는 오행이지만 서로 합함으로써 변화를 가져오는 것이다.

간합을 조금 더 이해하기 쉽게 설명하면 다음과 같다.

가. 갑기합토_ 甲己合土

남자의 일간이 갑(甲)목이고 여자가 기(己)토라고 하자. 이들이 합하여 토(土)가 되는 것이다.

이는 겉으로는 남자인 갑목이 기토를 극하기 때문에 이기는 것처럼 보이나 실질적으로는 여자인 기토가 승리를 하는 것이다. 왜냐하면 갑기가 합이 되어 토로 변하기 때문이다. 일간이 갑인 남자가 일간이 기인 여자와 부부로 함께 살면서 겉으로는 늘 갑인 남자가 이기는 것처럼 보이나, 실질적인 의사결정권은 여자에게 많이 있다. 이것은 일종의 윈윈(win-win)인 것이다.

따라서 궁합을 볼 때 제일 먼저 살피는 것이 바로 남녀의 일간 합의 유무를 보는 것이다. 그러나 이 역시 사주 구성의 전체를 다 보아야지 일간의 합의 유무만으로는 정확하게 판단할 수는 없음을 기억해야 한다.

나. **을경합금_** 乙庚合金

을경 간합은 을(乙)목인 여자와 경(庚)금인 남자가 합을 하면 오행은 금으로 변한다.

경금인 남자로서는 최고의 선택이다. 만약에 을목 남자와 경금 여자가 결혼을 한다면 일반적인 의사결정권은 여자에게 있다. 물론 사주 전체를 다 보아야지 일간의 합의 유무만으로는 판단할 수는 없다.

다. **병신합수_** 丙辛合水

병신 간합은 병(丙)화인 남자와 신(辛)금인 여자가 결합을 했는데 그 결과물은 수(水)로 바뀐다는 것이다. 이는 병화인 뜨거운 태양이 보석인 신금을 녹여 물이 되었다고 생각하면 된다.

따라서 천하의 병화인 남자도 신금의 여자를 만나면 불같은 성격이 자제가 되어 신중한 사람이 되는 이치이다.

라. **정임합목_** 丁壬合木

정임 간합은 임(壬)수인 남자와 정(丁)화인 여자가 결합했는데 그 결과물은 목(木)으로 바뀐다는 것이다.

수(水)인 임의 남자가 화(火)인 정의 여자를 만나 새로운 형태인 목으로 바뀐 것이다. 더욱이 이 목은 수, 목, 화로 연결하는 상생관계이기 때문에 다른 간합보다 더 끈끈한 정이 많다. 즉, 유정(有情)하다고 볼 수 있다.

마. **무계합화_** 戊癸合火

무계 간합은 무(戊)토인 남자와 계(癸)수인 여자가 결합하여 화(火)가 된다는 것이다.

이는 무토의 남자와 계수의 여자가 결합하면 토(土)를 도와주고 수(水)한테는 극을 받는 화(火)로 변한다는 것이다. 이 무계간합인 경우는 도와주기도 하고 극을 당하기도 하므로 사주 전체 구성을 다 보아야지 단편적인 간합만으로는 판단하기가 어렵다.

2 지합 이야기

지합은 지지의 합을 말한다. 지합을 달리 육합 또는 지지육합이라고도 부른다. 즉, 12개의 지지가 두 개씩 짝을 지으면 총 6개가 된다는 의미에서 육합이라고 한다.

지합의 특징도 음양의 합이다. 태양의 둘레를 지구가 공전과 자전을 하면서 변하는 변화의 상태를 의미한다고 하는데 좀 더 과학적인 근거가 필요하다고 본다.

가. **자수와 축토가 만나면 합이 된다_** 子丑合化 土

자(子)수는 양의 수(水)이다. 그리고 축(丑)토는 음토(土)이다. 따라서 일반적으로는 토가 수를 극하지만 음양이 조화되면 화합을 한다고 알아두면 된다. 주변의 부부들의 궁합을 볼 때 일주의 지지가 합이 될 때는 일반적으로 두 사람의 속궁합이 좋음을 알 수 있다.

나. **인목과 해수가 만나면 합이 된다_** 寅亥合化 木

인(寅)목은 양의 목(木)이고 해(亥)수는 음의 수(水)이다. 목과 수는 상생관계인데 해수가 인목을 상생도 하고 합도 한다는 의미다.

다. **묘목과 술토가 만나면 합이 된다_** 卯戌合化 火

묘(卯)목은 음목이고 술(戌)토는 양토이다. 원래 목은 토를 극하지만 음양이 다른 경우는 화합을 한다는 의미이다.

라. **진토와 유금이 만나면 합이 된다_** 辰酉合化 金

진(辰)토는 양토이고 유(酉)금은 음금이다. 토생금으로 진토가 유금을 생하기〔도와주기〕도 있고, 합도 된다는 의미이다.

마. **사화와 신금이 만나면 합이 된다_** 巳申合化 水

사(巳)화는 음화이고 신(申)금은 양금이다. 이는 화가 금을 극하나 음양의 조화라고 보면 된다.

바. **오화와 미토가 만나면 합이 된다**_ 午未合化 火

오(午)화는 양화이고 미(未)토는 음토이다. 이는 또한 화생토도 된다. 즉, 오화가 미토를 생도 해주고 합도 된다는 의미이다. 많은 책에서는 午未合은 아무런 변화가 없다고 설명되어 있다. 그러나 남방 방합이 巳午未다. 따라서 午未合은 화로 변한다고 보는 것이 타당하다. 그러나 육합에는 반론도 만만하지 않다.

낭월스님은 다음과 같이 주장한다.

가. **자축합토**에 대해서는 자수와 축토는 해자축의 방합이 북방 수이다〔해자축의 방합이 북방 수이다. 이는 방합편에서 설명함〕. 따라서 오히려 수의 기운이 더욱 왕성할 따름이지 토로 변한다는 것은 설득력이 없다고 본다.

나. **인해합목**에 관해서는 해수가 인목을 생하여 결국은 목으로 변하므로 굳이 합이라고 할 이유가 없다고 본다.

다. **묘술합화**에 대하여는 묘목이 술토를 극하는 상황 속에서 어떻게 합이 되어 화로 되는지를 도무지 이해가 되지 않는다고 주장한다. 다만 건조할 따름이지 불 그 자체는 아니라고 주장한다.

라. **진유합금**에 대해서는 진토가 유금을 생하는 의미에서는 금이 강화되는 것이지 진토가 금으로 화한다고는 볼 수 없다고 주장한다.

마. **사신합수**는 사화가 신금을 만나면 사화가 신금을 극하는 관계이지 합하여 수로 변한다는 것은 납득이 되지 않는다고 주장한다.

바. **오미합**은 사오미 남방화의 분위기라고 주장한다〔남방화는 방합편에서 설명함〕.

낭월스님의 이 주장은 음양오행의 본래의 기능 측면에서는 매우 설득력이 있다고 본다.

그러나 지금까지 천 년 이상 이렇게 경험으로 육합을 사주에서 보아왔다. 이에 대한 이론적인 근거가 보다 더 설득력 있게 제시될 필요가 있다고 본다. 앞으로 더 연구해 볼 분야이다. 어떤 이는 육합을 화학의 공유결합의 형태로 설명하는 경우도 있다.

필자의 경험으로도 남녀 간 일주의 지지가 합이 될 때는 다정한 경우를 많이 볼 수 있었다.

3. 삼합 이야기

지지의 삼합은 일반적으로 궁합을 볼 때 쓰이는 것으로 가장 많이 알려져 있다.

가. **해(亥)묘(卯)미(未) 삼합** : 돼지띠〔亥〕와 토끼띠〔卯〕와 양띠〔未〕는 궁합이 좋다고 하는 것이 바로 이 삼합의 원리에서 나온 것이다.

나. **인(寅)오(午)술(戌) 삼합** : 범띠와 말띠와 개띠는 삼합이 되어서 궁합이 좋다고 한다.

다. **사(巳)유(酉)축(丑) 삼합** : 뱀띠, 닭띠, 소띠는 삼합이 되어서 궁합이 좋다고 한다.

라. **신(申)자(子)진(辰) 삼합** : 원숭이띠, 쥐띠, 용띠는 삼합이 되어 궁합이 좋다고 한다.

일지가 이와 같이 삼합이 되면 일단 속궁합은 좋다고 볼 수 있다. 궁합이 좋다는 위의 띠들을 자세히 보면 모두 4살 차이다. 즉, 12지지를 4살 차이로 3띠씩 묶어 4개로 나누어 놓은 것을 알 수 있다.

즉, 삼합은 지지 3개가 모여서 하나의 오행으로 변하기 때문에 지지 삼합이라고 한다. 사주를 보는 데 있어 가장 중요한 요소 중 하나가 바로 이 삼합이다. 그러므로 지지삼합도 구구단처럼 우선은 외우고 봐야 한다.

가. **해(亥)묘(卯)미(未)가 모이면 목(木)으로 변한다.**
나. **인(寅)오(午)술(戌)이 모이면 화(火)로 변한다.**
다. **사(巳)유(酉)축(丑)이 모이면 금(金)으로 변한다.**
라. **신(申)자(子)진(辰)이 모이면 수(水)로 변한다.**

그런데 이 4가지 지지의 삼합을 자세히 살펴보면 모두 세 글자 중 가운데에 있는 글자의 오행으로 변한다는 것을 알 수 있다.

가. **해묘미 합목**_亥卯未 合木
亥卯未에서 亥卯나 卯未가 만나는 것을 반합이라고 한다. 이는 삼합만큼의 결속력은 없지만 그에 버금갈 정도로 결속력이 있다.

그러면 가운데 글자가 없는 亥와 未가 만나면 어떻게 되는가?

이는 학설이 반반으로 나누어져 있다. 합을 한다고 주장하는 설과 미토는 해수를 극할 뿐이지 절대로 합이 될 수 없다고 주장을 하는 설로 나뉜다.

그런데 실제 임상을 해보면 이 둘의 관계가 유정(有情)함을 알 수 있다.

좀더 깊이 들어가 지장간을 분석해 보자.

해(亥)의 지장간은 무(戊)가 7, 갑(甲)이 7, 임(壬)이 16이다. 이 중에 분명히 甲木이 7이나 있다. 그리고 미(未)의 지장간을 살펴보면 정(丁)이 9, 을(乙)이 3, 기(己)가 18이다. 이 중에 분명히 乙木이 3이나 있다.

따라서 亥와 未가 만나면 甲木이 7이고 乙木이 3이어서 목이 많아지는 구조다. 또한 亥에는 甲木을 도와주는 壬水가 16이나 있어 木이 강해진다고 보아야 한다. 그러다가 대운(大運)이나 세운(歲運)에서 卯木이 올 때에는 이 기간에는 삼합이 되는 것이다. 따라서 늘 사주 전체의 구조를 잘 살펴보아야 알 수 있다.

나. 인오술 합화_寅午戌 合火

寅午戌에서 寅午나 午戌이 만나는 것을 반합(半合)이라고 한다. 이 또한 삼합(三合)만큼의 결속력은 없지만 그에 버금갈 정도로 결속력이 있다.

그런데 가운데 글자인 오(午)가 빠지고 인(寅)과 술(戌)이 만나면 어떻게 되는가? 이 또한 지장간을 살펴보아야 한다.

寅의 지장간은 무(戊)가 7, 병(丙)이 7, 갑(甲)이 16이다. 그리고 술(戌)의 지장간을 보면 신(辛)이 9, 정(丁)이 3, 무(戊)가 18이다. 이 중에는 병화가 7이고 정화가 3으로서 화(火)가 들어 있음을 알 수 있다. 그리고 인(寅) 중에는 화(火)를 도와주는 甲木이 16이나 있음을 알 수 있다. 그러다가 대운이나 세운에서 午운을 만나면 寅午戌 삼합으로 변한다.

다. 사유축 합금_巳酉丑 合金

巳酉丑에서 巳酉나 酉丑이 만나면 반합(半合)이라고 한다. 앞서 본 것과 마찬가지로 삼합(三合)만큼은 결속력은 없지만 거의 버금갈 정도로 결속력이 있다.

그런데 가운데 글자인 유금이 빠지고 사(巳)와 축(丑)이 만나면 어떻게 될까? 이 또한 지장간을 살펴보아야 한다.

사의 지장간은 무(戊)가 7, 경(庚)이 7, 병(丙)이 16이다. 그리고 축(丑)은 계(癸)가 9, 신(辛)이 3, 기(己)가 18이다. 여기서 보면 巳에는 庚금이 7이고 금을 도와주는 戊토가 7이나 된다. 그리고 丑에는 辛금이 3이고 금을 도와주는 己토가 18이나 된다. 이와 같이 사(巳)와 축(丑)은 금(金)의 성분을 그 자체로도 많이 갖고 있다.

따라서 운에서 유(酉)금이 오면 바로 삼합(三合)이 되는 것이다.

라. 신자진 합수_申子辰 合水

申子辰에서 申子나 子辰이 만나면 반합(半合)이라고 한다. 이는 삼합(三合)만큼은 결속력이 없지만 거의 버금갈 정도로 결속력이 있다.

그런데 가운데 글자인 子水가 빠지고 申과 辰이 만나면 어떻게 될까? 이 또한 지장간을 살펴보자.

신(申)에는 무(戊)가 7, 임(壬)이 7, 경(庚)이 16이다. 그리고 진(辰)에는 을(乙)목이 9, 계(癸)수가 3, 무(戊)토가 18이다. 여기서 보면 신

(申)에는 임(壬)수가 7이고 수(水)를 도와주는 경(庚)금이 16이나 된다. 그리고 진토는 신금을 생하여 수를 도와주기도 한다.

따라서 신진의 합을 전혀 합이 되지 않는다고 하는 논리는 맞지가 않다. 어느 정도 합이 된다고 할 수 있다.

결론적으로 삼합에 대하여 말하면, 중심에 있는 제왕의 글자 즉 子午卯酉가 빠진 합도 어느 정도의 결속력은 있다고 본다.

또한 운의 흐름을 보면 매일 자오묘유(子午卯酉)의 시간이 오고 있다. 그리고 매년 자오묘유의 달이 온다. 그리고 대운에서 자오묘유의 운이 오면 이 또한 삼합이 된다. 따라서 많은 책에서 중심글자인 자오묘유가 없으면 전혀 합이 되지 않는다고 하는 것은 논리적인 오류라고 본다. 단, 자오묘유 중심글자가 있는 것에 비해 결속력이 조금 떨어질 따름이지 합이 되지 않는다고는 볼 수는 없으니 근거가 없는 이야기라고만은 할 수가 없다.

4. 방합 이야기

방합(方合)이란 글자를 풀이하면 우선 방(方)은 동서남북의 방향을 가리키는 말이다. 동서남북은 오행으로 구별된다. 동쪽은 목, 서쪽은 금, 남쪽은 화, 북쪽은 수이다. 중앙은 토이다.

이 동서남북이 3개의 지지로 합을 이룬다. 이루는 방법은 월별로 차례대로 3개의 지지가 결합하면서 합이 된다. 즉 봄인 1, 2, 3월은 인(寅), 묘(卯), 진(辰)월이고 여름인 4, 5, 6월은 사(巳), 오(午), 미(未)

월이며 가을인 7, 8, 9월은 신(申), 유(酉), 술(戌)월이며 겨울인 10, 11, 12월은 해(亥,) 자(子), 축(丑)월이다.

이와 같이 봄이 가면 여름이 오고, 여름이 가면 가을이 오고, 가을이 가면 겨울이 오고, 겨울이 가면 다시 봄이 오는 것이 자연의 이치이다. 이 자연의 정연한 질서가 방합이다.

寅卯辰은 동방 목의 합이고, 巳午未는 남방 화의 합이고, 申酉戌은 서방 금의 합이고, 亥子丑은 북방 수의 합을 말한다.

여기서 삼합과의 관계를 살펴보자. 일반적으로 방합은 삼합보다 결속력이 떨어진다고들 이야기를 한다. 그러나 구성에 따라서는 삼합보다 더 강한 결속력을 가질 수도 있다.

낭월스님은 '삼합은 부자손(夫子孫)의 합이요, 방합은 붕우(朋友)의 합'이라고 하고, 박청화는 '삼합은 사회적인 합, 방합은 계절의 합이면서 가족합'이라고 주장한다.

나중에 점차 실력이 나아지면 저절로 삼합과 방합의 차이를 알 수가 있을 때가 있다. 그러나 지금은 일단 무조건 외워야 더 나아갈 수 있다.

> 寅卯辰은 동방 목의 합, 巳午未는 남방 화의 합, 申酉戌은 서방 금의 합, 亥子丑은 북방 수의 합이라고 몇 번 소리 내어 읽으면 저절로 암기가 된다.

이는 앞으로 나올 대운과 세운을 보는 데 유용하게 쓰이게 된다.

5. 간충 이야기

충(沖)은 충돌(衝突)을 뜻한다. 즉, 서로 다투고 싸운다는 의미다. 이와 같이 사주에 충이 있으면 나쁘게 작용한다. 그러나 사주의 구성에 따라서는 충이 필요한 경우도 많다. 따라서 충이라고 해서 반드시 나쁘다고만 보아서는 안 된다.

충에는 간충(干沖)과 지충(支沖)이 있다. 간충은 10간의 간끼리 충이고, 지충은 12지의 지지끼리의 충을 말한다.

간충은 상극(相剋)하는 오행의 간이면서 방향이 반대이다. 즉, 양간은 양간끼리 음간은 음간끼리 극(剋)하는 오행을 말한다.

자연에서도 볼 수 있듯이 수컷끼리 만나면 늘 다툰다. 서로 암컷을 차지하려고 하기 때문이기도 하다. 이는 자연의 이치다. 암컷도 좋은 수컷이 나타나면 서로 차지하기 위하여 반목과 질시를 하는 것이다.

사주에서도 마찬가지다. 음양이 다르면 합을 하는데 음양이 같으면 충돌이 일어나는 것이 자연의 이치다.

가. **갑경 충**_甲庚 沖

庚금이 甲목을 극하는 형태다. 양금인 경금이 양목인 갑목을 극한다. 서방인 경금이 동방인 갑목을 충하는 것이다.

나. **을신 충**_乙辛 沖

辛금이 乙목을 극하는 형태다. 음금인 신금이 음목인 을목을 극한다. 서방인 신금이 동방인 을목을 충하는 것이다.

다. 병임 충_丙壬 沖

壬수가 丙화를 극하는 형태다. 이는 양수인 임수가 양화인 병화를 극한다. 북방인 임수가 남방인 병화를 충하는 것이다.

라. 정계 충_丁癸 沖

癸수가 丁화를 극하는 형태다. 음수인 계수가 음화인 정화를 극한다. 북방인 계수가 남방인 정화를 충하는 것이다.

마. 무갑 극_戊甲 克

甲목이 戊토를 극하는 형태다. 양목인 갑목이 양토인 무토를 극한다. 동방인 갑목이 중앙인 무토를 극하는 것이다.

바. 기을 극_己乙 克

乙목이 己토를 극하는 형태다. 음목인 을목이 음토인 기토를 극한다. 동방인 을목이 중앙인 기토를 극하는 것이다.

사. 경병 극_庚丙 克

丙화가 庚금을 극하는 형태다. 양화인 병화가 양금인 경금을 극한다. 남방인 병화가 서방인 경금을 극하는 것이다.

아. 신정 극_辛丁 克

丁화가 辛금을 극하는 형태다. 음화인 정화가 음금인 신금을 극한다. 남방인 정화가 서방인 신금을 극하는 것이다.

차. **임무 극**_壬戊 克

戊土가 壬수를 극하는 형태다. 양토인 무토가 양수인 임수를 극한다. 중앙인 무토가 북방의 임수를 극하는 것이다.

차. **계기 극**_癸己 克

己土가 癸수를 극하는 형태다. 음토인 기토가 음수인 계수를 극한다. 중앙인 기토가 북방인 계수를 극하는 것이다.

이상에서 살펴볼 때 천간충은 갑경, 을신, 병임, 정계의 4가지 경우에만 해당된다. 나머지는 극이다. 책에 따라서는 위의 10가지를 모두 다 충이라고 한다. 그러나 실제 감정을 해보면 충과 극은 미묘한 차이를 느낄 수 있다. 충이 극보다 충돌이 더 심한 경우가 많다.

사주명리학의 고전인 위천리의 『정선명리약언』에 다음과 같은 내용이 있다.

天干甲庚相衝천간갑경상충, 乙辛相衝을신상충, 壬丙相衝임병상충,
癸丁相衝계정상충, 蓋東與西개동여서, 南與北相對也남여북상대야,
丙庚丁辛相見以剋論병경정신상견이극론, 不以衝論불이충론,
蓋南與西不相對也개남여서불상대야 戊己無衝무기무충,
蓋居中無對也개거중무대야
천간의 갑과 경이 서로 충하고, 을과 신이 서로 충하고, 임과 병이 서로 충하고, 계와 정이 서로 충한다. 이는 동과 서, 남과 북으로 서로 대

치하고 있기 때문이다. 병과 경, 정과 신은 서로 볼 때는 극하는 관계로 논하지, 충으로 논하지 않는다. 이는 남과 서의 방향은 서로 대치하지 않기 때문이다. 무와 기는 충이 없다. 이는 중앙에 위치하고 있어 대치가 없기 때문이다.

이는 음양오행의 상생상극과 오행의 방위를 이해하면서 외우면 잘 외울 수 있다.

간의 충은 궁합을 볼 때 많이 사용한다.

예를 들면 남자 사주의 일간이 甲목이고 여자가 庚금이라면 경금이 갑목을 충하는 관계로 여자인 경금이 남자인 갑목에게 이기게 된다. 이러한 경우에 사주팔자를 다 분석해야 하지만 일반적으로 궁합이 좋지 않다고 말할 수 있다. 또한 일주의 지지끼리도 충을 하는 천충, 지충은 특수한 경우를 제외하고는 결혼하지 않는 것이 옳다고 생각된다.

6. 지충 이야기

지충(支沖)은 지지끼리의 충(沖)을 말한다. 사주에서 가장 중요시하는 것 중 하나가 바로 이 지충이다.

사주를 감정하는 실전에서 지충만큼 중요하고도 유용하게 쓰이는 것은 없다고 단언해도 좋다. 따라서 지충은 반드시 이해하고 암기해야 한다.

지충은 모두 여섯 가지이므로 육충(六沖)이라고도 한다.

가. **자오(子午) 충** : 子水와 午火가 沖한다.

나. **묘유(卯酉) 충** : 卯木과 酉金이 충한다.

다. **인신(寅申) 충** : 寅木과 申金이 충한다.

라. **사해(巳亥) 충** : 巳火와 亥水가 충한다.

마. **진술(辰戌) 충** : 辰土와 戌土가 충한다.

바. **축미(丑未) 충** : 丑土와 未土가 충한다.

충(沖)은 충돌, 분리, 변동, 대립, 가해, 수술, 관재, 살상 등 안 좋은 일이 많이 발생하는 것을 뜻한다. 그래서 사주에서는 충을 꺼린다.

그중에서도 子午卯酉는 **왕충**(旺沖)이라고 하여 충의 정도가 심하다. 寅申巳亥는 **유충**(幼沖)이라고 하여 일반적인 충이고, 辰戌丑未는 같은 土끼리의 충이라 **붕충**(朋沖)이라고 하여 충의 정도가 조금 미약하다.

지지를 계절로 구분하면 봄은 寅卯辰, 여름은 巳午未, 가을은 申酉戌 겨울은 亥子丑이다. 이 중 계절의 가운데 있는 달인 子午卯酉를 왕충이라 하고, 처음 시작하는 달인 寅申巳亥를 유충 또는 맹충이라 하고, 마지막 달인 辰戌丑未를 붕충 또는 노충이라고 한다.

그러나 충은 충이다. 정도의 차이는 있겠지만 주변 위치와 사주 구성에 따라서 달라진다. 지충이 있다고 해서 다 나쁜 것은 아니다.

청나라 건륭제(乾隆帝)의 사주를 보면 子午卯酉가 지지에 모두 있다. 그러나 그는 중국 역사상 가장 화려한 인생을 보낸 황제다.

<건륭제 사주>

時	日	月	年
丙	庚	丁	辛
子	午	酉	卯

그리고 박정희 전 대통령의 사주를 보면 寅申巳亥가 지지에 모두 있다.

<박정희 사주>

時	日	月	年
戊	庚	辛	丁
寅	申	亥	巳

명리학의 고전인 『명리정종(命理正宗)』에는 유충인 인신사해를 '남자일 경우는 대귀할 것인데, 그 지위는 삼공(三公)에 이를 것이다' 라고 되어 있다.

중국에서 재신으로 추앙받는 월나라의 범려와 임진왜란의 주범인 일본의 도요토미 히데요시(豊臣秀吉, 풍신수길)도 인신사해를 모두 구비한 사주였다고 알려져 있다.

<범려 사주>

時	日	月	年
辛	庚	己	丙
巳	申	亥	寅

풍신수길은 오다 노부나가(織田信長, 직전신장), 도쿠가와 이에야

스(德川家康, 덕천가강)와 함께 일본의 삼대 영웅으로 불리기도 한다.

<도요토미 히데요시 사주>

時	日	月	年
辛	丁	庚	丙
亥	巳	寅	申

그리고 김영삼 전 대통령은 辰戌丑未를 다 갖춘 사주라고 한다.

<김영삼 사주>

時	日	月	年
甲	己	乙	戊
戌	未	丑	辰

따라서 지지에 사충(四沖)이 다 갖추어진 사주는 일반적으로 대귀(大貴)하다고 본다.

지충을 이해하기 위해서는 일단 외워야 한다. 잘 외울 수 있는 방법은 '子午卯酉, 寅申巳亥, 辰戌丑未'를 입으로, 글씨로 열 번만 읽고 쓰면 외워진다.

그러나 무조건 외우기만 하고 원리를 알지 못하면 아무런 쓸모가 없다.

지금부터 그 원리를 알아보자.

원리를 알기 위해서는 지장간을 확실히 이해를 해야 한다.

우선 다음의 지장간 도표를 이해하고 암기를 해야 한다.

계절	봄			여름			가을			겨울		
지지 (地支)	인 (寅)	묘 (卯)	진 (辰)	사 (巳)	오 (午)	미 (未)	신 (申)	유 (酉)	술 (戌)	해 (亥)	자 (子)	축 (丑)
지장간 (비율) 여기	戊7	甲10	乙9	戊7	丙10	丁9	戊7	庚10	辛9	戊7	壬10	癸9
중기	丙7		癸3	庚7	己9	乙3	壬7		丁3	甲7		辛3
정기	甲16	乙20	戊18	丙16	丁11	己18	庚16	辛20	戊18	壬16	癸20	己18

가. 자오 충_子午 沖

子水의 지장간을 보면 壬과 癸가 있다. 그리고 午火의 지장간을 보면 丙己丁이다.

午火의 정기인 丁火를 子水의 정기인 癸水가 충(沖)한다. 그리고 子水의 여기인 壬水가 午火의 여기인 丙火를 충한다.

여기까지에서 보면 午火가 일방적으로 子水에게 당하고 있다. 그러나 午火도 만만하지가 않다. 午火의 중기인 己土가 壬水나 癸水를 극하고 있다.

일반적으로 얻어맞는 쪽만 지치는 것이 아니라 작용과 반작용으로 때리는 쪽도 같이 지친다. 따라서 子水가 이기지만 午火도 만만하지가 않다. 만약에 午火가 둘이고 子水가 하나라면 午火가 도리어 이긴다.

나. 묘유 충_卯酉 沖

卯木의 지장간을 보면 甲木과 乙木이다. 그리고 酉金의 지장간을 보면 庚金과 辛金임을 알 수 있다.

酉금의 지장간 庚金이 甲木을 沖하고 辛金은 乙木을 沖한다. 일방적으로 卯木이 酉金에게 당하고 있다. 그러나 卯木이 2개가 있다면 그리 만만히 당하고만 있지는 않는다. 특히 월지가 卯木인 경우에는 더욱 그렇다.

다. **인신 충**_寅申 沖

寅木의 지장간을 보면 戊丙甲이다. 그리고 申金의 지장간을 보면 戊壬庚이다. 申金의 정기인 庚金이 寅木의 정기인 甲木을 沖한다. 그러나 寅木의 중기인 丙火가 申금의 정기인 庚金을 沖하고 있다. 또한 申金의 중기인 壬水는 寅木의 중기인 丙火를 또 沖하는 형태를 취하고 있다. 이는 일방적으로 寅木이 申金에게 당하지 않고 있는 형태다.

라. **사해 충**_巳亥 沖

巳火의 지장간을 보면 戊庚丙이다. 그리고 亥水의 지장간은 戊甲壬이다. 亥水의 정기인 壬水가 巳火의 정기인 丙火를 沖한다. 그리고 巳火의 중기인 庚金은 亥水의 중기인 甲木을 충하고, 巳火의 여기인 戊土가 亥水의 정기인 壬水를 극하고 있다. 물고 물리는 형태이다.

마. **진술 충**_辰戌 沖

辰土의 지장간을 보면 乙癸戊이다. 그리고 戌土의 지장간을 보면 辛丁戊이다. 辰土나 戌土나 모두 정기는 戊土이다. 그러나 여기와 중기는 서로 충임을 알 수 있다. 戌土의 여기인 辛金은 辰土의 여기인

乙木을 沖하고 辰土의 중기인 癸水는 戌土의 중기인 丁火를 沖한다.

따라서 辰戌 沖은 지장간끼리의 沖이다.

바. **축미 충**_丑未 沖

丑의 지장간은 癸辛己이다. 그리고 未土의 지장간은 丁乙己이다. 丑土나 未土나 모두 정기는 己土이다. 그러나 여기와 중기는 서로 沖임을 알 수 있다. 丑土의 여기인 癸水는 未土의 여기인 丁火를 沖하고, 丑土의 중기인 辛金은 未土의 중기인 乙木을 충한다. 이것만 보면 丑土가 未土보다는 약간 우세하다고 볼 수 있다. 그러나 未土의 丁火는 丑土의 辛金을 충한다.

이상과 같이 지지(地支)의 충(沖)은 매우 복잡하다. 그러나 일지가 충을 받는 해는 절대로 그냥 지나가지 않는다. 반드시 어떤 변동이 일어난다. 따라서 일지가 충인 해에는 조심해야 된다는 것만 알아도 이 지충을 안다는 것은 굉장히 유용한 것이다.

Ⅲ 용신이란 무엇인가

Ⅰ. 용신이란 무엇인가

사주공부에 있어서 가장 많은 시간과 고민을 하는 부분이 용신론이다. 용신을 한마디로 정의하면 사주팔자 8글자 중에서 자신에게 가장 필요한 오행이다.

용신(用神)의 뜻은 쓸 용(用), 귀신 신(神)이다. 귀신을 쓴다는 의미로 해석하면 되겠다. 그만큼 사주에 있어서 용신의 개념이 중요하다는 의미다. 용신은 사주의 핵심이다.

사주가 신강하다면 일주를 억제하거나 왕성한 기운을 빼주는 기운이 필요하고 신약하면 도와주는 오행이 필요하다. 이렇게 균형을 맞추기 위해서 필요한 것을 용신이라고 한다.

사주를 볼 때 제일 중시하는 것이 격국과 용신이다. 격국을 차(車)라고 하면 용신은 운전수(運轉手)와 같고 대운은 도로(道路)라고 생각하면 이해가 될 것이다.

결국 격국도 중요하고, 용신도 중요하고, 대운도 중요하다.

 2. 용신 찾는 방법

용신을 찾는 방법으로는 억부법, 조후법, 통관법, 병약법이 있다. 이외에 화기격, 외격〔종왕, 종강, 종아, 종재, 종관격〕, 일행득기격, 양신성상격 등이 있다. 언급하지 않은 것도 더 많이 있다. 명리학 공부에서 평생을 용신 공부하는 데 다 바쳐도 이르지 못하는 경우가 많다.

그러나 이렇게 많은 용신을 찾는 방법 중에 80% 이상이 억부법으로 찾는다.

가. 억부법(抑扶法)

억부법이란 강자의억 약자의부(强者宜抑 弱者宜扶)에서 나온 말이다. 강한 자는 마땅히 눌러주고 약한 자는 도와주어야 한다는 의미이다. 이처럼 중용 즉 중도를 취해야 한다는 의미다. 사주에서 가장 중요한 것이 중용지도(中庸之道)이다. 억부용신 역시 사주팔자 중에서 중용을 취하는 것이다.

그러면 사주에서 강한 자와 약한 자의 구별을 어떻게 하느냐가 가장 중요하다. 하지만 사주학 박사학위를 받은 전문가들도 일치하는 경우가 반도 안 된다는 이야기가 전해질 정도로 강약을 구별하기는 쉽지가 않다. 기본원칙을 지키고 많은 사람들을 감정하는 경험을 쌓음으로써 미세한 부분까지 터득할 수 있다.

강약을 살피는 데 가장 중요한 세 가지가 있다.

득령(得令), 득지(得地), 득세(得勢)이다.

1 득령

득령이란 일간을 기준으로 월지를 관찰하는 것이다. 이것은 격국과도 같은 의미이다.

갑목과 을목이 인월이나 묘월에 태어나면 득령을 했다고 한다. 즉, 월지가 비견이나 겁재가 되면 득령을 했다고 보면 된다. 또한 갑목과 을목이 해월이나 자월에 태어나도 인월이나 묘월보다는 약하지만 득령을 했다고 보면 된다. 이는 수가 목을 생하기 때문이다.

다른 오행도 같은 원리다. 병화와 정화가 사월이나 오월에 태어나면 득령을 가장 강하게 하는 것이고 인월이나 묘월에 태어나면 그 다음으로 강하다. 예를 들어 아래 사주를 보면 일간인 갑목이 묘월에 태어나 득령을 했다.

時	日	月	年
乙	甲	乙	己
未	午	卯	未

반대로 일간 갑을목이 인묘월이나 해자월이 아닌 다른 계절에 태어나면 실령했다고 한다.

아래 사주는 갑목이 유금월에 태어나 실령을 했다. 이는 갑목을 극하는 가을인 유월, 즉 유(酉)금월에 태어났기 때문이다.

時	日	月	年
乙	甲	乙	己
未	午	酉	未

② 득지

득지는 일간을 기준으로 일지를 보는 방법이다. 일간에서 일지를 볼 때 비견이나 겁재를 얻을 때 득지를 한 것이다. 즉 갑인(甲寅), 을묘(乙卯), 병오(丙午), 정사(丁巳), 무진(戊辰), 무술(戊戌), 기축(己丑), 기미(己未), 경신(庚申), 신유(辛酉), 임자(壬子), 계해(癸亥)일 때 득지를 했다는 의미다.

그 다음으로는 일간이 일지를 인성인 정인이나 편인을 둔 갑자(甲子), 을해(乙亥), 병인(丙寅), 정묘(丁卯), 무오(戊午), 기사(己巳), 경술(庚戌), 경진(庚辰), 신축(辛丑), 신미(辛未), 임신(壬申), 계유(癸酉)를 말한다. 즉 일간이 일지에서 비견이나 겁재가 있거나, 정인이나 편인이 있을 때 득지를 했다는 의미다.

아래 사주는 일간 병화가 일지 오화 겁재를 두어 득지를 한 것이다.

時	日	月	年
癸	丙	壬	丙
巳	午	辰	申

반대로 다음의 사주는 병화 일간이 일지 자수 정관을 두어 실지를 했다.

時	日	月	年
癸	丙	壬	丙
巳	子	辰	申

❸ 득세

득세는 사주팔자 8자 중에서 세력이 있는지를 살피는 것이다.

아래 사주는 일간 경(庚)금이 나와 같은 오행 금인 申, 酉, 辛, 3개와 나를 포함하면 4개가 되고, 나를 도와주는 오행인 토가 戊, 戊, 戌 3개나 되고 내가 극하는 오행인 寅목이 하나뿐이다. 따라서 세력이 아주 강하다. 이를 득세라고 한다.

時	日	月	年
戊	庚	辛	戊
寅	申	酉	戌

반대로 아래 사주는 계(癸)수 일간이 도와주는 오행이 신(辛)금 하나에 내가 도와주는 오행인 목이 乙목과 卯목이고 내가 극하는 화가 丙화와 午화이고 나를 극하는 未토가 2개나 되어 세력을 잃어 실세하는 사주다.

時	日	月	年
乙	癸	辛	丙
卯	未	未	午

사주의 구조를 살펴서 강한 사주를 신강사주라고 하고 약한 사주를 신약사주라고 한다. 신강사주 중에서도 비겁이 많아서 신강한지, 인성이 많아서 신강한지 구별해야 하고, 신약사주 중에서도 식상이 많아서 신약한지, 재성이 많아서 신약한지, 관성이 많아서 신약한지를 잘 판단하여야 한다.

신강(身强) : 월지에 나와 같은 오행인 비견, 겁재가 있는 경우, 또는 일간을 생하는 오행인 정인, 편인이 있는 경우에 신강하다고 한다.

신약(身弱) : 반대로 월지에 일간이 생해주는 식신, 상관이 있는 경우, 일간이 극하는 정재 편재가 있는 경우, 일간을 극하는 정관, 편관이 있는 경우 등을 신약하다고 한다.

1 신강사주

- 인성이 많아서 신강이 된 경우 재성으로 용신을 삼는다
- 비겁이 많아서 신강이 된 경우 관살로 용신을 삼는다
- 인성과 비겁이 섞여 있어서 강한 경우 식상으로 용신을 삼는다
- 인성이 너무 지나치게 많으면 인성을 용신으로 할 수도 있다
- 비겁이 지나치게 많으면 비겁을 용신으로 할 수도 있다

<예시>

時	日	月	年
乙	甲	丙	己
亥	子	子	亥

- 위 사주는 우리나라 최초의 여성 국회의원, 상공부 장관, 중앙대 총장을 지낸 임영신 총장의 사주다.
- 갑 일간에 시간에 일간을 도와주는 을목이 있고, 지지가 모두 갑목을 도와주는 해수와 자수로 되어 있어 신강한 사주다. 따라서 기운을 빼주는 식상을 용신으로 삼아야 한다. 그러므로 화, 토가 용신이다.

2 신약사주

- 식상이 많아서 신약한 경우 인성이 용신이다
- 관살이 많아서 신약한 경우에 인성이 용신이다
- 관살이 많아서 신약한 경우에도 식상을 용신으로 사용할 수 있다
- 재성이 많아서 신약한 경우 비겁이 용신이다
- 식신 재성이 많아서 신약한 경우 인겁을 겸용하는 것이 좋다
- 재살이 많아서 신약한 경우 인성과 비겁을 겸용하는 것이 좋다
- 식재관이 많아서 신약한 경우 인성과 비겁을 겸용하는 것이 좋다
- 식재관이 너무 많은 경우 식재관이 용신이 되는 수도 있다
- 식상이 매우 왕한 경우 식상이 용신이 되는 경우도 있다
- 재성이 매우 왕한 경우 재성이 용신이 되는 경우도 있다
- 관살이 매우 왕한 경우 관살이 용신이 되는 경우도 있다

<예시>

時	日	月	年
乙	乙	丁	辛
酉	卯	酉	酉

- 이 사주의 주인공은 중국 한나라의 대장군인 한신이다.

● 을목 일간이 유월에 태어나 관살이 너무 많아 신약이다. 관살이 많은 경우 일차적으로 인성을 용신으로 삼아야 하는데 이 사주에는 인성이 없다. 이럴 경우 이차적으로 식상을 찾는다. 그러므로 식신인 정화가 용신이다.

결론적으로 사주의 강약을 판단한 후, 강하면 약하게 하는 오행을 찾고 약하면 힘을 보충할 수 있는 오행을 찾는 것, 이것이 바로 억부법이고, 억부법에서 용신을 찾아내는 방법이다. 이것이 바로 중용이요 중화인 것이다. 말하기는 쉽지만 실제 이해하기는 아주 어렵다. 십간 십이지의 음양오행 상생상극을 완벽하게 이해하는 것이 급선무이다.

나. 조후법(調候法)

조후법이란 태어난 계절과 사주팔자 안에서 한난조습(寒暖燥濕), 즉 춥고, 덥고, 마르고, 습한 것에 따라 음양의 조화를 이루는 오행을 찾는 것이다. 너무 추우면 따뜻한 목화가 용신이고, 너무 더우면 시원한 금수가 용신이다. 너무 말랐으면 水, 습토(濕土)인 丑辰 토가 용신이 되고, 너무 습하면 火, 조토(燥土)인 未戌 토가 용신이 된다.

음양이 한쪽으로 치우쳤다면 음양의 조화가 필요하다. 음양의 조화 없이는 만물이 성장 발달을 할 수가 없다. 너무 덥고 말라도 생기가 없어 살 수 없고, 춥고 습하여 얼어 붙어도 살 수 없다.

조후용신에 있어서 중요한 것은 지지이다. 특히 절기 상 亥, 子, 丑월은 춥고 巳, 午, 未월은 덥다.

위 계절에는 조후가 필요하다. 그러나 팔자 전체를 판단해야 한다. 추운 글자가 많은지 더운 글자가 많은지를 잘 보아야 한다.

다. **통관법**(通關法)

사주에서 서로 극하는 오행이 비슷한 세력을 갖고 있을 때 이를 소통시켜 주는 것을 용신으로 삼는 것이 통관법이다.

즉, 금과 목이 싸울 때 수를 용신으로 삼는다. 이는 金生水, 水生木으로 수가 금과 목 사이에 들어가 통관을 시켜 주기 때문이다.

같은 원리로 화와 수가 싸울 때 목을 용신으로 삼아 水生木, 木生火로 통관을 시켜서 싸움을 말려 주는 것이 용신이다.

(1) 금과 목이 싸우면 수가 용신이다.

(2) 수와 화가 싸우면 목이 용신이다.

(3) 목과 토가 싸우면 화가 용신이다.

(4) 화와 금이 싸우면 토가 용신이다.

(5) 토와 수가 싸우면 금이 용신이다.

<예시>

時	日	月	年
乙	乙	乙	乙
酉	酉	酉	亥

• 이 사주는 일간 을목이 관살인 유금이 셋이나 되어 신약사주다.

• 관살인 유금과 일간인 을목을 통관시켜 주는 해수가 용신이다.

사주 팔자가 병들었는데 이를 치료하는 오행이 있으면 그 오행이 약이다. 약을 용신으로 쓰는 법이다.

사주가 신약하면 일주를 생해 주는 오행을 용신으로 삼는데, 그 오행을 극하는 오행을 병신(病神)이라 하고 다시 그 병신을 극하여 없애는 오행을 약신(藥神)으로 삼는 방법이다.

갑목이 용신인데 경금이 갑목을 극하면 이때 경금을 병신이라고 한다. 병신인 경금을 극하는 정화가 있으면 정화가 약신이다.

『명리정종』에는 다음과 같이 설명하고 있다.

어떤 것이 병이라고 하는가? 사주팔자 중에서 나쁜 글자가 있는데 이는 용신을 극하므로 나쁘다. 이를 병신이라고 한다. 이 병신을 극하는 글자가 희신이다. 이 희신이 약이다. 병이 있어야 귀명이고 상함이 없다면 기이한 명이라고 할 수 없다. 팔자 중에 있는 병을 운에서 제거할 때 부귀가 함께 따른다고 했다.

또한 지극히 부귀한 사람은 먼저 그 근골을 힘들게 하고 피부를 말리며 심신을 공허하게 한 뒤 인성을 닦고 노력하여 그 능력을 함양한 후에 비로소 큰 그릇을 만들 수 있다.

결국 부귀는 많은 인내와 노력의 결과물이라는 의미다.

마. 희, 용, 기, 구, 한이란 무엇인가

용신을 찾았다면 다음은 운의 좋고 나쁨을 판단하는 기준을 정해야 한다. 그 기준이 희(喜), 용(用), 기(忌), 구(仇), 한(閑)이다. 즉 희신, 용신, 기신, 구신, 한신의 앞 글자만 모아 놓은 것을 말한다.

용신을 찾았는데 그 오행이 목이라면, 용신의 힘을 못쓰게 하는 것은 용신을 극하는 오행이다. 목을 극하는 오행은 금이다. 바로 금이 기신이 되는 것이다.

이렇게 정해진 기신을 관리하여 용신을 도와 주어야 하는데, 이런 임무를 띤 오행은 기신인 금을 극하는 오행인 화다. 화는 금을 극하므로 용신인 목을 보호해 주는 것이 희신이다.

용신(用神) : 일간이 중화를 이루는 데 가장 필요한 오행

희신(喜神) : 용신을 돕는 오행

기신(忌神) : 용신을 극하는 오행

구신(仇神) : 희신을 극하는 오행 또는 기신을 돕는 오행

한신(閑神) : 한가로이 일이 없는 오행이나 운에서 길흉에 관여한다

용신(用神)을 바르게 판단하는 것은 사주명리를 공부하는 데 있어서 가장 중요한 것이라고 할 수 있다.

따라서 오행의 생극제화(生剋制化), 음양(陰陽)의 생왕사절(生旺死絶)의 기본 원리를 정확하게 알아 판단해야 한다.

IV 신살 이야기

    사주를 잘 모르는 사람들도 신살의 이름 정도는 알고 있을 것이다. 신살은 역마살, 도화살, 삼재 등과 같이 우리 일상에서 많이 쓰는 말들이다. 신살은 그 의미를 정확히 잘 모르면서도 많이 사용할 정도로 우리 생활과 밀접한 관계가 있다. 신살의 종류는 수백 개나 된다고 한다. 그러나 우리가 일반적으로 사주를 해석하는 데 사용하는 신살은 그리 많지는 않다.

    시중의 철학관에 가보면 신살만 가지고 사주를 보는 사람도 있다. 이는 정통역학이 아니라고 단언해도 좋다. 반면에 신살을 무용지물이라고 주장하는 분도 있다. 그러나 신살은 천 년 이상 동안 전해져온 것이다. 그러니 어느 정도 의미는 있다고 봐야 한다. 그러므로 신살이 어떤 것인가를 정확하게 아는 것도 필요하다. 알아야 대처할 수 있다.

    신살 중에서 가장 많이 응용되는 것부터 알아보자.

I. 삼형살, 형살

사주에서 삼형살과 형살은 충 다음으로 작용이 심하다고 주장을 하는 분들이 많다. 일반적으로 신살을 이야기할 때 형충파해라는 용어를 많이 쓴다. 이 말의 순서로 보면 충보다도 먼저 형이 나온다. 그래서인지 형을 충보다 더 중요시하는 분들도 있다. 경우에 따라서는 형의 피해는 충보다도 더욱더 심하다.

가. 삼형살의 종류

❶ 인사신(寅巳申)

❷ 축술미(丑戌未)

❸ 자묘(子卯) : 상형살이라고도 불린다. 삼형살(三刑殺)보다는 작용이 약하다고 본다.

나. 형살(刑殺)

삼형살의 세 글자 중 두 자만 있으면 형살이라고 한다. 즉 寅巳, 巳申, 寅申이고 丑戌, 戌未, 丑未가 형살(刑殺)이다.

다. 자형(自刑)

다음의 두 글자가 함께 나타날 때를 자형살, 일반적으로는 자형이라고 한다.

❶ 진진(辰辰) ❷ 오오(午午) ❸ 유유(酉酉) ❹ 해해(亥亥)

삼형살이나 형살도 장단점이 있다. 이는 다른 신살도 마찬가지다.

형은 기본적으로 기운이 넘쳐 안정이 깨지고, 서로 충돌하여 부서지는 작용을 한다. 따라서 사주에 삼형살이 있으면 장점으로는 정신력과 자기 소신이 강하고 뚜렷하여 지도자로서의 자질을 갖고 있다. 또한 정의롭고 의리가 강한 사람이다. 그리고 애국심이 많고, 권력을 갖거나 법을 집행하는 법관, 총칼을 잡는 군인, 경찰, 의사, 간호사 등에게 많다.

단점으로는 사건, 사고, 질병, 소송, 형액 등이 발생한다. 형살이 많은 사람은 인간성이 냉정하고 고집이 세며 몸에 흉터가 있거나 수술하게 된다고 한다.

삼형이 많으면 항상 바쁘고 동분서주하는 사람이라고도 한다.

일반적으로 알려진 삼형살에 대하여 자세히 알아보자.

가. 인사신(寅巳申) 삼형

寅巳申 삼형은 지세지형(持勢之刑)이라고 한다. 이는 지나치게 자기 세력만 믿고 함부로 행동하다 화를 당한다고도 한다. 좌절, 실패, 교통사고, 약물 중독, 자살 기도 등을 나타낸다고 한다.

다음으로 寅巳申의 관계를 분석해 보자.

❶ 인사형(寅巳刑)의 관계는 인목이 사화를 도와주는 상생관계이다. 오행이론에서 무엇보다 중요한 것은 상생 상극 이론이다. 寅巳의 관계는 서로 생을 해주는 사이가 우선이다. 이 상생관계로 인하여 인목이 사화를 도와 화의 세력이 커진 형태이다.

❷ **사신형(巳申刑)의 관계**는 巳화가 申금을 극하는 관계이다. 그러나 巳화는 음화이고, 申금은 양금이기 때문에 육합도 된다. 이는 合도 되고 刑도 된다는 의미이기도 하다. 즉, 남녀가 처음에는 서로 좋아서 사귀다가 나중에는 서로 싫증이 나서 헤어지는 경우라고 상상해 볼 수 있겠다. 좀더 자세히 지장간으로 분석을 해보자.

巳의 지장간은 戊庚丙이고 申의 지장간은 戊壬庚이다. 이는 巳의 정기인 丙화는 申의 정기인 庚금을 극한다. 또한 丙화는 申의 중기인 壬수에 의해 충을 받고 있는 형태다. 즉, 물리고 물리는 형태다. 실제 사주 감정을 해보면 사신합형(巳申合刑)은 다양한 관점에서 해석할 수 있음을 알 수 있다.

❸ **인신형(寅申刑)의 관계**는 먼저 인신(寅申) 충(沖)의 효력이 더 강력하다. 여기에 형의 작용까지 더한 형태다. 인신 충이 四沖 중에서 피해가 가장 심하다고 하는 데는 이러한 이유도 작용한다고 느껴진다. 寅申 충의 의미가 강하고 寅巳刑이나 巳申刑은 형의 의미가 약하다. 그러나 운의 흐름에 있어서는 아주 중요하다. 즉, 寅巳刑이 사주원국에 있는데 운에서 申운이 오면 寅巳申의 삼형살이 된다. 또한 사주원국에 巳申 형이 있는데 운에서 寅운이 오면 寅巳申 삼형살이 성립된다. 따라서 그 피해는 寅申 沖보다도 더 심하다고 볼 수 있다.

나. 축술미(丑戌未) 삼형

축술미(丑戌未) 삼형(三刑)은 무은지형(無恩之刑)이라고 하여 은혜를 모르는 사람으로, 은혜를 원수로 갚는다는 살이다. 이는 같은 土

끼리의 刑이므로 형제끼리 서로 다툰다 하여 은혜를 모른다고도 한다. 특히 여성은 남편과의 사이에 배신, 고독, 불화의 기운이 강하며 산액(産厄), 즉 산고의 고통이 있다고도 한다. 그리고 피부질환, 위장병 등에 조심해야 한다.

다. 자묘(子卯) 상형(相刑)

子卯 相刑은 무례지형(無禮之刑)이라고 하여 정사, 변태, 불륜, 시비, 구설 등의 의미가 있고 성격이 난폭하여 예의가 없고 무례하다고 한다.

자(子)는 물에 속하고 묘(卯)는 나무에 속하는데, 수생목(水生木)하나 자식이 어머니를 해(害)한다고 하여 무례(無禮)하다고 한다.

형을 설명하면서 가장 이해가 되지 않는 것이 바로 이 자묘 형이다. 수생목의 상생하는 관계로 보면 되지 이를 꼭 형이라고 할 수 없다. 이 이론만은 아무리 생각해도 받아들일 수 없는 이론이다. 목이 너무 많은 사주에서 다시 자수의 도움을 받는 경우를 제외하면 실제 임상을 해봐도 맞지가 않다고 느껴진다.

라. 자형(自刑)

자형(自刑)은 辰형辰, 午형午, 酉형酉, 亥형亥 즉 같은 글자끼리 서로 싸운다고 자형이라고 한다.

이는 사주팔자의 지지 4자 중에서 같은 글자가 두 자씩이나 있으면 일단 힘이 강해져서 사주의 균형이 깨어진다고 볼 수 있다.

❶ 진진(辰辰)자형 : 요통이 있다. 물로 인하여 피해를 입거나 구설 시비가 많다. 육친과 인연이 없다.

❷ 오오(午午)자형 : 음탕하고, 불, 전기, 폭발물 돌발사고가 생긴다고 한다. 그리고 부부 인연이 박하고 자식운도 약하다고 한다.

❸ 유유(酉酉)자형 : 흉터가 있거나 쇠붙이에 상한다. 교통사고, 생리통이 생긴다고 한다.

❹ 해해(亥亥)자형 : 주색에 빠지거나 물로 인한 사고나 신장, 방광에 질환이 생긴다고 한다.

대운(大運)이나 세운(歲運)에서 삼형살이나 형살을 만나면 각종 돌발사고나 수술을 받게 되는 일을 당한다고 하는데, 사주 전체의 균형과 조화를 보아야 알 수 있지 이처럼 단편적으로 판단할 수는 없다.

삼형살을 피할 수 있는 방법으로는 직업을 경찰, 군인, 사법기관에 종사하거나, 외과의사, 간호사 등 활인업과 칼을 사용하는 식육식당 등을 하면 된다고 한다. 이는 생사여탈권을 가진 직업이나 칼을 잡는 직업을 가지면 된다는 의미이기도 하다.

형살에 대해서 옛 문헌들을 중심으로 고찰해 보자.

가. 『적천수(滴天髓)』

명리학의 최고 경전이라고도 할 수 있는 『적천수(滴天髓)』에서는 刑에 대하여 매우 부정적인 입장을 견지하고 있다. 특히 임철초선생은 『적천수징의』에서 형과 파, 해는 명리서적에서 삭제해야 된다고 주장했다.

다음은 『적천수』의 〈논지지〉에 나오는 내용이다.

支神只以沖爲重지신지이충위중 **刑與穿兮動不動**형여천혜동부동
지지에서는 다만 沖을 중히 보며, 형(刑)과 파(破), 해(害)는 별로 중요
하지 않다.

여기서 천(穿)은 파와 해를 말한다. 이처럼 『적천수』에서는 충만
중요하지 형이나 파, 해는 중요하지 않다고 강조했다.

나. 『자평진전(子平眞詮)』
명리학의 또 다른 고전 중 하나인 『자평진전』에서도 거의 유사한
입장을 보이고 있다. 제11장 '형충회합의 해법'에서의 내용은 다음과
같다.

至於三刑取義지어삼형취의, **姑且闕疑**고차궐의, **雖不知其所以然**수
부지기소이연, **於命理亦無害也**어명리역무해야
三刑을 취한 이유는 모르나, 비록 그 연유를 모른다고 해도 명리의
판단에는 손해가 없다.

즉, 삼형을 몰라도 사주를 해석하는 데는 아무런 문제가 없다는 의
미다. 그러면서도 형충이 같이 있을 때를 언급하고 있다. 그리고 서
락오선생은 평주에서 삼형을 어느 정도 인정하고 있다.

다. 『**정선명리약언**』

위천리선생의 『정선명리약언』에서는 다음과 같이 맹렬히 비판을
하고 있다.

인명에 형을 만나 위엄을 떨치는 지위에 오르는 자가 있는데 이는 사
주가 본래 길해서 그러한 것일 뿐이다. 또 사주에서 형을 만나 흉한
화를 당하는 자도 있는데 이것도 사주가 본래 흉하기 때문에 그러한
것이지 반드시 형을 만났기 때문이 아니다. (중략) 하루빨리 형살은
없애버리는 것이 마땅하다.

라. 『**연해자평**(淵海子平)』

형살은 충살 다음으로 심한 흉살이니 寅巳申은 세력만 의지하고 저
돌(猪突)하다가 화(禍)를 입고, 丑戌未刑은 성냉정혹(性冷情酷)하여
은혜를 원수로 갚는 刑이며 성횡질폭(性橫質暴)하여 예의가 없다. 辰
午酉亥 自刑은 심지가 박약하고 침을험독(沈鬱險毒)한데가 있다.

마. 『**팔자명리신해**』

무은지형에는 사형인, 인형사, 인형신이다. 무례지형에는 오형묘, 자
형오, 묘형자이다. 시세지형에는 축술형, 미형축, 술형미이다. 이는
인사신과 자묘오, 축술미를 다 삼형살이라고 주장한 것이다. 그리고
12지지가 두 자씩 다 있으면 자형이라고 주장을 한다.

바. 『**음부경**(陰符經)』

- 은(恩)은 해(害)에서 生하고 害는 恩에서 生한다.
- 삼형이 삼합에서 생하는 것도 역시 육해가 육합에서 생하는 이치와 같다.
- 만일 申子辰 삼합을 寅卯辰 삼위와 加하면 申이 寅을 刑하고, 子가 卯를 형하고, 辰이 辰을 보면 자형이 된다.
- 寅午戌을 巳午未에 加하면 寅이 巳를 刑하고, 午가 午를 보면 자형이 되고, 戌이 未를 刑한다.
- 巳酉丑을 申酉戌에 加하면 巳가 申을 刑하고, 酉가 酉를 보면 自刑이 되고 丑이 戌을 刑한다.
- 亥卯未를 亥子丑에 加하면 亥가 亥를 보면 自刑이 되고 卯가 子를 刑하고, 未가 丑을 刑한다.
- 합 중에서 刑을 생하는 것은 부처(夫妻)가 상합(相合)하되 도리어 형상에 이르는 것과 같다.
- 인사(人事)를 조화하면 그 이치는 한결같다.

형살의 이론적 배경을 설명하는 데 있어서는 도교의 경전인 『음부경』에서 인용한 학자들이 많다. 『삼명통회』, 『자평진전 평주』에서도 『음부경』에서 인용하고 있다. 『음부경』에서 인용한 이 내용은 형살에 대한 이론적인 근거로서 가장 설득력이 있는 내용이라고 한다.

2. 도화살(桃花殺)

신살 중에서 가장 많이 알려진 살 중 하나가 도화살이다.

도화(桃花)는 이름 그대로 복숭아 도(桃)에 꽃 화(花)이다. 즉, 복숭아꽃을 말한다. 이른 봄에 가장 먼저 피는 꽃이 매화꽃이고, 다음이 살구꽃, 그 다음이 복숭아꽃이다. 매화는 사군자 중에 가장 으뜸으로 치는 꽃이라서 품격이 있다. 그러나 복숭아꽃은 너무 선정적인 분홍색을 가지고 있다.

우리나라에서 복숭아로 유명한 곳은 아마 경북 영덕 근교라고 생각된다. 몇 해 전에 포항 보경사가 있는 내연산을 등산하면서 향로봉을 지나 상옥, 하옥 마을을 지나서 영덕 방향으로 나오는데 복숭아꽃이 절정을 이루고 있었다. 그 꽃을 보는 순간 나도 모르는 사이에 가슴이 울렁거렸다. '아! 바로 이것이 도화살이구나' 라고 느꼈다.

복숭아꽃은 봄날에 사나이 가슴을 울렁거리게 하는 꽃이다. 중국 영화를 보면 홍등가의 불빛이나 커튼이 대개 다 분홍색이다. 이처럼 분홍색의 복숭아꽃은 선정적이라 색정적인 이미지의 대명사가 바로 복숭아꽃인 도화인 셈이다.

도화살은 일명 욕패살(慾敗殺) 또는 함지살(咸池殺), 연살(年殺)이라고도 불린다. 과거에는 궁합을 볼 때 도화살이 있으면 '시집을 여러 번 갈 팔자' 라거나 '남자가 많이 따르고 애정 문제로 많은 어려움이 있는 사주' 라고 했다.

자신의 사주에 도화살이 있는지 알아보는 법은 다음과 같다.

- 도화살은 일지를 기준으로 연, 월, 시를 찾고, 연지를 기준으로 월, 일, 시를 찾는다.
- 亥卯未년에 子, 寅午戌년에 卯, 巳酉丑년에 午, 申子辰년에 酉가 있으면 도화살이다.

이는 다음과 같은 원리에서 나온다.

- **해묘미**(亥卯未) **삼합의 경우**에는 제일 먼저 나오는 亥 다음에 오는 지지인 **자**(子)가 도화살이다.
- **인오술**(寅午戌) **삼합의 경우**에는 제일 먼저 나오는 寅 다음에 오는 지지인 **묘**(卯)가 도화살이다.
- **사유축**(巳酉丑) **삼합의 경우**에는 제일 먼저 나오는 巳 다음에 오는 지지인 **오**(午)가 도화살이다.
- **신자진**(申子辰) **삼합의 경우**에는 제일 먼저 나오는 申 다음에 오는 지지인 **유**(酉)가 도화살이다.

甲子년 乙丑월 丙寅일 丁卯시인 사주로 예를 들어 보자.

甲子년생인 사람의 연지는 子이므로 申子辰 삼합에 해당된다. 따라서 연지가 申子辰의 경우는 월지, 일지, 시지에 酉가 있으면 이것이 도화살이다. 그런데 이 사람은 지지에 酉가 없으니 도화살이 없는 셈이다. 이것은 연지를 중심으로 본 것이다.

일지를 중심으로 보면, 일지가 丙寅일의 寅이므로 寅午戌 삼합에 해당된다. 寅午戌의 경우는 연지, 월지, 시지에 卯가 있으면 이것이 도화살이다. 그런데 이 사람은 시지가 丁卯로 卯가 있으므로 도화살이 있다.

이처럼 사주에서 연지와 일지를 중심으로 도화살을 찾아보는 것이 전통적인 방식이다. 그러나 지금은 사주에 '子午卯酉'가 있으면 도화살이 있다고 본다. 이는 상당히 설득력이 있다고 본다.

'子午卯酉'는 각 계절에 있어 중심이 되는 계절이다. 따라서 힘이 아주 강렬하다. 바람은 에너지의 이동이다. 그러므로 바람기가 있다는 것은 에너지가 있다는 의미다. 도화살이 있는 사주를 바람을 피워서 나쁘다는 의미로 비판하기도 하지만 이 에너지를 좋은 쪽으로 사용하면 새로운 창조물을 만드는 근원이 될 수도 있다고 생각된다.

명리학의 고전에서 설명하고 있는 도화살을 알아보자.
먼저 명나라 때의 고전인 『명리정종』에는 다음과 같이 설명한다.

함지라 함은 인오술년생이 묘(卯)자를 봄이요, 신자진년생이 유(酉)자를 봄이요, 사유축년생이 오(午)자를 봄이요, 해묘미년생이 자(子)자를 봄인 바, 생년을 위주로 하기도 하고, 일주를 표준하기도 하고, 혹 시지로 보기도 한다. 그러나 연(年)을 위주로 함이 가당하다고 본다. 일명 도화살, 패살, 연살이 같다.

〈유미부(幽微賦)〉에 말하되 '주색으로 광망함은 도화가 연(年)을 살을 띤 때문이다.' 라 하였고, 〈옥함부(玉函賦)〉에 '천덕과 함지가 함께 있으면 풍월의 정이 있다.' 라고 하였다.

〈비결〉에는 '도화와 역마가 있으면 표랑방랑(飄蕩放浪)하는 사람이다. 또 도화가 있으면 강개(慷慨)한 마음이 있는 풍류객이다. 또 인명에 함지가 있다면 천연적으로 시비가 많고 남자라면 강개심이 많으며 여인이면 풍정이 있다.'라고 하였다.

〈통명부〉에는 '도화가 합을 띠었으면 반드시 허랑방유객(虛浪放遊客)이다.'라고 하였고, 〈조미론(造微論)〉에는 '함지가 일주의 관과 함께 있으면 처로 인하여 치부한다.'라고 하였으며, 또 '도화가 만일 재왕지에 임하였다면 색으로 인하여 망신한다.'라고 하였으며, 〈경신부(驚神賦)〉에는 '풍류파탕(風流破蕩)함이 일간이 약한데 함지가 있는 때문이다.'라고 하였다.

이처럼 『명리정종』에서는 아주 복잡하게 이야기를 하고 있다.

또한 위천리선생의 『정선명리약언』에 보면 다음과 같은 내용이 서술되어 있다.

도화, 홍염 등의 살은 남녀의 음욕을 나타내는 징표가 된다고 하는데 단정한 열부(烈婦), 정녀(貞女) 중에서도 이 살들에 해당되는 자가 매우 많다.
또 봄꽃치고 요염하지 않은 꽃이 없는데 어찌 도화만 음화라고 할 수 있는가? 신살이 이치에 맞지 않음이 모두 이와 같은 식이다. 이치에 밝은 선비들께서는 스스로 밝혀 알아 깨우치기를 바란다.

박재완선생의 『명리요강』에서는 다음과 같이 이야기를 하고 있다.

도화살은 연지(年支)를 위주로 보지만 일지(日支)를 표준으로 하여 보기도 한다. 고서에 '도화가 역마와 합이 되면 허랑방탕객(虛浪放蕩客)이다. 여인이 도화살이 있으면 바람 기운이 있다.'라고 했다. 도화살은 미래가 주로 되었다. 옛날 명리학 책인 『금오결』에 의하면 '도화도 희기(喜忌, 기뻐하거나 꺼리는 것)에 따라 길흉이 다르다.'라고 하였다. 도화라고 해서 무조건 바람기가 있다고 단정하는 것은 잘못된 해석이다. 사주원국의 희기에 따라 통변이 달라진다.

이처럼 책마다 주장하는 바가 조금씩 다르다. 도화살을 바람기 있는 나쁜 살로 보는 설과, 도화살은 명리학의 해석에 있어서 아무런 근거가 없다고 주장하는 설로 나누어져 있다. 이분들의 주장을 종합하여 필자 나름대로 도화살을 분석하면 다음과 같다.

시대가 변함에 따라 현대에는 오히려 도화살을 인기가 있는 살로 보고 있다. 사회생활을 하는 사람들 중에는 도화살이 있으면 더 활동적이고 인기가 더 많아 오히려 도화살이 있다는 것을 자랑으로 여긴다. 필자 자신도 도화살이 있지만 이것이 문제가 된다고 생각되지 않고 오히려 자랑스럽게 생각한다. 그리고 음악, 미술, 무용 등 예술적인 감각도 탁월하고, 감성이 풍부해서 언어 구사력과 순발력이 뛰어나고 애교도 있으며 처세술도 능하다고 본다.

도화살은 아주 강렬한 에너지의 살이다. 이 에너지를 성적인 측면에서만 본다면 바람기가 많다고 볼 수 있다. 하지만 종족보존의 측면에서 본다면 생식만큼 중요한 것도 없다. 성적인 에너지가 없다면 결국 인류도 멸종하게 되는 것이다.

문제는 이 성적 에너지를 어떻게 잘 절제하여 발전적으로 사용하는가이다. 도화살이 많은 사람들은 에너지를 승화시켜 바람직한 방향으로 인생을 계획하고 설계하여 아름답고 행복한 삶을 살아갈 수 있도록 노력해야겠다. 그러므로 도화살이 많은 사람에게 가장 필요한 미덕은 절제와 승화이다.

또한 도화살이 문창과 화개와 같이 있으면 예체능 방면에 두각을 나타낸 경우가 많다고 한다.

3. 역마살(驛馬殺)

역마살은 신살 중에서 도화살과 더불어 가장 많이 알려진 살 중 하나이다.

역마(驛馬)는 이름 그대로 역에 있는 말이다. 각 역참에 대기시켜 둔 말을 뜻한다. 옛날에는 가장 중요한 교통수단의 하나가 바로 말이었다. 말을 중요한 지역에 배치시켜 놓은 곳이 역마인 셈이다. 따라서 사주에 역마살이 있으면 이동, 여행, 분주함 등을 나타낸다.

역마살에 대한 소설로는 김동리선생이 1948년 발표한 단편소설 『역마』가 있다. 경상남도 하동의 화개장터를 배경으로, 인간이 거스를 수 없는 운명을 다룬 소설로 이 소설 속에서 역마살은 유랑할 수

밖에 없다는 운명을 말하고 있다.

또한 최명희의 『혼불』에도 "그놈은 역마살이 들었는지 밤낮으로 싸다닌다. 역마살을 타고난 사람은 아무리 반가에 나도 끝내는 엿장수라도 하고 마는……"이라는 표현이 나온다.

이와 같이 역마살은 우리 문학 작품에서도 자주 등장할 정도로 우리의 일상과 함께 해오고 있는 것이다.

자신의 사주에 역마살이 있는지 알아보는 법은 다음과 같다.

- 역마살은 일지를 기준으로 연, 월, 시를 찾는다.
- 亥卯未일에 巳, 寅午戌일에 申, 巳酉丑일에 亥, 申子辰일에 寅이 있으면 역마살이다.

이는 다음과 같은 원리에서 나온다.

- **해묘미**(亥卯未) **삼합**의 경우에는 제일 먼저 나오는 亥와 충을 하는 **사**(巳) 연월시지에 있으면 역마살이다.
- **인오술**(寅午戌) **삼합**의 경우에는 제일 먼저 나오는 寅과 충을 하는 **신**(申)이 연월시지에 있으면 역마살이다.
- **사유축**(巳酉丑) **삼합**의 경우에는 제일 먼저 나오는 巳와 충을 하는 **해**(亥)가 연월시지에 있으면 역마살이다.
- **신자진**(申子辰) **삼합**의 경우에는 제일 먼저 나오는 申과 충을 하는 **인**(寅)이 연월시지에 있으면 역마살이다.

甲子년 乙丑월 丙寅일 戊申시인 사주로 예를 들어 보자.

일지를 중심으로 보면, 일지가 丙寅일의 寅이므로 寅午戌 삼합에 해당된다. 寅午戌의 경우는 연지, 월지, 시지에 申이 있으면 이것이 역마살이다. 그런데 이 사람은 시지가 戊申으로 申이 있으므로 시지에 역마살이 있다.

그러나 책에 따라서는 연지와 월지, 일지를 중심으로 보아야 한다는 책도 많다. 따라서 이것 역시 확실히 정해진 규칙이 없다. 다만 옛 문헌에는 연지를 중심으로, 현대에는 일지를 중심으로 보는 것이 대체적인 경향이다.

역마살에 대해 『연해자평』이나 『명리정종』에 나와 있는 글들을 보면 복잡하다. 특히 『사주명리학대사전』(신육천 著)에 나와 있는 역마살을 보면 머리가 어지러울 정도로 복잡다단하다. 이처럼 역마살에 대한 문헌은 다양하다. 그중 필자의 마음에 드는 두 분의 글을 인용하고자 한다.

우선 낭월 박주현 스님은 신살무용론(神殺無用論)을 주장한다. 그러나 역마살에 대해서는 어느 정도 인정한 부분이 있다.

특히 '역마가 충을 만나면 일생을 떠돌게 된다'는 이야기는 오행의 원리에 맞는 대목이다. 역마에 해당하는 글자는 모두 寅申巳亥로서 생지(生支)에 해당하는데, 충을 만나게 되면 인신충이나 사해충이 된다. 이런 성분이 사주에서 충을 했다면 떠돌이가 될 가능성이 높다고 할 수 있다. 하지만 이러한 충돌이 사주 내에 없는데도 일지에 축토가 있고 월지에 해수가 있으면 역마가 되어 떠돌아다닌다고 하는데, 이는 도저히 납득이 되지 않는다.

_낭월 박주현의『알기 쉬운 합충변화』

즉, 일지가 巳인 사람이 다른 주에 亥가 있으면 巳亥 沖이라고 역마살로 볼 수 있지만, 일지가 酉나 丑인데도 다른 주에 亥가 있어도 역마살이 있다고 한다면 이는 납득이 가지가 않는다는 이야기다. 왜냐하면 酉나 丑의 특성을 무시하고 삼합인 巳酉丑을 같이 취급했기 때문이다.

낭월스님의 견해와 달리 김동완선생은 다음과 같이 역마살을 주장한다.

삼합과 충의 원리와는 상관없이 인신사해(寅申巳亥) 네 글자가 각각 역마살로 작용한다고 본다. 사주에 역마살이 많을수록 그 작용력이 크다. 일지에 있을 때 가장 강하고, 월지가 그 다음으로 강하고, 연지와 시지에 있는 역마가 가장 약하다. 일지에 1개만 있는 것보다는 일지와 월지에 각각 1개씩 2개 있을 때 작용이 더 크다. 같은 역마살이 여러 개 있거나 서로 다른 역마살이 섞여 있을 때 동일한 작용이 있다. 역마살의 특징으로는 활동적이고 움직임이 크다. 앉아서 일하는 직업보다 활동적인 직업을 선택하면 좋다. 비행사, 스튜어디스, 무역업, 외교관, 관광안내, 통역, 군인, 경찰, 영업계통의 직업을 선택하면 좋다.

_김동완『사주명리학 초보탈출』

김동완선생의 주장은 상당히 독창적인 설명이다. 어느 정도 설득력이 있다고 본다. 즉, 인신사해는 각 계절의 시작이다. 寅申巳亥를 사맹(四孟)이라고도 한다. 에너지가 요동치는 느낌을 가질 수 있다. 가만히 있으면 좀이 쑤시는 느낌이다. 따라서 활동적인 이미지를 준다.

역마가 2개 이상이면 외교, 관광, 어문, 무역, 항공, 홍보 분야에 적합하다고 한다.

4. 삼재(三災)

매년 새해가 되면 올해의 신수와 토정비결과 삼재에 대한 질문을 많이 받는다. 특히 올해 삼재가 나오는 해라고 하는데 삼재 액막이풀이를 해야 할지 말아야 할지가 고민이라는 것이 그중 하나이다. 정월이 되면 점집이나 절에서 삼재가 드는 사람들의 액을 풀어주기 위해서 삼재풀이를 하고 있다.

삼재의 글자를 풀이해 보면 세 가지의 재난을 의미한다.

일반적으로 삼재를 수재(水災), 화재(火災), 풍재(風災)의 세 가지 재앙(災殃)을 말하기도 하고 전쟁(戰爭), 기근(饑饉), 전염병(傳染病)의 세 가지 재앙을 뜻하기도 한다.

그리고 풍수학에서도 '삼재불입지지(三災不入之地)' 라고 말하기도 하는데 대표적인 삼재불입지지는 안동의 학봉종택과 해남 대흥사로 알려져 있다. 이는 전쟁, 기근, 전염병이 들지 않는 복된 땅이라는 의미이기도 하다.

삼재는 12년마다 한 번씩 들어와서 3년간 머물다 나간다. 삼재가 드는 첫 번째 해는 **입삼재**(入三災, 들삼재)라고 하며, 둘째 해를 **숙삼재**(宿三災, 잘삼재), 마지막 해를 **출삼재**(出三災, 날삼재)라고 한다.

들삼재는 평온하던 가정에 난데없이 우환거리, 관재수, 횡액 등이 생긴다고 한다. 그리고 잘삼재에는 하는 일이 잘 되지 않고 매사에 시비와 구설이 생기는 등 실패와 불운이 연속된다고 한다. 날삼재는 입삼재보다 더욱 더 환난이 가중된다고 한다. 삼재 중에서는 날삼재의 피해가 가장 크다고 한다.

삼재는 태어난 해를 기준으로 해서 본다.

亥卯未년에 태어난 사람은 巳午未년, 寅午戌년에 태어난 사람은 申酉戌년, 申子辰년에 태어난 사람은 寅卯辰년, 巳酉丑년에 태어난 사람은 亥子丑년이 삼재해이다.

이에 대해 구체적으로 알아보자.

가. **해묘미**(亥卯未) **삼합**의 경우에는 제일 먼저 나오는 亥와 충(沖)을 하는 巳년부터 시작하여 午년, 未년의 삼년이다. 즉 돼지띠, 토끼띠, 양띠는 뱀띠해가 들삼재이고, 말띠해가 잘삼재이고, 양띠해가 날삼재가 된다.

나. **인오술**(寅午戌) **삼합**의 경우에는 제일 먼저 나오는 寅과 충(沖)을 하는 申년부터 시작하여 酉년, 戌년의 삼년이다. 즉 범띠, 말띠, 개

띠는 원숭이해가 들삼재이고, 닭해가 잘삼재, 개해가 날삼재가 된다.

　다. **신자진(申子辰) 삼합**의 경우에는 제일 먼저 나오는 申과 충(沖)을 하는 寅년부터 시작하여 卯년, 辰년의 삼년이다. 즉 원숭이띠, 쥐띠, 용띠는 호랑이해가 들삼재이고, 토끼해가 잘삼재, 용해가 날삼재이다.

　라. **사유축(巳酉丑) 삼합**의 경우에는 제일 먼저 나오는 巳와 충(沖)을 하는 亥년부터 시작하여 子년, 丑년의 삼년이다. 즉 뱀띠, 닭띠, 소띠는 돼지해가 들삼재이고, 쥐해가 잘삼재, 소해가 날삼재가 된다.

　삼재를 이렇게 보기 때문에 매년 우리나라 인구의 사분의 일인 약 1,500만 명이 삼재에 해당된다. 이렇게 많은 사람들이 삼재에 해당되어 피해를 본다는 것이 과연 설득력이 있는가?

　그리고 같은 나이의 사람뿐만 아니라 네 살 터울로 삼합에 해당되는 띠들은 모두가 함께 삼재에 들어갔다가 함께 나오는 것이다. 이는 상식적으로 말도 안 된다. 이러한 것을 가지고 믿으라고 하니 아직도 명리학이 미신으로 취급받을 여지가 되는 대목이다.

　점집이나 절집에서는 삼재액막이 굿이나, 삼재풀이를 아직도 매년 해주고 있는 곳도 있다. 삼재가 있는 해에는 매사에 몸가짐과 언행을 조심한다면 좋은 점이 될 수도 있다.

　그러나 근본적으로 논리적 설득력이 없다. 사주팔자는 사주와 운의 전체적인 흐름을 보아야지 단순히 삼재만 가지고 혹세무민해서도 안 되고 혹세무민을 당해서도 안 될 것이다.

5. 원진살

　원진살(怨嗔煞, 元嗔煞)은 궁합을 볼 때 가장 많이 보는 신살 중 하나다. 원진을 한자로 풀이하면 원망할 원(怨)과 성낼 진(嗔)이다. 글자의 뜻에서부터 기분 좋은 살이 아님을 알 수 있다. 뭔가 원망하고 성질나는 살이라는 의미다.

　원진살이 사주팔자에 있으면 빈한하거나 요절한다고 한다. 또한 신경쇠약과 정신질환이 있고, 용모가 험상궂고 음성이 혼탁하며 인면수심의 경향이 있다고 한다. 그리고 운에서 만나면 질병이 악화되고 각종 사고가 난다고 한다. 이처럼 무서운 살이 원진살이다.

　사주팔자에는 원진살이 없지만 부부간에 각자의 지지를 비교하여 원진살이 되면 서로 미워하고 증오하는 것으로 의처증, 의부증, 부부불화, 증오, 이별, 고독, 억울함 등이 있다고 한다.

　그럼 원진살은 어떤 살인가를 알아보자.

子未, 丑午, 寅酉, 卯申, 辰亥, 巳戌의 관계를 원진살이라고 한다. 즉 쥐와 양, 소와 말, 범과 닭, 토끼와 원숭이, 용과 돼지, 뱀과 개의 관계를 말한다.

가. **子未 원진**은 서기양두각(鼠忌羊頭角) : 쥐는 양의 뿔을 싫어한다.

나. **丑午 원진**은 우진마불경(牛嗔馬不耕) : 소는 말이 밭갈이를 하지 않는 것을 미워한다.

다. **寅酉 원진**은 호증계취단(虎憎鷄嘴短) : 범은 닭의 부리가 짧다고 싫어한다.

라. **卯申 원진은 토원후불평**(兎怨猴不平) : 토끼는 원숭이 등이 굽은 것을 원망한다.

마. **辰亥 원진은 용혐저흑면**(龍嫌猪黑面) : 용은 돼지얼굴이 검다고 싫어한다.

바. **巳戌 원진은 사경견폐성**(巳驚犬吠聲) : 뱀은 개 짖는 소리에 놀란다.

이처럼 원진살은 동물의 특성에 비유하여 설명하고 있다.

궁합을 보는 데에는 원진살을 다음과 같이 한다.

부부 사이에 태어난 해의 띠를 비교해서 원진살이 되면 성립이 되는 것이다. 즉 쥐띠와 양띠, 소띠와 말띠, 범띠와 닭띠, 토끼띠와 원숭이띠, 용띠와 돼지띠, 뱀띠와 개띠는 서로 원진살이기 때문에 궁합이 좋지가 않다는 의미다.

원진살을 구체적으로 분석해 보자.

가. **자미(子未) 원진**

未土는 子水를 극한다. 즉 土剋水이다. 상극관계이다.

이를 지장간으로 분석하면 子水의 지장간이 壬, 癸이다. 그리고 未土의 지장간은 丁, 乙, 己이다. 未土에 있는 丁火와 壬水는 丁壬合을 이루고, 子 중의 癸水와 未 중의 乙木은 水生木으로 상생관계다. 그러나 未土의 정기인 己土는 子 중의 정기인 癸水를 극한다.

따라서 좋은 의미도 있고 나쁜 의미도 있다.

나. 축오(丑午) 원진

午火와 丑土는 火生土로 상생관계이다.

이를 지장간으로 분석하면 丑土의 지장간은 癸, 辛, 己이고 午火의 지장간은 丙, 己, 丁이다. 따라서 丑 중의 辛金은 午 중의 丙火와 丙辛合을 이루고, 丑 중의 癸水는 午 중의 丁火를 水克火로 상극관계다. 그러나 午火의 정기인 丁火와 丑土의 정기인 己土는 상생관계다.

따라서 정기는 상생이므로 상극보다 상생의 기운이 더 강하다.

다. 인유(寅酉) 원진

寅木과 酉金은 金剋木으로 상극관계이다.

이를 지장간으로 분석하면 寅木의 지장간은 戊, 丙, 甲이고 酉金의 지장간은 庚, 辛이다. 따라서 寅의 지장간 丙火와 酉의 지장간 辛金이 丙辛合을 이루고, 寅 중의 戊土가 酉 중의 庚金을 土生金으로 도와준다. 그러나 酉 중의 庚金은 寅중의 甲木을 극한다.

이는 상생보다는 상극의 관계가 더 강하다.

라. 묘신(卯申) 원진

卯木과 申金은 金剋木으로 상극관계이다.

이를 지장간으로 분석하면 卯木의 지장간은 甲, 乙이고 申金의 지장간은 戊, 壬, 庚이다. 따라서 卯 중의 甲木은 申 중의 庚金으로부터 극을 당하나, 卯 중의 甲木이 申 중의 壬水로부터 水生木으로 상생을 이루고 있다. 또 卯木의 정기인 乙木은 申金의 정기인 庚金과 乙庚合을 이룬다.

따라서 卯申 원진은 그리 나쁜 관계는 아니다.

마. 진해(辰亥) 원진

辰土와 亥水는 土剋水로 상극관계이다.

이를 지장간으로 분석하면 辰土의 지장간은 乙, 癸, 戊이고 亥水의 지장간은 戊, 甲, 壬이다. 따라서 辰 중의 癸水가 亥 중의 戊土와 戊癸合이 되고, 亥 중의 壬水가 辰 중의 乙木을 水生木으로 도와준다. 그러나 亥 중의 甲木은 辰 중의 戊土를 木剋土로 극하고, 辰土의 정기인 戊土가 亥水의 정기인 壬水를 土剋水로 극한다.

따라서 상생보다는 상극이 조금 더 강하다.

바. 사술(巳戌) 원진

巳火와 戌土는 火生土로 상생관계이다.

이를 지장간으로 분석하면 巳火의 지장간은 戊, 庚, 丙이고 戌土의 지장간은 辛, 丁, 戊이다. 따라서 巳 중의 丙火는 戌 중의 辛金과 丙辛合이다. 戌 중의 丁火는 巳 중의 庚金을 火剋金으로 극한다. 그러나 巳의 정기인 丙은 戌의 정기인 戊를 火生土로서 상생한다.

따라서 巳戌 원진은 근본적으로 상생관계다.

결론적으로 말하면, 원진살을 음양오행의 근본인 상생상극의 원리에 따라서 분석을 해보면 그리 나쁜 관계가 아니다. 그런데도 원진살이 있으면 아주 흉한 살인 것처럼 여러 책에서 언급하고 있다.

상식적으로 생각해 보자. 원진살은 기본적으로 연지를 중심으로 본다. 원진살이 있는 부부〔쥐띠와 양띠, 소띠와 말띠, 범띠와 닭띠, 토끼띠와 원숭이띠, 용띠와 돼지띠, 뱀띠와 개띠〕인 부부는 모두 다 원진살에 해당된다. 과연 이러한 부부들이 모두 다 원진살의 피해를 본다고 할 수 있겠는가? 설득력이 없다고 본다. 실제 감정을 해 보아도 맞지 않는 경우가 더 많다.

그러나 일지에서 원진살이 있는 경우 – 子未, 寅酉, 卯申, 辰亥 – 에는 조금은 참작을 해도 될 것 같다. 즉, 상극의 경우에는 조금은 고려해볼 일이다. 그러나 늘 강조하는 것처럼 사주의 핵심은 사주 전체의 균형과 조화로 볼 것이지 단편적인 원진살 하나하나를 보는 것은 의미가 없다고 생각된다.

6. 천을귀인

일반적으로 신살이라고 하면 나쁜 의미가 많은데 좋은 의미의 신살도 있다. 좋은 신살 중에서 최고로 치는 것은 천을귀인이다. 천을귀인은 만 가지 신을 다스리는 지존의 신이라고 한다. 이처럼 사주에 천을귀인이 있으면 인격이 뛰어나고 총명하며 지혜와 사리분별이 뛰어나다.

비록 흉한 사주라도 그 흉이 없어지거나 작아진다고 한다. 대운과 세운에서 천을귀인을 만나도 크게 발달하는데, 사주에 천을귀인이 있고 운에서 다시 천을귀인을 만나면 더욱 더 금상첨화라고 한다.

천을귀인을 보는 방법은 일간(日干)을 기준으로 한다.

가. **일간이 甲, 戊, 庚인 사람**은 지지에 丑, 未가 있는 경우

나. **일간이 乙, 己인 사람**인 사람은 지지에 子, 申이 있는 경우

다. **일간이 丙, 丁인 사람**은 酉, 亥가 있는 경우

라. **일간이 壬, 癸인 사람**은 卯, 巳가 있는 경우

마. **일간이 辛인 사람**은 寅, 午가 있는 경우가 천을귀인이다.

도표로 정리하면 다음과 같다.

일간	甲戊庚	乙己	丙丁	壬癸	辛
지지	丑未	子申	酉亥	卯巳	寅午

사주의 구성에서 천을귀인이 관성〔정관, 편관〕이면 국가의 동량으로 일세를 풍미하는 인물이 될 수 있고, 재성〔정재, 편재〕이면 현명한 처를 얻고, 자식성〔식신, 상관〕이면 귀하고 훌륭한 자식을 얻을 수 있다고 한다.

천을귀인은 합을 좋아하고 형충은 싫어한다. 천을귀인인 지지와 지합을 하거나, 천을귀인인 지지 위의 천간과 간합이 되면 더욱 길하여 출세를 할 뿐 아니라 귀인으로부터도 도움을 받는다.

이처럼 천을귀인은 신살 중에서 최고로 평가받는 신살이다. 그러나 천을귀인이 아무리 좋은 신살이라도 사주 전체를 보아서 나에게 필요한 오행일 때 천을귀인의 효과가 있다.

위에서 본 것처럼 신살이라고 하는 것은 단순판단법이다. 따라서 신살에 얽매이지 말고 순수한 음양오행의 원리에 충실해야 된다. 하

지만 천을귀인이 주는 의미는 긍정적인 면이 크므로 잘 활용하면 삶에 많은 의미를 줄 수 있다.

이처럼 좋은 방향으로 자신의 이미지를 생각하고, 적극적이고 긍정적인 자세로 자신의 이미지를 단련할 때 좋은 운도 오고, 자신의 삶이 행복해지는 것이다.

적극적이고 긍정적인 사고가 삶에 많은 영향력을 준다는 실험이 있다. 이미지 트레이닝(image training)이다. 이는 미래의 자신이 되고자 하는 것을 머릿속으로 이미지를 그리면 반드시 성립된다는 의미다.

이미지 트레이닝의 효과에 대해서는 미국 일리노이 대학의 농구팀을 대상으로 한 달 동안 실시한 실험결과가 증명하고 있다.

실험을 위하여 선수들을 A, B, C의 3팀으로 나누었다. A팀은 실제로 슈팅연습을 했고, B팀은 연습을 하지 않았으며, C팀은 매일 30분 동안 마음속으로 공을 던져 득점하는 장면을 상상하도록 했다. 한 달이 지난 후 놀라운 결과가 나왔다. 연습을 한 A팀과 이미지 트레이닝을 한 C팀이 똑같이 25%의 향상을 보였던 것이다. 그러나 B팀은 진전이 없었다.

또한 2008년 베이징 올림픽 역도 금메달리스트인 장미란 선수는 평소 훈련할 때마다 눈을 감고 경기장에서 자신이 어떻게 할 것인지를 머릿속으로 그려보았다고 한다.

골프 천재 타이거 우즈도 심리적으로 부담이 많이 되는 2미터 정도의 거리에서 매일 퍼팅을 250회 이상 연속해서 성공시키는 연습을 했다. 여기서 주목할 것은 250회 이상 연습을 하는 것도 중요하지만 더욱 더 중요한 것은 퍼팅 전에 매번 공이 홀컵에 빨려 들어가는 장면을 머릿속으로 상상했다는 것이다.

즉 '이미지 트레이닝'을 한 것이다. 머릿속에 이미지를 그려 보면 실제와 같은 효과가 나타난다는 의미다. 실제로 뇌과학에서 보면 인간의 뇌는 실제상황과 상상 속의 이미지를 구별하지 못한다고 한다. 결론적으로 머릿속에 이미지를 선명하게 그릴수록 그 이미지가 실현될 가능성이 점점 더 높아지는 것이다. 이것이 운을 바꿀 수 있는 비결이다.

지금부터라도 매일 미래의 성공한 나의 이미지를 그려 보자. 긍정적인 에너지가 강해지면 나쁜 신살의 걱정도 멀어질 것이다.

7. 문창귀인(文昌貴人)

문창귀인의 뜻을 풀이해 보면 글월 문(文), 창성할 창(昌), 귀할 귀(貴), 사람 인(人)이다. 즉, 문재가 많고 귀한 사람이란 뜻이다. 문창귀인은 총명하고 학문에 뛰어나며 흉한 일을 만나도 좋게 변하게 하는 귀한 신살이다.

사주에서 문창귀인이 비겁[비견, 겁재]과 같이 있으면 형제가 모두 학문에 뛰어나다. 문창귀인이 사주에서 식상[식신, 상관]과 같이 있으면 여자의 경우에는 자식과 조모가 교육자일 가능성이 많고, 남자의 경우 조모와 장모가 교육자일 경우가 많다. 또한 문창귀인이 있는 사람은 추리력, 발표력, 예지력이 뛰어나다. 그리고 소년 소녀 시절에 문학에 한번쯤은 심취한다고 말한다.

문창귀인은 일간(日干)을 중심으로 본다.

표로 나타내어 살펴보면 다음과 같다.

일간	甲	乙	丙	丁	戊	己	庚	辛	壬	癸
지지	巳	午	申	酉	申	酉	亥	子	寅	卯

예를 들어 일간이 甲인 사람의 경우 지지에 巳가 있으면 문창귀인이 있다. 이 巳가 연지에 있으면 어린 시절에 문재를 발휘하고, 월지에 있으면 청년 시절에 발휘하고, 일지에 있으면 장년 시절에 문재를 발휘하고, 시지에 있으면 노년 시절에 문재를 발휘한다고 한다.

문창귀인을 자세히 살펴보면 丙丁만 지지의 정기가 편재이고, 나머지는 지지의 정기가 모두 식신이다. 식신은 식복이자 표현력이며 지혜이기도 하다. 그러나 문창귀인 또한 사주팔자의 전체와 관련하여 보아야지 단편적으로만 판단할 수는 없다.

하지만 자신의 사주에 문창귀인이 있다면 문재(文才)가 있다고 긍정적으로 생각하고 열심히 노력한다면 좋은 결과가 있을 것이다.

그렇다면 사주에 문창귀인이 없는 사람은 문재(文才)가 없다는 말인가? 그렇지는 않다고 생각된다. 세상 모든 일이 다 그렇듯이 문재도 타고나는 것도 중요하지만 후천적인 노력이 더 중요하다고 본다. 타고나는 것은 필요조건이기는 하지만 충분조건은 아니다.

가수 타블로는 '자신의 진솔한 생각이 담겨 있다면 낙서도, 랩도, 한편의 시(詩)가 된다.'고 말한다. '내 생각을 상대방에게 전달한다.'는 생각으로 쓰면 글쓰기는 어렵고 지루하다는 고정관념에서 벗어나 '놀이' 처럼 즐기게 된다는 게 그의 철학이라고 한다. 젊은 나이에 벌써 어느 경지에 도달한 느낌이다. 이 내용을 보고 얼른 필자의 머리 속에 『논어』의 글귀가 생각났다.

知之者不如好之者지지자불여호지자,
好之者不如樂之者호지자불여요지자
아는 것은 좋아하는 것만 못하고,
좋아하는 것은 즐거워하는 것만 못하다.

글쓰기를 좋아하게 되면 누가 하지 말라고 해도 열심히 쓸 것이고, 열심히 쓰다 보면 이를 즐기게 되는 것이다. 즐기는 것을 계속하다 보면 누구도 따라갈 수 없는 경지에 이를 것이다.

타블로는 대표적인 신종직업인 '엔터라이터'이다. 이는 연예인과 작가를 각각 뜻하는 Entertainer와 Writer의 합성어다. 타블로는 "음악도 문학도 모두 다른 사람과의 소통을 위한 창작물이란 점에서 공통점이 많아요. 부끄러워하지 말고 자신의 글을 다른 사람들과 나누세요. 이 세상에 좋은 글은 없어요. 솔직한 글만 있을 뿐이죠."로 끝을 맺는다.

부끄러워하지 말고 솔직하게 글을 쓴다면 누구나 좋은 글을 쓸 수 있다고 우리 모두에게 희망과 용기를 준다.

일반적으로 좋은 글을 쓰기 위한 조건으로 많이 인용하는 구절이 있다. 당송팔대가의 한 사람인 당나라의 문인 구양수(歐陽修, 1007-1072)의 삼다(三多)이다. 삼다는 다독(多讀), 다작(多作), 다상량(多想量)을 말한다.

즉 많이 읽고, 많이 쓰고, 많이 생각하라는 뜻이다. 여기에 하나를 더한다면 퇴고(推敲)일 것이다. 아주 뛰어난 작가들도 초벌은 밋밋하고 형편이 없다고들 많이 이야기한다. 몇 십 번의 퇴고과정을 통해서 명문장이 되는 것이라고 한다.

좋은 글을 쓰기 위해서는 기본적으로 많이 읽고, 많이 생각하고, 많이 쓰고, 이미 쓴 글을 계속 고쳐나가야 된다.

따라서 자신의 사주에 문창귀인이 있으면 타고난 문재가 있다고 믿고 문재를 개발하면 될 것이고, 문창귀인이 없다면 부끄러워하지 말고 솔직하게 지속적으로 글을 쓴다면 좋은 글을 쓸 수 있을 것이다.

이것이 바로 타고난 운을 바꿀 수 있는 개운법(改運法)이다. 사주를 바꿀 수는 없지만 개척할 수는 있다. 그것이 인간의 의지이다.

8. 백호대살

백호대살은 정통사주에는 없는 살이다. 일반적으로 사주학의 대표적인 책으로 『연해자평』, 『명리정종』, 『적천수』, 『궁통보감』, 『자평진전』으로 보고 있다. 그런데 신살을 인정하는 『연해자평』과 『명리정종』에도 백호대살은 보이지 않는다. 그리고 『궁통보감』, 『적천수』, 『자평진전』에는 신살 자체를 아예 무시한다.

그럼 백호대살에 대해 정확하게 알아보자.

백호대살(白虎大殺)은 백호살(白虎殺)을 강조하기 위하여 큰 대(大)자를 하나 더 붙였다. 백호살(白虎殺)은 한자로 풀이하면 흰 호랑이 살이다. 옛날에는 호식살(虎食殺)이라고도 했다. 백호살은 피를 본다

〔見血光〕는 흉악(凶惡)한 살(殺)이다. 호랑이에게 잡혀 먹히는 살을 의미한다. 요즈음에는 호랑이가 동물원에만 있지만 옛날에는 호환을 당하는 사람들이 많았다. 고사성어 중에서 **가정맹어호(苛政猛於虎)** 란 말이 있다. 이는 『예기(禮記)』에 나오는 말로서 '가혹한 정치는 백성들에게 있어 호랑이에게 잡혀 먹히는 고통보다 더 무섭다'는 말이다. 이처럼 호랑이는 그 당시에는 인간에게 공포의 대상인 것이다.

현대에는 백호살을 자동차로 보는 사람들도 있다. 예전의 호환만큼 무섭고 잦은 것이 현대에 있어서 자동차 사고라는 의미일 것이다. 꼭 백호살이 있어서가 아니라 자동차는 항상 조심해야 한다.

백호살을 보는 방법은 다음과 같다.

> 백호살은 갑진(甲辰), 을미(乙未), 병술(丙戌), 정축(丁丑), 무진(戊辰),
> 임술(壬戌), 계축(癸丑)을 말한다.

백호살은 연월일시 중 어디에 놓여도 해당된다. 육친법에 따라 활용되는 것이다. 예를 들어 여자 사주에 관성이 백호이면 남편이 흉사한다고 주장한다.

백호살을 분석해 보자.

가. **갑진**_甲辰

갑진은 갑에서 진토를 볼 때 진토의 지장간은 정기가 무토이다. 갑목에서 무토는 편재다. 편재는 육친으로는 남자는 아버지 또는 부인을 말하고 여자는 아버지 또는 시어머니로 본다.

나. 을미 _ 乙未

을미는 을에서 미토를 볼 때 미토의 지장간은 정기가 기토이다. 을에서 기토는 편재다. 편재는 남자는 아버지 또는 부인을 말하고 여자는 아버지 또는 시어머니로 본다.

다. 병술 _ 丙戌

병술은 병에서 술토를 볼 때 술토의 지장간은 정기가 무토다. 병에서 무토는 식신이다. 식신은 남자에게는 장모나 할머니로 보고 여자에게는 자식으로 본다.

라. 정축 _ 丁丑

정축은 정에서 축토를 볼 때 축토의 지장간은 정기가 기토다. 정에서 기토는 식신이다. 식신은 남자에게는 장모나 할머니로 보고 여자에게는 자식으로 본다.

마. 무진 _ 戊辰

무진은 무에서 진토를 볼 때 진토의 지장간은 정기가 무토이다. 무토에서 무토는 비견이다. 비견은 육친으로는 남녀 공히 형제자매를 말한다.

바. 임술 _ 壬戌

임술은 임에서 술토를 볼 때 술토의 지장간은 정기가 무토다. 임에서 무토는 편관이다. 편관은 육친으로는 남자에게는 자식으로 보고 여자에게는 남편으로 본다.

사. 계축 _ 癸丑

계축은 계에서 축토를 볼 때 축토의 지장간은 정기가 기토다. 계에서 기토는 편관이다. 편관은 남자에게는 자식으로 보고 여자에게는 남편으로 본다.

백호대살이 맞다면 여기에 해당하는 육친은 모두 다 비명횡사한다고 보는 것이다. 이것은 백호대살이 일주에 있을 때만을 중심으로 분석한 것이다. 더 범위를 확장해 보면 일간이 갑인 사람일 경우 다른 주에 갑진(甲辰), 무진(戊辰), 임술(壬戌), 병술(丙戌), 을미(乙未), 정축(丁丑), 계축(癸丑)이 있을 때 갑은 형제자매이고 진은 부인, 병은 장모, 계는 어머니를 말한다. 이 모든 분들이 다 피를 토하고 죽는다는 뜻이다. 이는 이치에 맞지가 않다.

그러면 백호살이 어떻게 유래되었는지 살펴보자.

이석영선생의 저서인『사주첩경』에 보면 다음과 같이 되어 있다.

이 殺은 一坎宮에서 甲子하고 시작하여 二坤에 乙丑 三震에 丙寅으로 九宮을 順行 五中宮에 닿는 것이 白虎大殺이다. 즉 四巽에 丁卯, 五中宮에 戊辰이니 白虎大殺이오 六乾에 己巳, 七兌宮에 庚午, 八艮宮에 辛未, 九離宮에 壬申, 다시 一坎宮에 癸酉, 二坤宮에 甲戌, 三震宮에 乙亥, 四巽宮에 丙子, 午中宮에 丁丑이니 白虎大殺이다. 이와 같이 九宮順을 繼續 돌려짚으면 丙戌 乙未 甲辰 癸丑 壬戌이 모두 中宮

에 닿으므로 白虎大殺이다. 又 一法은 戊辰에서 시작하여 十次가 丁丑, 丁丑에서 시작하여 十次는 丙戌, 丙戌에서 十次는 乙未. 乙未에서 十次는 甲辰, 甲辰에서 十次는 癸丑, 癸丑에서 十次는 壬戌이 된다.

四 巽 (丁卯)	九 離 (壬申)	二 坤 (乙丑)
三 震 (丙寅)	五 中(戊進) 白虎大殺	七 兌 (庚午)
八 艮 (辛未)	一 坎 (甲子)	六 乾 (己巳)

이와 같이 백호대살은 구궁법에서 온 것임을 알 수 있다.

그럼 구궁법은 어떤 것인가를 대략 살펴보자.

『주역(周易)』의 후천수(後天數)인 낙서(洛書)에 연월일시의 수를 적용하고 구성(九星)과 팔문(八門)을 붙여 길흉을 점치는 방법이다.

낙서의 배치 수에 따라 감(坎)이 1, 곤(坤)이 2, 진(震)이 3, 손(巽)이 4, 중궁(中宮)이 5, 건(乾)이 6, 태(兌)가 7, 간(艮)이 8, 이(離)가 9의 순으로 되어 있다. 이러한 구궁법은 중국의 헌원씨 때부터 시작하여 점차로 발전되어 오다가 주(周)나라 문왕(文王)이 『주역』을 만들 때 확립된 것이다. 창시자는 강태공이라 전해지고 있다.

이처럼 구궁법은 명리학과는 영역이 다른 학문이다. 다른 학문을 명리학에 견강부회(牽强附會)했다고 볼 수 있다.

괴강살(魁罡殺)도 백호대살만큼이나 일반 술사들이 겁을 많이 주는 신살이다. 괴강(魁罡)을 한자로 풀이해 보면 괴수 또는 우두머리를 뜻하는 우두머리 괴(魁)에다 북두성 강(罡)이다. 즉, 괴강이란 북두칠성의 첫 번째 별이라는 의미가 담겨져 있다.

사주에 있어서 괴강살은 대부(大富), 대귀(大貴), 영웅호걸 등 대단한 인물이라는 좋은 의미와 나쁜 의미인 극빈, 단명, 횡액, 살상, 재앙 등 극단적인 불행을 나타낸다. 즉, 중용지도가 안 되고 양 극단에 치우치는 의미를 가지고 있다.

무엇보다도 특기할 만한 것은 남존여비사상이 아주 많이 깔려 있다. 괴강살이 있는 남자는 큰 영웅이 될 수도 있는데 비해, 괴강살이 있는 여자는 일반적으로 얼굴은 아름다우나 바람을 피워 남편과 헤어지고 패가망신한다고 해석한다. 또한 괴강일에 태어난 여자는 일부종사하는 경우가 드물고 여성 본인이 가정의 생계를 책임지는 경우가 많다고 한다.

이러다 보니 아들의 궁합을 철학관에서 보았는데 여자 사주에 괴강살이 있어 며느리로서는 부적격하다면서 절대로 결혼을 시키지 말라고 하는데 어쩌면 좋은지를 자주 질문하는 신살 중 하나이다.

괴강살은 사주에 경진(庚辰), 경술(庚戌), 임진(壬辰), 임술(壬戌), 무술(戊戌)이 있는 것을 말한다.

결론적으로 말하면, 아무런 문제가 없다고 생각된다. 누차 강조하는 것이지만 사주는 사주팔자 여덟 글자를 다 보아야지 두 자만으로 판단하는 것은 무리가 따른다.

괴강살이 잘 구성이 되면 남자는 대권을 쥘 수 있는데 반하여 여자는 패가망신을 한다고 주장하는 것은 구시대의 유물인 남존여비적 사고라고 단언해도 좋다고 생각된다. 지금은 오히려 여성상위시대이다.

괴강살에 대한 문헌을 고찰해 보자. 문헌 고찰은 어렵고 머리가 아프다. 일반인은 몰라도 되는 부분이다. 사주공부를 위해서 꼭 알아야 되겠다고 하는 분들만 보면 된다. 보다가 머리가 아프면 그만두면 된다. 다만 기억할 것은 궁합을 볼 때 괴강살이 있어도 사주팔자의 전체적인 균형이 좋으면 좋은 궁합이니 별로 신경 쓰지 않아도 된다.

괴강살에 대해서 명리학의 최고 고전인 『연해자평』과 『명리정종』은 서로 정면으로 배치되는 주장을 한다. 『연해자평』은 괴강살을 인정하고 『명리정종』은 인정하지 않는다.

그렇다면 괴강살을 인정하는 문헌과 인정하지 않는 문헌을 분석해 보자.

◇ **괴강살을 인정하는 문헌**

가. **『연해자평』**
『연해자평』에 나오는 괴강을 그대로 옮겨보면 다음과 같다.

夫魁罡者有四壬辰庚辰戊戌庚戌是也如日加臨者衆必是福運行
부괴 강자유사 임진 경진 무술 경술 시야 여일 가 임자 중 필 시 복 운 행

身旺發福百端一見財官其禍立至
신 왕 발복 백단 일 견 재관 기 화 입 지

主人性格聰明文章掇發臨事有斷唯是好殺若四柱有財及官或帶
주 인 성격 총명 문장 철 발 임사 유 단 유 시 호 살 약 사 주 유 재 급 관 혹 대

刑殺禍不可測
형 살 화 불 가 측

倘日獨處沖者太衆必是小人刑責不己窮必徹骨運臨財官旺處亦
당일 독처 충자 태 중 필 시 소 인 형 책 불 기 궁 필 철 골 운 림 재 관 왕 처 역

防奇禍
방 기 화

이를 이해하기 쉽게 의역을 해보면 다음과 같다.

괴강에는 임진, 경진, 무술, 경술이 있다. 일주가 괴강이고 다른 주에
도 괴강이 더 있으면 반드시 복이 있다. 그리고 운에서도 왕운(인비
겁운)으로 가면 복이 최고이다. 그러나 재성이나 관성운으로 가면 화
가 된다.

괴강격의 사람은 성격이 총명하고 문장이 뛰어나며 사건이 생겨도
결단성 있게 잘 처리한다. 만약에 살을 좋아하고 사주 중에 재성과
관성 그리고 형살까지 더하면 화가 매우 극심하다.

괴강격이 일주가 홀로 충이 많으면 반드시 소인이다. 몸을 다치거나
가난하다. 대운이 재성과 관성이 강한 운으로 흐르면 기이한 화가 올
수 있으니 이를 잘 방비해야 한다.

나. 『사주첩경』

庚辰 庚戌 壬辰 壬戌日인데 이 殺이 女命에 놓여 있으면 그 男便이 拉
致 혹은 橫死함이 있게 된다는 凶殺이다. 만약 그렇지 않으면 그의 男
便은 無責任(作妾. 家出 등) 잘하게 되고, 또는 夫家 資産이 많다가도
쉽게 蕩盡된다는 凶殺이다. 但 官星이 잘 値命된 女命은 除外되나 吉
例는 百에 5% 未達인 程度다.

(參考) 辰戌은 魁罡이라 하여 戊辰 戊戌도 모두 魁罡이라 論하고 있
으나 子平詩訣에서는 魁罡四日最爲先이라 하여 庚辰 庚戌 壬辰 壬
戌 四日 만으로 定하고 있다. 그러나 戊戌日도 經驗한 結果 右 四日과
같이 女命으로써 大端히 凶한 運命에 逢着함이 많은 것을 보고 있다.
神峯書 女命賦에는 日時辰戌兩相冲하니 旣取偏房獨守空이라고 하
였다.

다. 『사주정설』

괴강이 사주 속에 있는 여자는 일반적으로 용색(容色)이 아름다우나
그 마음은 고집이 세서 남편과 참다운 화합을 할 수 없어 이혼하거나
또는 과부가 되거나 병으로 신음하는 수가 많다.

라. 『命 2』

❶ 성격이 강폭 맹렬하며 권위와 위엄이 당당하다.

❷ 총명하고, 용감, 과단, 괴벽, 결백성이 특징이며 대중을 제압하는
통솔력이 뛰어나다.

❸ 일주 괴강이 되고 격이 양호하면 대권을 잡는다.

❹ 일주의 괴강이 충·형이 되면 평생 동안 형액과 질병이 많으며 빈한하다.

❺ 여명(여자의 운명)으로 봐서는 흉성으로 본다. 즉 남편의 횡사, 납치, 작첩, 불화, 고독, 직장생활(사업 포함)을 하게 된다.

❻ 신왕(편인, 인수, 비견, 겁재운)운은 길하고 충, 형, 재, 관은 흉하다. 즉 살상, 강도, 수술, 학질, 투쟁, 모험 등의 재난이 일어난다.

◇ 괴강살을 인정하지 않는 문헌

가. 『명리정종』

楠斷曰魁罡格取壬辰庚戌庚辰戊戌臨四墓之地取其爲魁罡能掌
남단왈괴 강 격 취 임 진 경 술 경 진 무 술 임 사 묘 지 지 취 기 위 괴 강 능 장

大權幷不以取論何以臨此四墓之就能掌握威權此亦子平書之大
대 권 병 불 이 취 론 하 이 임 차 사 묘 지 취 능 장 악 위 권 차 역 자 평 서 지 대

謬也
류 야

이를 이해하기 쉽게 의역을 해보면 다음과 같다.

정남이 말하기를 괴강격은 임진, 경술, 경진, 무술이다. 이는 사묘지인데도 불구하고 괴강을 취하여 능히 대권을 장악할 것이라 한다. 이것은 맞지 않는 설명이다. 따라서 쓸 수가 없다. 어떻게 힘이 없는 사묘지에 임한 것으로 권위를 장악한다고 하겠는가! 이것도 또한 자평서의 큰 잘못이라고 보겠다.

나.『명리약언』

옛글에는 경진, 임진, 무술, 경술의 4일을 들어 괴강격이라고 하여 강 강(剛强)함을 주관하고 권위를 관장한다고 했다. 이때 진은 천강이 되고 술은 하괴가 되는데 이는 곧 음양이 멸절되는 땅이라고 했다. 또 갑인, 병진, 무진, 경진, 임술의 5일은 일덕격이라고 해서 자선을 주관하며 복록을 누린다고 했는데 갑은 인에 좌하여 록을 얻은 것이 고, 병은 진에 관고 위에 앉은 것이고, 무는 진 위에 좌하여 재관을 들 다 갖추게 된 것이고 임은 술 위에 좌하여 재관인 삼기를 모두 갖추 고 있는 것이다. 이미 진, 술은 음양이 멸절하는 곳이라 하여 모든 천 간이 좌하기에 적당치 않은 곳이라 했는데 무슨 까닭으로 이들을 일 덕으로 취한 것인가. 하물며 동일한 경, 술인데 어찌하여 진 위에 좌 하면 자비로운 존재가 되고 술 위에 좌하면 사나운 존재가 되는가. 또 동일한 경진이 한편으로는 괴강도 되며 다른 한편으로는 일덕도 된다니 갑자기 사나워졌다가 갑자기 자비로워지기라도 한단 말인 가. 중략... 모두 삭제함이 마땅하다.

이처럼 괴강살을 인정하는 문헌과 인정하지 않는 문헌으로 나눈 다.『연해자평』과『명리정종』이 정반대로 대치하고 있다.

괴강살을 인정한『연해자평』에서도 여성에 대한 편견은 주장하지 않았는데, 어째서 우리나라는 아직도 철학관에서 괴강살의 피해를 특히 여성들에게만 있다고 주장하는가를 곰곰이 생각해 보면 다음의 저서에서 영향력을 미쳤다고 생각된다.

우리나라 역학계에 영향력을 많이 끼친 책은 이석영선생의『사주첩경』, 김상연선생의 『명(命)』, 백령관 선생의 『사주정설』 등이다. 이 들 책에서는 괴강살이 있는 여성들은 팔자가 험난하다고 설명하고 있다.

특히 이석영선생의 『사주첩경』은 1948년에서 1969년까지 20년 동안 임상한 내용들을 위주로 편찬된 것이라 한다. 이때는 우리나라가 가장 혼란한 시기였다. 일제의 억압에서 벗어나자마자 한국전쟁을 겪었다. 이 당시에는 아무리 사주팔자가 좋은 여성이라도 가족 중 비명횡사하거나 남편과 사별하지 않는 여성이 얼마나 되겠는가. 이 시기의 분석통계를 가지고 지금에도 그대로 적용시켜서는 안 된다고 생각된다.

사주분석도 세상이 변하면 달라져야 한다. 지금은 그때와는 세상이 완전히 뒤바뀌어져 있다고 해도 과언이 아니다. 필자가 어릴 적만 해도 농촌에서는 아들은 대학교육까지 시키면서도 딸은 중학교에도 진학을 잘 시키지 않았다. 여성을 너무 차별한 사회였다. 그러나 지금은 아니다. 현대에는 괴강살이 잘 구성되어 있는 여성은 남성 못지 않게, 오히려 더 당당하게 자기의 주장과 의지를 관철하여 보다 더 행복한 삶을 영위하는데 도움이 되는 살이라고 생각된다.

사주를 보는 것은 앞으로 올 불행을 미리 방비하여 미래에 대한 희망을 주는 것이어야 한다. 미래에 대한 희망을 주지 못하는 사주는 볼 필요가 없는 것이다. 괴강살을 인정한 『연해자평』에서도 기이한 화액을 방비해(防奇禍) 라고 한다. 방비만 하면 피할 수 있다는 의미다. 그런데 지금도 일부 술사들은 피할 수 있는 방법은 제시하지 못한 채 극단적인 나쁜 표현을 쓰면서 많은 사람들에게 고통을 주고 있다.

철학관의 고유 업무는 힘든 사람들에게 희망과 용기를 주는 것이다. 인생상담의 진정한 도우미가 되어야 한다.

10. 양인살

양인살은 신살 중에서 가장 설득력이 있는 살이다. 양인살이 월지에 있으면 양인격이 된다.

양인살(陽刃殺, 羊刃殺)을 풀어 보면 양은 볕 양(陽)과 양 양(羊)을 같이 쓰고 있지만 인(刃)은 칼날 인(刃)이다. 결국 칼을 의미한다.

칼은 쓰기에 따라서 이기(利器)도 될 수 있고 흉기(凶器)도 될 수 있다. 칼을 의사가 사용하면 아픈 부위를 도려내어 생명을 구해낼 수 있는 수술도구가 된다. 장군이 사용하면 적군을 물리쳐 나라를 지키는 영웅이 된다. 이 경우 칼은 위엄과 권위를 상징한다. 그러나 불량배나 깡패가 쓸 때는 흉기로 변한다.

일반적으로 양인살이 나쁘게 작용되면 형벌, 수술, 흉액을 경험하게 된다고 한다. 특히 여자 사주에 양인살이 있으면 과부사주라고 보았다. 이처럼 양인살도 괴강살과 같이 중용지도가 아닌 양극에 치우쳐 있는 살이다.

양인살에 대해서는 학설이 두 가지로 나누어져 있다. 일간의 겁재에 해당되는 지지는 모두 해당된다는 설과 음간을 제외한 양간만 해당된다는 설이다. 그러나 대부분의 고전에서는 양간만 취한다.

일간	甲	丙	戊	庚	壬
지지	卯	午	午	酉	子

양인살을 분석해 보면 다음과 같다.

가. 갑묘_甲卯

갑목 일간이 지지가 묘목일 경우, 묘의 지장간은 갑목과 을목이다. 이는 갑목에게는 비견과 겁재다. 따라서 갑목의 힘이 강해진다.

나. 병오_丙午

병화 일간이 지지가 오화일 경우, 오화의 지장간은 병기정이다. 일 간인 병화에게 기토는 상관이지만, 병화와 정화는 비견과 겁재다. 따라서 병화의 세력이 강해진다.

다. 무오_戊午

무토 일간이 지지가 오화일 경우, 오화의 지장간은 병기정이다. 일 간인 무토에게 병화와 정화는 편인과 정인이고, 기토는 겁재다. 따라서 무토의 힘이 강해진다.

라. 경유_庚酉

경금 일간이 지지가 유금일 경우, 유금의 지장간은 경금과 신금이 다. 일간인 경금에게 경금과 신금은 비견과 겁재다. 따라서 경금의 힘이 강해진다.

마. **임자**__壬子

임수 일간이 지지가 자수일 경우, 자수의 지장간은 임수와 계수다. 일간인 임수에게 임수와 계수는 비견과 겁재다. 따라서 임수의 힘이 강해진다.

양인살은 일간의 힘을 강하게 함을 알 수 있다. 특히 양인살이 월지에 있을 때는 양인격이라고 한다. 양인격인데다가 연지, 일지, 시지에 또 다른 양인살이 있으면 양인살의 피해(被害)가 더욱 더 가중된다.

남자 사주에 양인살이 많으면 정재를 바로 극한다. 정재는 재물이자 부인이다. 양인격이 강한 사람들은 사업에 실패하거나 상처를 하는 경우가 많다. 여자 사주에 양인이 많아도 우선 재물이 없다. 그리고 남편을 극한다. 남편을 도와주는 재물을 극하기 때문이다.

그렇다면 양인살이 너무 강한 사람의 사주는 어떻게 해야 중용을 취할 수 있을까? 우선 궁합을 잘 맞추어 결혼을 하여야 한다. 서로가 강한 오행이 있어 상대에게 필요한 오행을 가진 사람과의 특수 궁합을 맞추면 가장 무난할 것 같다.

양인살이 강한 사람의 특징을 보면 자존심이 매우 강하다. 따라서 자기를 낮추고 겸손해야 한다. 남에게 상처가 되는 말은 하면 안 된다. 칭찬이 아닌 말은 하지 말아야 한다. 꼭 필요한 말은 겸손하게 표현해야 한다.

양인살이 강한 사람은 개인 사업이나 동업 등을 하지 말고 직장생활을 하는 것이 좋다. 직업도 의사, 군인, 경찰, 간호사, 식육점 등을 하면 많이 좋아진다고 한다. 그리고 자기에게 맞는 종교생활을 열심히 하면 좋아지는 경우를 볼 수 있다.

양인살이 강한 부부는 가능하면 떨어져 사는 주말 부부도 좋다. 그러나 무엇보다도 상대에 대한 이해와 사랑이 필요하다. 상대에 대한 이해와 사랑을 주기 위해서는 스스로를 알고 심신을 단련하여 품성, 지식, 도덕을 부단히 닦는 자세로 살아야 한다.

Ⅱ 공망살

공망(空亡)을 한자로 풀이하면 빌 공(空)자와 망할 망(亡)자를 쓴다. 즉 '비어 있다, 허망하다'는 뜻으로 해석된다.

공망은 다음과 같다.

甲子	乙丑	丙寅	丁卯	戊辰	己巳	庚午	辛未	壬申	癸酉	**공망**	戌亥
甲戌	乙亥	丙子	丁丑	戊寅	己卯	庚辰	辛巳	壬午	癸未	**공망**	申酉
甲申	乙酉	丙戌	丁亥	戊子	己丑	庚寅	辛卯	壬辰	癸巳	**공망**	午未
甲午	乙未	丙申	丁酉	戊戌	己亥	庚子	辛丑	壬寅	癸卯	**공망**	辰巳
甲辰	乙巳	丙午	丁未	戊辛	己酉	庚戌	辛亥	壬子	癸丑	**공망**	寅卯
甲寅	乙卯	丙辰	丁巳	戊午	己未	庚申	辛酉	壬戌	癸亥	**공망**	子丑

예를 들면 나의 사주에서 일주가 甲子이면 나의 공망살은 戌亥이다. 연지, 월지, 시지에 술이나 해가 있으면 공망살이다. 공망살이 사주에 있으면 비어 있다는 뜻이므로 아무것도 이루어지는 것이 없다고 말한다.

연지가 공망이면 조상의 음덕이 부족하여 초년에 고생을 하고, 월지가 공망이면 부모형제복, 주거 및 주택운이 없고, 연주에서 본 일지가 공망이면 배우자와 인연이 없고 부부관계가 원만하지 못하고, 시지가 공망이면 자식과 인연이 없고 말년에 고독하고 불우하다고 일반적으로 설명하고 있다.

이뿐만 아니라 공망의 종류도 많다. 순공, 진공, 반공, 좌공, 사대공망 등 무시무시한 내용을 많이 담고 있다. 그러나 이는 오행이론에 비추어 보면 많은 문제점이 있다는 것을 알 수 있다.

위의 내용을 자세히 보면 60갑자를 순서대로 10개씩 여섯 등분한 것이다. 즉 10간과 12지의 배열이다. 간은 10개인데 반해 지지는 12개다. 간지가 짝을 맞추다가 11번째와 12번째에서는 지지가 두 개 남는다. 이 남는 지지가 공망이다.

따라서 60갑자를 순서대로 나열하면 甲子 乙丑 丙寅 丁卯 戊辰 己巳 庚午 辛未 壬申 癸酉에서 다시 甲戌 乙亥로 시작된다. 따라서 일주가 위와 같이 배열되는 간지에는 다시 시작되는 甲乙의 지지인 戌亥가 공망인 셈이다.

공망살에 대해 『연해자평』에는 다음과 같이 해석하고 있다.

사주에 공망인 지지가 육합, 삼합, 칠충이 되면 공망이 안 되고, 사주에 공망이 있는데 다시 대운에서 공망을 만나면 공망이 아니다. 흉신이 공망이 되면 길하고, 길신이 공망이 되면 불길하다. 공망이 있고 신왕하면 허명만 있고, 도량은 관대하다. 연지 공망은 고생이 많고, 월지가 공망되면 형제가 적고, 시지가 공망되면 허영심이 강하고 자식복이 없으나 사주 전체가 공망이면 오히려 귀명이다.

건록이 공망이면 유명무실이고, 재성이 공망이면 재물에 욕심이 없고, 관성이 공망이면 명예에 관심이 없다. 그리고 인성이 공망이면 남의 도움을 원치 않는 자립적인 사람이고, 식신이 공망이면 소극적인 사람이다.

그러나 『명리정종』에서는 다음과 같이 말하고 있다.

집설(集說)에 말하기를 인명에 공망이 있으면 당주가 총명하다.

사주의 고전을 대표하는 이 두 저서에서도 공망을 다르게 해석한다. 그리고 그 이후에 저술된 사주학의 교과서격인 『궁통보감(窮通寶鑑)』, 『적천수징의(滴天髓徵義)』, 『자평진전(子平眞詮)』, 『명리신론(命理新論)』 등에는 공망살을 중요하게 취급하지 않고 있다.

이처럼 고전에서조차도 공망을 중시하지 않는데 일반 철학관에서는 아주 중시하고 있는 것 같다. 이는 이석영선생의 『사주첩경(四柱捷徑)』이나 박재완선생의 『명리요강(命理要綱)』에서 비판 없이 그대로 수용하고 있는 내용을 답습한데 그 원인이 있다고 생각된다.

공망을 좋은 의미로 받아들이면 된다. 공망은 비었다는 의미다. 이는 비었기 때문에 채우기 위하여 정신적으로 더 노력한다는 의미도 있다. 그래서 사주에 공망이 있으면 보이지 않는 것이 삶의 도구가 된다는 의미다. 이는 눈에 보이지 않는 정신적인 요소인 철학, 종교, 언어, 정보, 지식산업, 주식, 보험 등 보이지 않는 것이 삶의 도구가 되어 남들이 모르는 정보를 알고 있기 때문에 보이지 않는 세계에서 프로가 된다고 주장하는 분들도 있다.

따라서 공망이 발생하는 이유를 보면 십간과 십이지가 자연스럽게 짝을 찾아가는 과정인데 이것을 10개씩 묶어서 빠진 두 개의 지지에 의미를 부여할 필요는 없다고 생각된다. 60갑자의 순수한 오행 자체에 의미를 두어야 하고 공망의 장점을 취하면 된다고 생각된다.

12. 홍염살

홍염살(紅艶煞)이란 한자로 붉을 홍(紅), 고울 염(艶)이다. 즉 '붉고 곱다'는 뜻이다. 이 살은 도화살과 작용이 비슷하다. 어떤 이는 홍염살이 도화살보다 색정이 더 강하다고 주장하기도 한다.

홍염살은 아래의 도표와 같다. 예를 들어 일간이 甲인 사람의 사주에서 지지에 午가 있으면 홍염살이다.

일간	甲	乙	丙	丁	戊	己	庚	辛	壬	癸
지지	午	申	寅	未	辰	辰	戌	酉	子	申

시중의 책들에서 주장하는 바를 종합해 보면 다음과 같다.

안목이 수려하고 화전월화(花前月花)에 때를 즐기는 풍류심이 있다. 홍염은 함지와 비슷한 성정의 신으로 특히 여자의 사주에 이 살이 있으면 주색을 좋아하고 풍류인이다. 홍염살이 기신인 여자는 아무리 부귀한 가정에서 자랐을지라도 사사로이 간음을 한다. 홍염살이 있으면 남녀간에 허영사치를 좋아하고 외정을 즐기는 성격이 있다. 특히 여자는 홍염이 있고, 정관 편관이 섞여 있고, 상관이 있으면 창녀 팔자다. 즉, 색을 밝힌다는 뜻으로 사용된다.

『명리정종』에는 다음과 같이 되어 있다.

홍염살이란 丙일이 寅字를 보고 辛日이 酉字를 봄이니 다정다욕(多情多慾)한 사람이요, 癸日이 申字를 보고 丁日이 未字를 봄이니 눈썹을 들고 눈을 열어 추파를 던지며 희희낙낙 외정을 즐기는 사람이요, 甲日이 午를 보고 乙日이 申時를 보고 庚日이 戌時를 봄이니 世間 사람의 衆妻가 될 사람이요, 戊己일이 辰土를 보고 壬日이 子字를 봄에 妓生이 되고, 富家의 女라 할지라도 꽃밭 달밤에 탈선할 여인이다.

그런데 『명리요강』에서는 '丙日見寅 辛見酉 癸見申 丁見未 甲見午'라고 되어 있어 甲丙丁辛癸일의 일간만 홍염살로 인정을 하고 있어 사주이론서마다 조금씩 달라서 통일되어 있지가 않다. 일반적으로는 『명리정종』과 같다고 보면 된다.

궁합을 볼 때 특히 남자 쪽에서 며느리감의 사주에 홍염살이 있다는 이유로 혼인을 꺼려한다. 남자는 홍염살이 있어도 아무런 문제가 되지 않는데 왜 여성은 안 되는지, 남녀평등의 문제에 대하여 역사적, 철학적인 관점에서 고찰해 보고자 한다.

우리나라 역사에서 보면 구석기시대나 신석기시대에는 남녀의 차별을 두지 않았다. 청동기시대가 들어오면서 지배 복종의 관계가 형성되어 철기시대부터는 가부장적인 가족제도가 형성되었다고 본다.

고구려의 원조인 부여의 '4조목의 법금'에는 "간음자는 사형에 처한다. 부인이 질투하면 사형에 처하되, 그 시체는 산 위에 버리며 그 시체를 가지려면 소, 말을 바쳐야 한다."라고 되어 있어 간음자에 대해서 엄격했고 일부다처제 사회임을 알 수 있다.

그러나 신라시대는 양성평등이 이루어진 사회로 볼 수 있다. 한때 최고의 인기를 구가했던 연속극이 《선덕여왕》이다. 선덕여왕에 등장하는 인물 중 가장 관심을 끄는 인물은 '선덕여왕'이기보다는 '미실'이다. 고현정의 뛰어난 연기에 더욱더 시청자들의 사랑을 받았다. 미실이라는 인물은 『삼국사기』나 『삼국유사』에는 한마디의 언급이 없다. 그러나 『화랑세기』의 필사본에서는 자세히 나와 있다.

미실은 소지왕의 후궁이었던 벽화부인과 법흥왕과의 사이에서 난 딸인 삼엽궁주가 어머니다. 따라서 법흥왕의 외손녀다. 소지왕은 지증왕의 6촌형이다. 지증왕은 법흥왕의 아버지이다. 그리고 법흥왕은 소지왕의 마복자이다.

특히 법흥왕과 화랑도의 초대 풍월주인 김위화랑이 소지왕의 마복자(摩復子)라고 알려져 있다. 마복자란 글자 그대로 배를 문질러서 낳은 아이다. 마복자 제도는 세계 역사상 신라 사회에서만 있는 풍습으로, 임신한 부하의 아내를 자기 처소로 불러들여 살게 하면서 살을 맞대고 정을 통하여 태어날 아이와 끈끈한 인연을 맺는 제도이다.

그렇다면 23대 법흥왕은 누구인가?

지증왕〔남근이 1자 5치, 약 45cm〕과 연제부인〔키가 7척 5치, 약 2m 25cm, 배설물의 양은 북만 함〕 사이에 태어난 아들이다. 불교를 공인하고 신라 최초로 건원(建元)이라는 독자적인 연호를 정하고 스스로 황제를 자처한 인물이다. 따라서 소지왕이 6촌동생 지증왕의 아내인 연제부인과 살을 맞대고 정을 통함으로써 태어난 아이가 법흥왕이다.

이렇게 태어난 법흥왕이 7촌 아저씨인 소지왕의 후궁이었던 벽화부인과 정을 통해 낳은 분이 삼엽궁주다. 이 삼엽궁주가 바로 미실이의 어머니다. 따라서 미실은 법흥왕의 외손녀다.

미실은 어린 진평왕을 끼고 정사를 좌지우지했다. 진평왕이 즉위한 579년부터 미실이 죽은 607년까지 무려 28년간은 미실의 시대였다. 이처럼 미실은 진흥왕 중반기에서 진지왕 대를 거쳐 진평왕까지 40여년 동안 절대 권력을 휘두르면서 60세가 넘어서야 자연사했다.

『화랑세기』에서 미실이의 미색을 '백 가지 꽃의 영겁이 뭉쳐 있고 세 가지 아름다움의 정기를 모았다.'라고 기록하고 있다.

신라는 세계 역사상 유래가 없는 독특한 골품제도를 가지고 있었다. 이 당시는 남녀의 윤리가 중요한 것이 아니라 성골만의 골품이 더 중시된 사회였다.

고려시대 여성의 지위를 살펴보자.

박우가 왕에게 글을 올려 말하기를 "우리나라는 남자가 적고 여자가 많은데 지금 신분의 높고 낮음을 막론하고 처를 하나 두는데 그치고 있으며 아들이 없는 자들까지도 감히 첩을 두려고 생각하지 않고 있습니다. …… 그러므로 청컨대 여러 신하, 관료들로 하여금 여러 처를 두게 하되 품위에 따라 그 수를 점차 줄이도록 하여 보통 사람에 이르러서는 1인 1첩을 둘 수 있도록 하여 여러 처에서 낳은 아들들도 역시 본처가 낳은 아들처럼 벼슬을 할 수 있게 하기를 원합니다. 이렇게 한다면 나라 안에 원한을 품고 있는 남자의 여자들이 없어지고 인구도 늘게 될 것입니다."라고 하였다.

부녀자들이 이 소식을 듣고 원망하고 두려워하지 않는 자가 없었다. 때마침 연등회 날 저녁 박유가 왕의 행차를 호위하여 따라갔는데 어떤 노파가 그를 손가락질하면서 "첩을 두고자 요청한 자가 바로 저 놈의 늙은이다."라고 하니, 듣는 사람들이 서로 전하여 서로 가리키니 거리마다 여자들이 무더기로 손가락질하였다. 당시 재상들 가운데 그 부인을 무서워하는 자들이 있었기 때문에 그 건의를 정지하고 결국 실행되지 못하였다. _『고려사』

조선조에 이르러 여성의 지위를 살펴보자.

경전에 이르기를 '믿음은 부인의 덕이다. 한 번 남편과 결혼하면 종신토록 고치지 않는다.' 하였다. 이 때문에 삼종의 의가 있고 한번이라도 어기는 예가 없는 것이다. 세상의 도덕이 날로 나빠진 뒤로부터 여자의 덕이 정숙하지 못하여 사족의 딸이 예의를 생각지 아니해서 혹은 부모 때문에 절개를 잃고 혹은 자진해서 재가하니 한갓 자기의 기풍을 파괴할 뿐만 아니라 실로 성현의 가르침에 누를 끼친다. 만일 엄하게 금령을 세우지 않으면 음란한 행동을 막기는 어렵다. 이제부터는 재가한 여자의 자손들은 관료가 되지 못하게 풍속을 바르게 하라. _『성종실록』

동학 농민 운동의 폐정 개혁안 12개조
제7조 청상과부의 재가를 허용할 것

이처럼 여성의 신분은 시대에 따라 달라졌다.

신라는 세계 역사상 유래가 없는 독특한 골품제도를 가지고 있었다. 이 당시는 남녀가 중요한 것이 아니라 골품이 더 중시된 사회였다.

고려시대는 신라의 유풍이 많이 남아 있어서 대체적으로 남녀가 평등한 일부일처제 사회였다. 여성의 재가가 비교적 자유롭고 재가녀의 자손에 대한 차별이 없었다. 그러나 원나라 간섭기에는 몽골의 풍습인 일부다처제가 유행하기 시작하였고, 고려말에 성리학이 수용되면서 여성의 지위가 하락했다.

조선시대에 들어와서 성종은 여성의 재가를 금지시켰다. 그 후 성리학이 발달함으로써 여성의 지위는 더욱 더 하락했다. 갑오개혁 때 비로소 법적으로는 과부의 재가가 허용되었다.

홍염살도 이러한 시대상황을 반영된 것으로 결국은 남존여비(男尊女卑)사상의 부산물로서 홍염살이 특히 여성에게만 나쁘게 적용된 사례라고 할 수 있다.

홍염살이란 여성의 성적 자율성을 의미한다. 성에 대한 견해는 결혼 안에서의 성, 사랑 있는 성, 사랑 없는 성으로 구분할 수 있다.

결혼 안에서의 성이 가부장제 사회의 전통적 견해라면, 사랑 있는 성은 결혼의 울타리에 얽매이지 않고 전통적 금기를 위반한다. 조르즈 바타이유에 따르면 '금기의 위반은 비난해야 할 일이 아니며 사람의 사물화를 막고 문명발달의 새 동력을 얻는 길'이라고 했다.

그리고 사랑 없는 성은 보드리야르에 따르면 '내 몸에 대한 자기도취적 사랑이 특징이다. 즉 몸이 소비사회의 가장 아름다운 기호이고, 현대인의 성의식은 자기 몸에 대한 나르시즘이 핵심이며, 이런 나르시즘만 있는 성은 사람의 사물화 현상이다. 즉 살아 있는 사람을 죽은 기호로 취급하는 사물화 현상이다.'라고 주장을 한다.

결국 홍염살은 여성과 남성의 성(性) 평등의 문제다. 남성에게 있어 사랑 있는 성이 가능하고 의미가 있다면 여성에게도 마찬가지 잣대가 적용되어야 한다. 홍염살에 있어서 남자와 여자에게 다른 잣대를 들이대는 것은 시대에 따른 가치관의 변화를 고려한다면 시대착오적인 생각일 뿐이다.

인간이 태어나서 누릴 수 있는 많은 즐거움 중 중요한 것이 아름다운 성이라고 본다면 홍염살이 있는 사람이 없는 사람보다는 훨씬 더 풍부한 삶을 누릴 수 있는 기회나 자질을 가졌다고도 볼 수 있다.

 13. 파살

고전에서는 일반적으로 신살을 이야기할 때 '형충파해'라고 한다. '형충파해'를 한꺼번에 공부하면 헷갈리는 경우가 많아서 파와 해는 따로 분류를 했다.

'파(破)'는 깨뜨린다는 의미다. '파'에는 자유(子酉)파, 축진(丑辰)파, 인해(寅亥)파, 묘오(卯午)파, 사신(巳申)파, 미술(未戌)파의 여섯 가지 경우가 있다.

'파'는 '형충'보다는 강도가 약하다. 그러나 파손을 의미한다. '파'가 있으면 내적 심리적인 고통이 따른다.

또한 '파'는 긍정적인 의미도 있다. '파'는 말이나 정신적인 압력을 가하여 가만히 있는 것을 움직이게 하여 목적을 이루는 힘의 원동력이라고도 주장한다.

가. **자유 파**_子酉 破

'자'는 신자진 삼합에서 중심에 있다. 또한 해자축 방합에서도 중심에 있다. '유' 또한 사유축 삼합에서 중심에 있고, 신유술 방합에서도 중심에 있어 서로 붙으면 파손이 일어난다.

자유는 귀문관살이기도 하다. 귀문관살은 정신적인 고통이 따르는 살이다.

나. **축진 파**_丑辰 破

'축'과 '진'은 같은 토로서 음양을 달리한다. 비견 겁재 사이에는 다툼이 일어날 수 있는 소지가 있다. 그러나 토가 용신이면 도움이 된다.

다. **인해 파**_寅亥 破

'인'과 '해'는 육합이기도 하다. 인해가 합하여 합목이 된다. 따라서 '파'의 피해가 거의 없다고 볼 수 있다.

라. **묘오 파**_卯午 破

'묘'는 삼합의 중심에 있다. 즉, 해묘미의 중심에 있어 자신의 영역을 고수한다. 또한 인묘진 방합에서도 봄의 한가운데에 있어 주관이 뚜렷하다.

'오' 역시 인오술 삼합의 중심에 있다. 또한 사오미 방합 또한 여름의 한가운데에 있다. 서로의 주장이 너무 강하여 양보를 하지 않는다는 점에서는 설득력이 있다. 그러나 근본적으로는 묘목이 오화를 생해 주고 있다.

마. **사신 파**_巳申 破

'사신'은 육합도 되고 형도 되고 파도 되는 신살이다. 사신이 있으면 처음에는 좋았다고 뒤끝이 안 좋은 경우가 많다.

바. **미술 파**_未戌 破

'미술 파'도 '축진 파'와 마찬가지로 비견 겁재의 관계다. 축진 파와 비슷한 작용이 일어난다고 보면 되겠다.

 14. 해살

'해(害)'는 해친다, 해로움을 준다는 의미다. 즉, 방해한다는 뜻이기도 하다. 해는 지지육합을 하지 못하게 방해하는 충 되는 글자가 해살이다. 해살을 육해 또는 육해살이라고도 불린다.

해(害)에는 자미 해, 축오 해, 인사 해, 묘진 해, 신해 해, 유술 해가 있다.

가. **자미 해**_子未 害

자와 축이 합을 하고자 하는데 미가 와서 축미 충이 되어 합을 못하게 방해를 한다. 자미는 원진살이기도 하다.

나. **축오 해**_丑午 害

축과 자가 합을 하고자 하는데 오가 와서 자를 충하여 합을 못하게 방해를 한다. 축오는 원진살, 귀문관살, 탕화살이기도 하다.

다. **인사 해**_寅巳 害

인과 해가 합을 하려고 하는데 사가 와서 해를 충하여 합을 못하게 방해를 한다. 인사는 형살이기도 하다.

라. **묘진 해**_卯辰 害

묘와 술이 합을 하려고 하는데 진이 와서 진술 충하여 합을 못하게 방해를 한다.

마. **신해 해**_申亥 害

신과 사가 합을 하려고 하는데 해가 와서 사해 충이 되어 합을 못하게 방해를 한다.

바. **유술 해**_酉戌 害

유와 진이 합을 하려고 하는데 술이 와서 진술 충이 되어 합을 못하게 방해를 한다.

육해가 사주에 있는 사람은 공동으로 하는 일은 잘 되지 않는다. 그러나 혼자 하는 일은 잘하는 경우가 많다.

V 십이운성

십이운성은 본래 점성술에서 비롯된 것이다. 목화금수의 사기(四氣)가 사방(四方)을 순환하면서 어떻게 기의 성쇠 변화가 나타나는지에 대해 설명하는 것이다.

십이운성보다 먼저 등장한 개념이 왕상휴수사 이론이다. 왕상휴수사는 춘하추동의 사계절이 1년 동안 어떠한 변화를 보이는가에 관한 설명이다.

왕(旺) : 제왕의 위치를 언급하는 것으로 기세가 가장 정점에서 전성은 누리는 단계이다.

상(相) : 재상(宰相)의 위치를 말하는 것으로 왕 다음의 권력을 가지고 차기의 왕위에 오르기 위해 성장하는 단계이다.

휴(休) : 왕위에 물러나 퇴임한 이후에 휴식을 취하고 있는 것으로 정점을 지나 서서히 기세가 쇠락하는 단계이다.

수(囚) : 현재의 왕기와 맞서는 상황을 언급하는 것으로 왕기와의 대립으로 인해 감옥에 갇혀 억압을 받고 기세가 흩어져 약화된 단계이다.

사(死) : 왕기의 극을 받는 처지이므로 왕기의 강력한 기세로 인해 억압을 받고 크게 약화되어 가사상태에 빠진 단계이다.

왕상휴수사를 십신으로 나타내면 다음과 같다.

왕(旺)은 비견과 겁재이다. 즉 일간인 나와 같은 힘을 가진다.
상(相)은 정인과 편인이다. 나를 도와주기 때문이다.
휴(休)는 식신과 상관이다. 나의 힘을 빼기 때문이다.
수(囚)는 정재와 편재이다. 일간인 내가 극하기 때문이다.
사(死)는 정관과 편관이다 나를 극하기 때문이다.

즉, 왕상휴수사는 오행(五行)의 힘의 우열을 나타내는 다섯 가지 표현이다.

왕상휴수사 이론은 당(唐)대를 지나면서 십이운성의 이론으로 더욱 확장되었다. 즉, 계절에 따라 달라지던 천기의 변화를 매월의 변화에 따라 12단계로 세분화하여 표현한 것이다. 이는 불교인연법의 영향을 받은 것으로 생각된다.

십이운성이란 우리 인간이 어머니의 자궁에서 잉태되어 죽어서 묘에 들어가 뼈마저도 흙이 되어 사라질 때까지를 12시기로 구별하여 나타낸 것이다.

십이운성의 구성은 다음과 같다.

1태(胎) **2**양(養) **3**장생(長生) **4**목욕(沐浴) **5**관대(冠帶) **6**건록(建祿)
7제왕(帝王) **8**쇠(衰) **9**병(病) **10**사(死) **11**묘(墓) **12**절(絶)

엄마의 자궁 속에서 잉태되는 것이 태이고,

수태되어 뱃속에서 자라는 것이 양이고,

태어나서 성장하는 것이 장생이고,

사춘기에 접어들어 방황하는 시기가 목욕이고,

사춘기를 지나 청년기에 결혼하는 시기가 관대이고,

관직생활 즉 직장생활을 하는 시기가 건록이고,

최고의 벼슬을 거치는 것이 제왕이고,

은퇴해서 물러난 시기가 쇠이고,

병이 든 시기가 병이고,

병들어 죽는 것이 사이고,

죽어서 묻혀 있는 시기가 묘이고,

묘에서 뼈까지도 흙으로 변하여 없어진 시기를 절이라고 한다.
그리고 절처봉생(絶處逢生)이라고 하여 다시 태어나는 태로 이어지
는 것이 바로 십이운성의 의미이다.

십이운성이 논란이 되는 것은 좋은 십이운성과 나쁜 십이운성으로
구분하기 때문이다. 좋은 십이운성은 장생, 관대, 관록, 제왕이다. 나
쁜 십이운성은 병, 사, 묘, 절을 말한다. 그리고 나머지 태, 양, 목욕,

쇠는 중간 정도를 나타내고 있다. 즉 일간에서 지지를 보아 장생, 관대, 건록, 제왕이면 좋은 사주로 보고 일간에서 지지가 병, 사, 묘, 절이면 나쁜 사주로 판단하는 것이다.

그럼 구체적인 설명을 해보자.

일간이 甲인 사람은 지지가 **유**에서 **태**가 되고, **술**에서 **양**, **해**에서 **장생**, **자**에서 **목욕**, **축**에서 **관대**, **인**에서 **건록**, **묘**에서 **제왕**, **진**에서 **쇠**, **사**에서 **병**, **오**에서 **사**, **미**에서 **묘**, **신**에서 **절**이 된다. 다시 **유**에서 **태**가 된다.

일간 12운성	甲	乙	丙	丁	戊	己	庚	辛	壬	癸
태	酉	申	子	亥	子	亥	卯	寅	午	巳
양	戌	未	丑	戌	丑	戌	辰	丑	未	辰
장생	亥	午	寅	酉	寅	酉	巳	子	申	卯
목욕	子	巳	卯	申	卯	申	午	亥	酉	印
관대	丑	辰	辰	未	辰	未	未	戌	戌	丑
건록	寅	卯	巳	午	巳	午	申	酉	亥	子
제왕	卯	寅	午	巳	午	巳	酉	申	子	亥
쇠	辰	丑	未	辰	未	辰	戌	未	丑	戌
병	巳	子	申	卯	申	卯	亥	午	寅	酉
사	午	亥	酉	寅	酉	寅	子	巳	卯	申
묘	未	戌	戌	丑	戌	丑	丑	辰	辰	未
절	申	酉	亥	子	亥	子	寅	卯	巳	午

일간이 乙인 사람은 신에서 **태**가 되고, 미에서 **양**, 오에서 **장생**, 사에서 **목욕**, 진에서 **관대**, 묘에서 **건록**, 인에서 **제왕**, 축에서 **쇠**, 자에서 **병**, 해에서 **사**, 술에서 **묘**, 유에서 **절**이 되어 다시 **신**에서 **태**가 된다.

여기서 알 수 있듯이 양간인 갑은 순행하는데 음간인 을은 역행을 하고 있다.

앞의 도표를 자세히 보면 10간과 12지가 일대일로 대응되어 있다. 이 중 천간은 10간이나 지지는 12지이기에 병과 무, 정과 기가 같은 12운성을 가지게 된다.

이는 화토동궁설(火土同宮說)로 토는 어머니의 기운인 화와 함께 순환시키자는 설이다.

또한 양간은 순행을 하는데 음간은 역행을 한다. 이는 양생음사 양사음생(陽生陰死 陽死陰生)으로서 양기가 死하는 자리에 비로소 음기가 生하게 되고, 역으로 음기가 死하는 자리에 비로소 양기는 生하게 된다는 것이 핵심이론이다.

십이운성을 긍정적으로 평가하는 분들은 일간의 신강, 신약을 판별하는 척도로서 유용하게 쓰인다고들 한다. 이는 설득력이 있다. 특히 양간의 경우에는 이의가 없다고 본다. 그러나 음간에는 많은 문제점이 있다.

즉, 갑목과 을목이 卯와 寅에서 제왕이 된다. 이는 상당히 설득력이 있다. 그런데 갑은 亥에서 장생, 을은 午에서 장생이다. 즉, 갑목은 해수가 수생목으로 갑목을 생하기 때문에 장생이 되지만 오화는 오히려 목생화로서 을목의 기를 빼는 화이기에 장생으로는 곤란한 점이 있다.

그런데 여기에 반기를 드는 분이 있다. 바로 청화학술원의 박청화 원장이다. 이분은 지금 우리나라 실전 사주상담가로서 아주 잘 나가는 분 중 한 분이다.

박원장은 자신의 저서 『춘하추동 신사주학』〈하권〉에서 『적천수』 배우는 순간에 대자연은 날아가 버린다' 라고 주장하면서 『적천수』를 반박하고 있다. 『적천수』에서 주장하는 "乙木이 亥水에 死한다 함은 五行대의 큰 뜻에 어긋나는 바라 12運星은 말할 필요가 없다"라는 구절이 잘못되었다고 주장하고 있다.

박원장은 『적천수』를 정면으로 반박하는 용기가 다른 사람들은 없다고 주장을 한다. 그래서 간지 글자가 오행이 아니고 22행으로 펼쳐지고 닫힘으로써 인간 운명 형태를 분석하는 수단으로 삼아야 되며 12운성이 펼쳐지고 닫히는 것을 잘 보라고 강조한다.

박원장의 이론을 참조하여 김학목 교수는 그의 저서 『명리명강』에서 다음과 같이 12운성을 정리하고 있다.

12운성은 10천간과 12지지가 12지지의 각 단계를 순환하고 생멸하는 흐름이다. 양천간과 양지지는 앞선 계절이 시작하는 지지에서 태어나 순서대로 성장해 번성한 후에 쇠약해지다가 반대 계절에 사라진다. 이를테면 갑목이나 인목은 앞서 있는 수의 계절인 해에서 자라나기 시작하여 자신의 계절인 인묘진에서 가장 화려하게 번성하다가 이어지는 화의 계절부터 쇠락하기 시작하여 금의 계절인 신유술에서 사라진다.

반면에 음천간과 음지지는 뒤에 있는 계절의 중간에서 태어나 지지의 순서를 역행하여 성장해 번성한 후에 쇠약해지다가 반대 계절에서 사라진다. 이를 테면 을목이나 묘목은 양목과 반대로 뒤에 있는 화의 중앙인 사오미의 오에서부터 자라나기 시작하여 자신의 계절인 인묘진에서 화려하게 번성하다가 앞서 있는 수의 계절 해자축부터 힘이 빠지면서 반대계절인 신유술에서 소멸하여 사라져 버린다.

양간이 순행하고 음간이 역행하는 것은 음과 양으로 흐르는 에너지가 고르게 평행을 유지하기 위함이라고 한다.

그리고 이 책에는 12운성의 응용문제도 제시되어 있다. 이 문제들은 박원장의 저서에도 들어 있다. 박원장은 강의를 그대로 교과서화한 것이라면 김교수는 이를 체계적으로 정리를 한 셈이다. 문제와 답은 아래와 같다.

문1 경금(庚金) 일간의 남성이 술(戌) 편인년에 사업을 하려고 한다면 어떻게 조언해야 하겠는가?

답 편재인 갑목이 12운성으로 어떤 기운을 향해 가고 있는지 살펴보아야 한다. 육친은 단지 음양오행의 관계에 대한 표현이지 기운의 강약에 대한 표현이 아니다. 같은 육친이 올지라도 기운의 강약에 따라 사주 감정이 달라지니 육친보다는 기운의 강약으로 재가 얼마나 강하게 오고 있는지를 살펴야 정확하다. 갑목은 해수가 장생이고 묘목이 제왕이며 미토가 묘지이니 갑목이 술토 양지에서 드러나지 않게 꿈

틀거리고 있다가 해년에 드디어 장생하고 밖으로 터져 나오며 사업이 제대로 될 것이다. 사업이 묘목 제왕지까지 힘차게 상승하다가 진토 쇠지를 지나면서 차츰 쇠퇴하기 시작하여 오화 병지 후반부터 잘되지 않을 것이니 그대로 조언하면 된다.

문 2 신금(辛金) 일간의 노처녀가 축(丑) 편인년에 결혼하고 싶어 하면 뭐라고 말해주어야 하겠는가?

답 마찬가지로 12운성에서 정관인 병화가 어떻게 움직이고 있는지 살피면 된다. 축년에 식상관의 수 기운이 강해져 자식을 낳고 싶은 마음에 결혼이 하고 싶은 것인데, 인년에 병화가 장생하며 일간과 합을 하니 마음에 드는 남자를 만날 것이다.

문 3 정화(丁火) 일간이 사(巳)나 오(午) 정, 편재년에 취직하고 싶다면 어떻게 해야 하겠는가?

답 사(巳)년과 오(午)년에는 정화의 정관 임수가 12운성으로 절지와 태지에 있어서 취직이 쉽지 않다. 이런 경우에는 인생에서 정말 하고 싶은 것을 택해 한눈팔지 말고 열심히 공부하라고 권해야 한다. 2~3년 후인 신(申)년에 임수가 장생하며 떠오를 때 취직이 되기 때문이다. 다만 경금 정재가 장생 목욕지에 있어 남자일 경우 연애를 하거나 아르바이트로 돈을 벌기 쉬우니, 여기에 한눈팔다가는 취직은 될지라도 좋은 직장이 되기 어려움을 아주 분명히 일러 주어야 한다. 여자일 경우에는 아르바이트로 돈벌이에 한눈팔지 말라고 일러 주면 된다.

사주팔자는 그야말로 사주팔자 여덟 자를 다 분석해야만 되는데 이런 질문은 막연하여 문제점이 있다. 그러나 12운성을 활용한다는 의미에서는 많은 시사점을 준다.

12운성은 계절의 왕상휴수사에 근본을 둔다. 이는 『주역』 건괘의 괘사인 원(元), 형(亨), 이(利), 정(貞)과도 상당한 관계가 있다고 보인다. 원형이정에 대해 대산 김석진선생은 다음과 같이 풀이하고 있다.

대자연의 변화 가운데 가장 으뜸가는 것이 4계절의 운행이다. 따라서 봄, 여름, 가을, 겨울의 덕을 나타내는 '원형이정'으로써 건(乾)괘에 대한 정의를 내리고 있다. 세상 만물은 봄의 덕인 元에 바탕하여 생겨 나오며(生), 여름의 덕인 亨으로 자라게 되고(長), 가을의 덕인 利로 결실을 거두어(收), 겨울의 덕인 貞으로 갈무리되니(藏), 삼라만상의 생장수장(生長收藏)이 곧 건의 원형이정 사덕에 말미암는다.

이를 좀 더 구체적으로 표현하면 다음과 같다.

元은 만물을 싹트게 하고 잎을 피워 성장하게 하는 봄의 역할을 상징적으로 표현한 것이다. 이를 간지로 나타내면 봄인 갑을과 인묘진이다.

亨은 꽃이 피고 숲이 우거지는 여름의 역할을 상징한다. 이를 간지로 표현하면 여름인 병정과 사오미이다.

利는 열매가 익어 결실하게 하는 가을의 역할을 상징적으로 표현한 것이다. 이를 간지로 나타내면 가을인 경신과 신유술이다.

貞은 결실한 열매를 잘 보관하는 겨울의 역할을 상징적으로 표현한 것이다. 이를 간지로 표현하면 겨울인 임계와 해자축이다.

무와 기는 중앙 과도기로서 여름과 가을을 연결시켜 주는 화금 교역기이다.

이처럼 12운성은 끝없이 흘러가는 『주역』의 원리와도 일맥상통한 점이 있다.

그러나 항상 강조하는 것이지만, 사주팔자는 전체를 통합적으로 판단해야지 단편적인 것으로만 판단하는 것은 의미가 없다. 그렇게 본다면 십이운성도 참고만 해야지 오로지 12운성만으로만 사주를 보는 것은 아니다.

Chapter 03

명리학 진로 여행

I 진로와 직업

인간은 생명을 유지하기 위해 가장 필요한 것이 의식주이다. 이는 생존의 필수 조건이다. 의식주 해결을 위해서는 직업이 필요하다. 직업은 생계유지를 위한 경제적, 사회적 활동을 말한다.

Ⅰ. 진로

넓은 의미에서 진로란 사람이 일생을 통하여 살아나가는 길을 뜻한다. 즉 교육, 직업, 결혼, 가정생활, 자녀 양육, 노후생활 등 살아가면서 거치게 되는 모든 일과 활동을 의미한다.

인간은 일을 통하여 경제적인 안정을 얻고, 자아를 실현하며 나아가 사회 발전에 이바지할 때 삶의 보람과 가치를 얻을 수 있다.

청소년기에 적극적으로 진로를 탐색하고 설계하면 성인이 되었을 때 자신의 일에 행복과 보람을 느끼고 자신의 가치를 실현하여 사회에 이바지하는 책임 있는 성인으로 살아갈 수 있다.

과거에는 한 직업을 평생 동안 고수하는 예가 많았기 때문에 진로를 직업과 동일어로 취급하였다. 그러나 현대에 와서는 직업의 종류가 다양해지고 새로운 직업이 생겨남에 따라 개인이 일생 동안 여러 직업을 선택할 수 있게 되어, 진로와 직업의 구별이 필요해졌다.

직업관에는 생계 수단형 직업, 물질 추구형 직업, 성공 수단형 직업, 자기 계발형 직업, 소명형 직업으로 구별할 수 있다.

생계 수단형 직업은 오직 먹고살기 위한 수단으로써 생각하고 선택한다. 직업에 대한 자긍심이 부족하여 치열한 경쟁시대에서는 살아남기 어려운 직업관이다.

물질 추구형 직업은 물질을 통해 편리함과 여유를 추구하며, 순간적 자극과 만족을 중요시한다. 보수가 높은 직업을 추구하지만 행복을 느끼기 어려운 직업관이다.

성공 수단형 직업은 출세의 수단으로 직업을 생각하고 선택한다. 사회 발전의 원동력이 되기도 하지만, 과정을 무시하고 결과만을 중시하여 비이성적 사회 분위기를 조성하기도 한다.

자기 계발형 직업은 기술과 기능 등 저마다의 타고난 소질을 계발하려는 장인정신을 갖고 있어 항상 발전을 모색하는 모습을 보인다. 보람과 긍지를 추구하여 개인의 행복과 사회 발전의 원동력이 된다.

소망형 직업은 자신이 져야 할 책임과 사명으로 받아들이며, 헌신적이고 때로는 고통을 감내하기도 하면서 일에 대한 기쁨과 행복을 만끽한다.

이처럼 다양한 직업관이 존재한다. 이는 매슬로우의 욕구이론과도 일치하고 있다.

인간은 기본적으로 먹고 살아야 하는 생리적 욕구 충족이 필요하다. 그 다음은 먹고 살아도 편안하게 안정되게 먹고 살아야 하는 안정의 욕구가 충족되어야 한다. 안정되게 먹고 살면 남들과 더불어 사는 즐거움을 누리는 사회적인 욕구가 생긴다. 이것이 해결되면 사회생활을 즐기면서도 존경도 받고 싶은 존경의 욕구가 일어난다. 존경의 욕구가 채워지고 나면 마지막으로 내가 하고 싶은 이상향 등인 자아실현 욕구 충족이 필요한 것이다.

인간의 욕구에 위계가 있듯이 직업관에도 위계가 있다. 생계 수단형 직업에서 물질 추구형으로, 성공 수단형에서 자기 계발형으로 마지막으로 소명형 직업까지 연결된다면 훌륭한 직업인으로서 목표가 달성된 셈이다.

자라나는 청소년들에게는 이러한 직업관이 형성되고 실현될 수 있도록 진로교육을 시키는 것이 진로교육의 궁극적 목적이다.

우리나라에서는 2015년도에 국가 수준에서 진로교육법을 제정하였다.

2. 진로교육법

제1장 총칙

제1조 (목적)

이 법은 학생에게 다양한 진로교육 기회를 제공함으로써 변화하는 직업 세계에 능동적으로 대처하고 학생의 소질과 적성을 최대한 실현하여 국민의 행복한 삶과 경제 사회 발전에 기여함을 목적으로 한다.

제2조 (정의)

이 법에서 사용하는 용어의 뜻은 다음과 같다.

1. "진로교육"이란 국가 및 지방자치단체 등이 학생에게 자신의 소질과 적성을 바탕으로 직업 세계를 이해하고 자신의 진로를 탐색·설계할 수 있도록 학교와 지역사회의 협력을 통하여 진로수업, 진로심리검사, 진로상담, 진로정보 제공, 진로체험, 취업지원 등을 제공하는 활동을 말한다.

2. "진로상담"이란 학생에게 진로정보를 제공하고 진로에 관한 조언과 지도 등을 하는 활동(온라인으로 하는 활동을 포함한다)을 말한다.

3. "진로체험"이란 학생이 직업 현장을 방문하여 직업인과의 대화, 견학 및 체험을 하는 직업체험과, 진로캠프·진로특강 등 학교 내외의 진로교육 프로그램에 참여하는 활동을 말한다.

4. "진로정보"란 학생이 진로를 선택할 때 필요로 하는 정보로 개인에 대한 정보, 직업에 대한 정보, 노동시장을 포함한 사회환경에 대한 정보 등을 말한다.

5. "수업"이란 「초·중등교육법」 제24조에 따른 수업을 말한다.

제3조 (다른 법률과의 관계)

진로교육에 관하여 다른 법률에 특별한 규정이 있는 경우를 제외하고는 이 법을 적용한다.

제4조 (진로교육의 기본방향)

① 진로교육은 변화하는 직업세계와 평생학습사회에 적극적으로 대응할 수 있도록 스스로 진로를 개척하고 지속적으로 개발해 나갈 수 있는 진로개발역량의 함양을 목표로 한다.

② 모든 학생은 발달 단계 및 개인의 소질과 적성에 맞는 진로교육을 받을 권리를 가진다.

③ 진로교육은 학생의 참여와 직업에 대한 체험을 바탕으로 이루어져야 한다.

④ 진로교육은 국가 및 지역사회의 협력과 참여 속에 다양한 사회적 인프라를 활용하여 이루어져야 한다.

제5조 (국가 및 지방자치단체 등의 책무)

① 국가 및 지방자치단체는 학생의 발달단계 및 소질과 적성에 맞는 진로교육을 활성화하는 데 필요한 시책을 마련하여야 한다.

② 국가 및 지방자치단체는 장애인, 북한이탈주민, 저소득층 가정의 학생 및 학교 밖 청소년 등 사회적 배려대상자를 위한 진로교육 시책을 마련하여야 한다.

③ 중앙행정기관, 지방자치단체,「공공기관의 운영에 관한 법률」에 따른 공공기관(이하 "공공기관"이라 한다) 및「지방공기업법」에 따른 지방공기업은 교육부장관이 정하는 바에 따라 진로체험의 기회를 제공하여야 한다.

제6조 (진로교육 현황조사)

① 교육부장관은 진로교육 정책 수립을 위하여 진로교육 관련 인력 및 시설, 진로교육 프로그램 운영 등 현황을 조사하고 그 결과를 공개하여야 한다.

② 제1항에 따른 진로교육 현황조사의 구체적인 내용, 절차 및 결과공개에 필요한 사항은 대통령령으로 정한다.

제7조 (직무상 알게 된 사실의 누설 금지)

진로교육을 담당하는 사람 또는 담당하였던 사람은 업무처리 중 알게 된 사실을 정당한 사유 없이 다른 사람에게 누설하여서는 아니 된다.

제2장 초ㆍ중등학교의 진로교육

제8조 (진로교육의 목표와 성취기준)

① 교육부장관은 「초ㆍ중등교육법」 제2조에 따른 학교(이하 "초ㆍ중등학교"라 한다) 학생의 발달 단계 및 학교의 종류에 따른 진로교육의 목표와 성취기준의 기본적인 사항을 정하고, 교육감은 교육부장관이 정한 범위에서 지역의 실정에 맞는 진로교육의 목표와 성취기준을 정할 수 있다.

② 교육부장관과 교육감은 제1항에 따른 진로교육의 목표와 성취기준을 교육과정에 반영하여야 한다.

③ 제1항 및 제2항에 따른 진로교육의 목표와 성취기준의 수립·시행에 필요한 사항은 대통령령으로 정한다.

제9조 (진로전담교사)

① 교육부장관과 교육감은 초·중등학교에 학생의 진로교육을 전담하는 교사(이하 "진로전담교사"라 한다)를 둔다.

② 교육부장관과 교육감은 초·중등학교에 진로전담교사를 지원하는 전문 인력을 둘 수 있다.

③ 진로전담교사는 해당 담당교사와 협의를 거쳐 수업시간에 진로상담을 제공할 수 있으며, 이 경우 진로상담시간은 수업시간으로 본다.

④ 진로전담교사의 배치 기준, 제2항에 따른 전문인력의 자격 및 운영 등에 필요한 사항은 대통령령으로 정한다.

제10조 (진로심리검사)

① 초·중등학교의 장은 학생이 소질과 적성을 이해하고 진로상담의 자료로 활용할 수 있도록 진로에 관한 심리검사(이하 "진로심리검사"라 한다)를 제공할 수 있다.

② 교육부장관은 학생의 발달 단계에 맞는 진로심리검사의 운영 기준을 제시할 수 있다.

제11조 (진로상담)

① 초·중등학교의 장은 학생의 진로 탐색 및 선택을 지원할 수 있도록 진로상담을 제공하여야 한다.

② 초·중등학교의 장은 학생의 진로에 관하여 해당 학생의 보호자로부터

의견을 들을 수 있다.

제12조 (진로체험 교육과정 편성 · 운영 등)

① 교육부장관과 교육감은 학생에게 다양한 진로체험의 기회를 제공할 수 있도록 교육과정을 편성하고 운영하여야 한다.

② 학교 교육과정 운영에 따른 진로체험 시간은 수업시간으로 본다.

③ 진로체험 교육과정의 편성 · 운영 및 수업 인정에 필요한 사항은 대통령령으로 정한다.

제13조 (진로교육 집중학년 · 학기제)

① 「초 · 중등교육법」 제24조에도 불구하고 교육감은 특정 학년 또는 학기를 정하여 진로체험 교육과정을 집중적으로 운영하는 진로교육 집중학년 · 학기제를 운영할 수 있다.

② 제1항에 따른 진로교육 집중학년 · 학기제의 운영에 필요한 사항은 대통령령으로 정한다.

제3장 대학의 진로교육

제14조 (대학의 진로교육)

① 「고등교육법」 제2조에 따른 대학, 산업대학, 전문대학(이하 "대학"이라 한다)의 장은 진로교육을 실시할 수 있다.

② 교육부장관은 대학의 진로교육에 필요한 지원을 할 수 있다.

제4장 진로교육 지원

제15조 (국가진로교육센터)

① 교육부장관은 진로교육 지원을 위하여 전담기관을 지정하여 진로교육

센터(이하 "국가진로교육센터"라 한다)로 운영하고 그 업무 수행에 필요한 경비를 지원할 수 있다.

② 국가진로교육센터는 다음 각 호의 업무를 수행한다.

1. 진로교육의 목표 및 성취기준 개발

2. 진로정보망 구축·운영

3. 진로심리검사 개발

4. 진로상담 지원

5. 진로체험 프로그램 개발

6. 진로교육 콘텐츠 개발

7. 진로전담교사 교육

8. 진로교육 현황조사 및 평가

9. 진로교육에 관한 국제 교류·협력

10. 그 밖에 진로교육을 위하여 교육부장관이 요청하는 사항

③ 국가진로교육센터의 지정·운영 및 지원에 필요한 사항은 교육부령으로 정한다.

제16조 (지역진로교육센터)

① 교육감은 국가진로교육센터와 연계하여 지역실정에 맞는 진로정보 제공, 진로심리검사 및 진로상담 제공, 진로교육 콘텐츠 개발·보급, 진로체험 운영·지원 등을 수행하는 지역진로교육센터를 설치·운영하거나 전담기관을 지정하여 운영할 수 있다.

② 제1항에 따른 지역진로교육센터의 구성·운영 및 전담기관의 지정 등에 필요한 사항은 조례로 정한다.

제17조 (지역진로교육협의회)

① 교육감은 지역의 진로교육을 지원하고 자문하기 위하여 지방자치단체, 공공기관, 대학, 지역사회단체 등이 참여하는 지역진로교육협의회를 구성·운영할 수 있다.

② 지역진로교육협의회의 구성·운영 등에 필요한 사항은 시·도 조례로 정한다.

제18조 (진로체험 지원)

① 국가와 지방자치단체는 학생이 다양한 진로체험을 할 수 있도록 학교 및 학생에게 진로체험을 제공하는 법인·기관·단체 등(이하 "진로체험 기관"이라 한다)에 행정적·재정적 지원을 할 수 있다.

② 국가와 지방자치단체는 진로체험기관을 발굴하고 이에 관한 정보를 제공하는 시스템을 구축하여야 한다.

③ 제1항에 따른 지원 및 제2항에 따른 정보제공 시스템의 구축·운영에 필요한 사항은 대통령령으로 정한다.

제19조 (교육기부 진로체험기관 인증)

① 교육부장관은 학생에게 무료로 진로체험 기회를 제공하는 진로체험기관을 교육기부 진로체험기관으로 인증할 수 있다.

② 교육부장관은 제1항에 따른 인증권한을 교육감에게 위임할 수 있다.

③ 제1항에 따른 인증 기준·절차 등에 필요한 사항은 대통령령으로 정한다.

제20조 (협력 체계 구축 등)

① 교육감은 대학의 장 및 지방자치단체의 장과 진로체험 등을 활성화하기 위한 협력 체계를 구축하여야 한다.

② 지방자치단체의 장과 교육감은 진로체험 시설 등 진로교육과 관련된 시설 및 프로그램을 설치·운영하거나 지원할 수 있다.

제21조 (보호자 등의 참여)

① 교육부장관과 교육감은 학생의 보호자, 지역사회 인사, 졸업생 등이 학생에 대한 진로교육에 참여할 수 있도록 필요한 시책을 마련하여야 한다.

② 교육부장관과 교육감은 제1항에 따라 진로교육에 참여한 보호자 등에게 진로교육 설명회·연수 등을 제공할 수 있다.

제22조 (진로교육 콘텐츠)

① 교육부장관과 교육감은 진로교육에 필요한 다양한 콘텐츠를 개발하고 보급하여야 한다.

② 교육부장관은 특별시·광역시·특별자치시·도·특별자치도(이하 "시·도"라 한다)의 교육청, 교육관련 연구소 등이 진로교육 콘텐츠를 개발·보급할 수 있도록 지원할 수 있다.

제23조 (시·도 교육청 진로교육 평가)

① 교육부장관은 시·도의 진로교육 발전을 위한 지원 및 시·도 간 진로교육 격차 완화 등을 위하여 시·도 교육청의 진로교육을 평가하고 그 결과에 따라 행정적·재정적 지원을 할 수 있다.

② 교육감은 제1항에 따른 평가를 위하여 자체평가를 실시할 수 있다.

③ 제1항의 평가에 필요한 사항은 대통령령으로 정한다.

부 칙[2015.6.22 제13336호]

이 법은 공포 후 6개월이 경과한 날부터 시행한다.

Ⅱ 일간과 진로직업

사주에서 태어난 날의 간인 일간이 무엇인가에 따라 사람의 성격이 달라진다. 가장 단순하면서도 많은 의미를 내포하고 있는 것이 일간에 따른 전공과 직업의 선택이다.

간지의 음양에 따라 성격의 특성도 달라진다. 양의 간지는 정신적인 면을 추구하고, 음의 간지는 물질적인 면을 추구하는 경향이 있다.

기후조건에 따라서도 성격이 다르다. 차갑고 축축한 구조, 즉 사주팔자에 금수가 많으면 내향적, 사색적, 인내심, 분석적인 성향이 강하고, 따뜻하고 건조한 구조, 즉 사주팔자에 목화가 많으면 외향적, 조급성, 단순성, 융통성이 특징이다.

사주팔자에 있어서 가장 중요한 것이 일간이다. 일간이 바로 자기자신을 뜻하고 있기 때문이다. 결국 사주팔자를 보는 것은 일간과 다른 간지와의 관계를 보는 것이다. 따라서 일간이 중요하다.

양의 일간이 **양월**에 태어난 학생은 인문계열이나 사회계열이 적성에 맞다.

양의 일간이 **음월**에 태어난 학생은 사범계열, 인문사회계열 중 일부 학과, 자연과학계열, 의학계열 일부학과 등이 적성에 맞다.

음의 일간이 **음월**에 태어난 학생은 공학계열, 자연과학계열, 의학계열 등이 적성에 맞다.

음의 일간이 **양월**에 태어난 학생은 인문계열, 사회계열, 공학계열, 의학계열 등이 적성에 맞다.

1. 갑목

갑목은 끊임없이 노력하는 사람이다. 성장을 나타내고 무에서 유를 만들어낸다. 따라서 일간이 갑목인 사람은 창작, 발명, 기획, 교육 등에 적성이 맞다. 즉 교수, 교사, 연구원, 공무원, 전문직, 법조인, 사회사업가, 종교, 복지, 상담, 문화, 언론, 영농, 종묘, 원예, 섬유, 목재, 가구, 토목, 건축, 문방구, 서점 등이 적성에 맞다.

2. 을목

일간이 을목인 사람은 인내심을 요구하고 끈기 있게 마무리할 수 있는 직업, 융통성이 필요한 직업, 대인관계가 좋아야 하는 직업이 알맞다. 예를 들면 교수, 교사, 연구원, 공무원, 전문직, 법조인, 사회사업가, 종교, 복지, 상담, 문화, 언론, 영농, 종묘, 원예, 섬유, 목재,

가구, 토목, 건축, 문방구, 서점 등이 있다.

3. 병화

병화는 대인관계가 필요한 직업, 정열적이고 활동적인 직업, 아름다움을 추구하는 직업, 명분과 자존심이 뚜렷한 직업이 좋다.

예를 들면 정치가, 정치평론, 방송인, 연예인, 예술가, 디자인, 미술, 미용, 공예, 조명, 화장품, 사업가 등이다. 병화는 불이기 때문에 불과 관련된 직업도 적합하다. 즉 주유소, 화학약품, 화공, 전기, 전자, 오락실, 유흥업, 컴퓨터, 인터넷 등이다.

4. 정화

정화는 창조적인 일, 섬세한 일, 추진력이 필요한 직업, 예의바른 직업 등이 좋다. 예를 들면 교사, 교수, 정치가, 방송인, 연예인, 예술가, 디자인, 미술, 미용, 공예, 조명, 화장품, 사업가 등이다. 정화는 불이기 때문에 불과 관련된 직업도 적합하다. 즉 주유소, 화학약품, 화공, 전기, 전자, 오락실, 유흥업, 컴퓨터, 인터넷 등이다.

5. 무토

무토는 포용력과 관대함이 있어야 하는 직업, 여러 사람들을 아우르는 직업, 중재 역할을 하는 직업이 적성에 맞다.

예를 들면 정치인, 공무원, 중개업, 통역사, 무역, 교육, 건설, 토목, 행정, 외교, 관광관련업 등이다. 또한 무토의 속성이 흙인만큼 흙에 관한 직업도 좋다. 농업, 원예, 종묘, 과수원, 부동산 등이다.

6.기토

기토는 포용력이 필요한 일, 대인관계가 필요한 일, 안정적인 직업, 중개직업, 저장직업 등이 어울린다. 즉 공무원, 일반직장, 영업직, 무역, 교육, 건설, 토목, 행정, 외교, 중개업 등이다. 또한 기토는 흙인만큼 흙에 관한 직업도 좋다. 농업, 원예, 종묘, 과수원, 부동산 등이다.

7.경금

경금은 결단력이 필요한 직업, 냉철함이 필요한 직업, 계획성이 필요한 직업, 법령에 따라야만 하는 직업 등이 좋다.

예를 들면 군인, 경찰, 교수, 정보통신, 공무원, 기계, 기술, 회계, 금융, 외과의사, 치과의사, 보석세공사 등이다. 또한 경금은 금속이기 때문에 금은보석, 철, 전기전자, 차량, 무기, 고체물질 등이다.

8.신금

신금은 냉철함이 필요한 직업, 엄격함이 필요한 직업, 원리원칙이 필요한 직업, 자존심이 뚜렷한 직업이 좋다.

예를 들면 교수, 법조인, 공무원, 회계, 금융, 외과의사, 치과의사, 보석세공사, 4차산업 관련 등이다. 신금은 보석이기 때문에 귀금속과 관련된 직업도 적합하다. 즉 금은보석, 컴퓨터, 인터넷 등이다.

9. 임수

임수는 창조력을 요하는 직업, 변화를 요하는 직업, 탐구정신을 요하는 직업이 적합하다. 예를 들면 연구직, 기획, 외국어, 회계, 경제 관련 직업, 정보수집이 필요한 직업 등이다. 임수는 바닷물이기 때문에 물에 관련된 직업도 좋다. 수산업, 세탁소, 목욕탕, 상하수도, 유통사업, 외교, 발명가 등이다.

10. 계수

계수는 고도의 지식이 필요한 직업, 섬세하고 배려성이 깊은 직업, 수리능력이 필요한 직업이 적합하다. 예를 들면 경제, 무역, 금융업, 외국어, 연구원, 정보통신, 판사 등이다. 계수는 물이기 때문에 물과 관련된 직업도 좋다. 수도사업, 유흥업, 커피점, 양어장, 식품, 의약, 접객 등이다.

Ⅲ 격국과 진로직업

Ⅰ. 십성 1_비견격과 건록격

가. 비견격과 건록격의 구성

사주분석에 있어서 핵심은 격국과 용신이다. 고전인 『연해자평』에는 55개의 격국이 있고, 『명리정종』에는 47개의 격국, 『명리신론』에는 44개의 격국, 『자평진전』에는 9개의 격국이 있다. 이 외에도 고전에는 더 많은 격국이 있다. 이들을 참조하여 10개의 격국으로 정리하였다.

비견격은 일간에서 보아 월지가 비견일 때 비견격이다. 그런데 옛 문헌에는 비견격이라고 하는 격국은 없고 건록격이라고 한다. 건록격의 건록(建祿)은 일간에서 보아 월지의 12운성이 건록에 해당하는 것으로 비견과 같으나 일간이 토인 무토와 기토만이 다르다. 무토 일간은 진월과 술월에 태어나야 비견(比肩)월이다. 이를 건록격이라고 하지 않고 12운성이 건록인 사(巳)월에 태어나야 건록격이라고 한다. 그러면 진(辰)월과 술(戌)월에 태어나면 무엇으로 명명을 해야 할지 난감해진다. 따라서 진월과 술월에 태어난 무토는 비견격이라고 불러도 무방할 것 같다.

기토 역시 같은 원리를 적용하면 된다. 기토가 축월이나 미월에 태어나면 비견월에 태어났다. 이는 비견격이라고 명명해도 될 것 같다. 기토가 오월에 태어나야 건록격이다. 기토는 정화와 12운성이 같기 때문이다.

『자평진전평주』에 의하면 일간이 월령에서 녹을 만나면 **건록**(建祿)이고, 일지에 있는 녹은 **전록**(專祿), 시지에 있는 녹은 **귀록**(歸祿), 연지에 있는 녹은 **세록**(歲祿)이라고 녹을 구분하여 나타내고 있다.

이처럼 녹은 비견의 다른 이름이다. 그런데 일간과 월지가 같은 오행에 음양이 같으면 비견격이라고 하지 않고 건록격이라고 하는 것은 사주 명리학에서의 오랜 관습이다. 따라서 건록격을 비견격이라고 생각해도 별 무리는 없다. 비견격과 건록격의 차이는 수준이 높아지면 자연스럽게 구별이 된다.

예를 들어 일간이 갑(甲)목이면 월지의 지장간에서 정기가 갑목인 달은 인(寅)월이다. 내가 갑목이면 갑목의 계절인 인월에 태어나면 내 힘이 강해지는 것이다. 그러므로 월지가 비견이면 비견격이라고 할 수 있다. 그런데 사주에서 비견격은 없다. 갑(甲)목이 인(寅)월에 태어나면 건록격이라고 한다.

이와 같은 방법으로 차례대로 보면 다음과 같다.

을(乙)목이 묘(卯)월에 태어나면 묘의 정기가 을목이다. 따라서 월지가 비견이고 건록격이다.

병(丙)화가 사(巳)월에 태어나면 사의 정기가 병화이다. 따라서 월지가 비견이고 건록격이다.

정(丁)화가 오(午)월에 태어나면 오의 정기가 정화이다. 따라서 월지가 비견이고 건록격이다.

무(戊)토가 사(巳)월에 태어나면 건록격이다. 무토는 병화와 십이운성이 같기 때문이다. 이 점은 늘 혼돈을 초래를 한다. 일반적으로는 무토가 진(辰)월이나 술(戌)월에 태어나면 진과 술의 정기가 무토라서 무토가 진월과 술월에 태어나면 비견격이라고 이름을 붙일 수 있겠다. 그러나 건록격은 아니다. 건록격은 십이운성이 건록이 되어야 성립을 한다.

기(己)토가 오(午)월에 태어나야 건록격이다. 기토 역시 무토와 같은 토이기 때문이다. 이는 일간에서 월지를 보아 12운성이 건록이어야 된다. 이는 기토는 정화와 십이운성이 같기 때문이다.

경(庚)금이 신(申)월에 태어나면 신의 정기가 경금이다. 따라서 월지가 비견이고 경금에서 신은 십이운성에서 건록이다. 따라서 건록격이다.

신(辛)금이 유(酉)월에 태어나면 건록격이다.

임(壬)수가 해(亥)월에 태어나면 건록격이다.

계(癸)수가 자(子)월에 태어나면 건록격이다.

이처럼 일간과 월지가 오행이 같고 음양도 같은 경우이다. 이를 비견격 또는 건록격이라고 해도 무방하다.

나. **비견격과 건록격의 직업**

건록격과 비견격은 자신의 주체성을 살릴 수 있는, 자격증을 가지고 하는 전문직이나 리더십이 필요한 직업이 적합하다.

의사, 변호사, 회계사, 세무사, 관세사, 교육, 감독, 컨설팅 등이 이에 해당한다. 또한 강인한 신체와 강한 의지력을 바탕으로 하는 경쟁 직업인 운동선수, 경호원, 직업군인, 경찰관 등도 적합하다.

일반적으로 건록격은 독립사업을 많이 한다. 건록격은 내 주변에 나를 도와주는 사람들이 별로 없다. 그래서 내가 주체가 되어 살아가야 하는 경우가 많다. 그러나 비견이 너무 많으면 재물을 나타내는 편재를 극하기 때문에 독립 사업은 불가능하다.

2. 십성2_겁재격과 양인격

가. **겁재격과 양인격의 구성**

겁재격은 일간과 월지와의 관계에서 일간과 오행은 같지만 음양은 다르다.

예를 들면 일간이 갑(甲)목인 사람이 월지가 일간과 다른 음양인 을(乙)목이 되려면 묘(卯)월에 태어나야 한다. 묘월의 정기가 을목이기 때문이다. 일간 갑목〔양〕과 월지 을목〔음〕은 오행은 같고 음양은

다르다. 따라서 갑목 일간이 묘월에 태어나면 월지가 겁재이므로 겁
재격이다.

일간이 을(乙)목인 사람이 월지가 일간과 다른 음양인 갑(甲)목이
되려면 인(寅)월에 태어나야 한다. 인월의 정기가 갑목이기 때문이
다. 일간 을목[음]과 월지 갑목[양]은 오행은 같고 음양은 다르다. 따
라서 을목 일간이 인월에 태어나면 월지가 겁재이므로 겁재격이다.

일간이 병(丙)화인 사람이 월지가 일간과 다른 음양인 정(丁)화가
되려면 오(午)월에 태어나야 한다. 오월의 정기가 정화이기 때문이
다. 일간 병화[양]와 월지 정화[음]는 오행은 같고 음양은 다르다. 따
라서 병화 일간이 오월에 태어나면 월지가 겁재이므로 겁재격이다.

일간이 정(丁)화인 사람이 월지가 일간과 다른 음양인 병(丙)화가
되려면 사(巳)월에 태어나야 한다. 사월의 정기가 병화이기 때문이
다. 일간 정화[음]와 월지 병화[양]는 오행은 같고 음양은 다르다. 따
라서 정화 일간이 사월에 태어나면 월지가 겁재이므로 겁재격이다.

무(戊)토 일간이 축(丑)월이나 미(未)월에 태어나면 丑과 未의 지장
간 중 정기가 기(己)토이다. 따라서 戊토와 己토는 오행 상 같은 土이
나 음양(陰陽)이 다르다. 따라서 무토 일간이 축미월에 태어나면 월
지가 겁재이므로 겁재격이다.

기(己)토 일간이 진(辰)월이나 술(戌)월에 태어나면 辰과 戌의 지장간 중 정기가 戊土이다. 따라서 己토가 辰戌월에 태어나면 월지가 겁재이므로 겁재격이다.

이와 같은 방법으로 나머지도 나타내면 다음과 같다.

경(庚)금 일간이 유(酉)월에 태어나면 월지가 겁재라서 겁재격이다.

신(辛)금 일간이 신(申)월에 태어나면 월지가 겁재이고 겁재격이다.

임(壬)수 일간이 자(子)월에 태어나면 월지가 겁재이고 겁재격이다.

계(癸)수 일간이 해(亥)월에 태어나면 월지가 겁재이고 겁재격이다.

고전에는 겁재격은 없다. 반면 양인격(羊刃格)이라고 명명한다. 그러나 이는 이름이 다른 경우이고 실제 쓰임은 비슷하다.

양인격에는 학설이 나누어진다. 일간이 양간일 경우만 양인격이라고 보는 설과 음 일간도 양인격이 될 수 있다는 설 등이 있다.

음 일간의 양인은 그 작용이 조금 약하다고 볼 수 있다.

나. **양인격(羊刃格)의 직업**

양인은 칼을 다루는 사람이란 뜻이다. 칼을 차고 태어났다는 의미다. 어려서 골목대장 출신이거나 조직의 수장노릇을 하는 경우가 많다. 삶의 방향이 생사여탈과 위험한 살기를 다루는 분야에 많이 진출한다.

법무, 의료, 군인, 금융 계통으로 진출하거나 요리, 공학, 기술계통으로 나가 살기를 다루고 살아가는 경우가 많다.

직업은 생살권을 가지고 있는 의사, 약사, 군인, 경찰, 수사, 정보, 법조, 신문방송, 체육, 미용사, 재단사, 철공소, 요식업, 식육식당 등이 적합하다.

3. 십성 3_식신격

가. 식신격의 구성

식신은 일간이 도와주는 오행이며 음양이 같다.

월지가 식신이면 식신격이다.

일간이 갑(甲)목인 사람의 월지가 일간이 도와주면서 음양이 같은 병(丙)화가 되려면 사(巳)월에 태어나야 한다. 사월의 정기가 병화이기 때문이다. 일간 갑(甲)목〔양〕과 월지 사(巳)화의 지장간 중 정기인 병(丙)화〔양〕는 목이 화를 도와주면서 같은 양목이고 양화이기 때문이다. 따라서 갑(甲)목 일간이 사(巳)월에 태어나면 식신격이다.

일간이 을(乙)목인 사람의 월지가 일간이 도와주면서 음양이 같은 정(丁)화가 되려면 오(午)월에 태어나야 한다. 오월의 정기가 정(丁)화이기 때문이다. 일간 을(乙)목〔음〕과 월지 오(午)화의 정기 정(丁)화〔음〕는 목이 화를 도와주면서 같은 음목이고 음화이기 때문이다. 따라서 을(乙)목 일간이 오(午)월에 태어나면 식신격이다.

일간이 병(丙)화인 사람이 월지가 일간이 도와주면서 음양이 같은 무(戊)토가 되려면 진(辰)월이나 술(戌)월에 태어나야 한다. 진술월의 정기가 무(戊)토이기 때문이다. 따라서 병(丙)화 일간이 진(辰), 술(戌)월에 태어나면 식신격이다.

일간이 정(丁)화인 사람은 월지가 식신이 되기 위해서는 지장간이 기(己)토여야 한다. 지장간이 기(己)토인 월은 축(丑)월과 미(未)월이다. 따라서 정(丁)화 일간이 축(丑), 미(未)월에 태어나면 식신격이다.

이와 같은 방법으로 나머지도 나타내면 다음과 같다.
무(戊)토 일간이 신(申)월에 태어나면 식신격이다.
기(己)토 일간이 유(酉)월에 태어나면 식신격이다.
경(庚)금 일간이 해(亥)월에 태어나면 식신격이다.
신(辛)금 일간이 자(子)월에 태어나면 식신격이다.
임(壬)수 일간이 인(寅)월에 태어나면 식신격이다.
계(癸)수 일간이 묘(卯)월에 태어나면 식신격이다.

또한 월지 지장간 중에 중기나 여기에 식신이 있고, 식신이 천간에 있는 경우 식신격이다.

나. 식신격의 직업
식신격은 대체로 침착하고 여유로우며 선량하다. 식신은 행위, 물건, 상품, 기술력, 전문성 등을 의미한다. 지적, 정신적 활동을 하는 직장이나 공급자 중심의 유망업종의 개인사업이 알맞다.

식신은 남성에게는 의식주와 언어능력, 재능, 교육 등을 말하고 여성에게는 자녀, 의식주, 언어능력, 재능, 교육 등을 말한다.

교사, 교수, 문학, 교육, 예술, 문인, 작가, 회계, 통역, 외교, 방송, 아나운서, 언론정보, 학원강사, 공무원, 제조, 생산, 유통 등이 적합하다.

4. 십성4_상관격

가. 상관격의 구성

상관은 일간이 도와주는 오행이며 음양이 다르다.
월지가 상관이면 상관격이다.

갑(甲)목 일간이 오(午)월에 태어나면 상관격이다.
을(乙)목 일간이 사(巳)월에 태어나면 상관격이다.
병(丙)화 일간이 축미(丑未)월에 태어나면 상관격이다.
정(丁)화 일간이 진술(辰戌)월에 태어나면 상관격이다.
무(戊)토 일간이 유(酉)월에 태어나면 상관격이다.
기(己)토 일간이 신(申)월에 태어나면 상관격이다.
경(庚)금 일간이 자(子)월에 태어나면 상관격이다.
신(辛)금 일간이 해(亥)월에 태어나면 상관격이다.
임(壬)수 일간이 묘(卯)월에 태어나면 상관격이다.

계(癸)수 일간이 인(寅)월에 태어나면 상관격이다.

또한 월지 지장간 중에 중기나 여기에 상관이 있고, 상관이 천간에 있는 경우 상관격이다.

나. 상관격의 직업

상관과 식신은 비슷한 경우를 나타낸다. 상관은 식신보다 더 재능이 뛰어난 경우가 많다. 상관은 기발하고 엉뚱하고 획기적인 재능이 많아 연애, 오락, 제조, 공학, 의학, 정치, 사회, 경제 등 모든 분야에서 두각을 나타내는 경우가 많다. 그러나 정관을 극하기 때문에 문제점이 있다. 따라서 제도와 규율 등 일정한 틀 속에 구속된 직장은 맞지 않다. 다양한 분야의 프리랜스나 자율성이 보장되는 일반조직은 가능하다. 특히 여성은 관인 남편을 극하기 때문에 자녀와 남편에 대하여 균형과 조화를 잘 이루어야 한다.

상관은 남성에게는 의식주와 언어능력 재능을 말하고, 여성에게는 자녀, 의식주, 언어능력, 재능, 교육 등을 말한다.

검사, 변호사, 연예인, 목사, 신부, 스님, 의사, 교사, 교수, 문학, 교육, 예술, 문인, 작가, 회계, 통역, 외교, 방송, 아나운서, 언론정보, 학원강사, 공무원, 제조, 생산, 유통 등이 적합하다.

상관격에 재성이 있으면 돈을 벌고, 재성이 없으면 재주는 많아도 가난하다. 상관격은 재개발이나 망한 가게, 헌집을 구입하면 흥하고 잘되는 경우가 많다고 한다.

가. **편재격의 구성**

편재는 일간인 내가 극하는 오행으로 일간과 음양이 같다.
월지가 편재이면 편재격이다.

갑(甲)목 일간이 진(辰), 술(戌)월에 태어나면 편재격이다.
을(乙)목 일간이 축(丑), 미(未)월에 태어나면 편재격이다.
병(丙)화 일간이 신(申)월에 태어나면 편재격이다.
정(丁)화 일간이 유(酉)월에 태어나면 편재격이다.
무(戊)토 일간이 해(亥)월에 태어나면 편재격이다.
기(己)토 일간이 자(子)월에 태어나면 편재격이다.
경(庚)금 일간이 인(寅)월에 태어나면 편재격이다.
신(辛)금 일간이 묘(卯)월에 태어나면 편재격이다.
임(壬)수 일간이 사(巳)월에 태어나면 편재격이다.
계(癸)수 일간이 오(午)월에 태어나면 편재격이다.

또한 월지 지장간 중에 중기나 여기에 편재가 있고, 편재가 천간에
있는 경우도 편재격이다.

나.**편재격의 직업**

편재가 적절하게 잘 구성된 사주는 재물복, 여자복, 아버지복을 타

고난 사람으로 본다. 편재격은 현실적이고, 실제적인 직업, 투기성이 있는 직업, 뛰어난 판단력을 요구하는 직업이 좋다. 신왕하고 편재가 왕성한 사람은 자기 사업이나 금융업에 진출하면 좋다. 정재가 안전하게 한 단계 한 단계 전진해 나가는 방식을 추구한다면 편재는 한방에 결과물을 만들어 내려는 심리를 갖고 있다. 주변에 모든 동원 가능한 여력을 끌어들여 활용가치를 높이기 위한 수단 방법을 가리지 않고 더 높고, 더 좋은 결과물을 창출해 내려 노력한다. 편재가 잘 구성된 사람은 자신감과 진취적 기상이 강하고 과시욕도 강하여 끝내 성취하는 경향이 많다.

편재격이 잘 구성되면 금융관련 직장이나 재무관련 자격증을 이용한 개인사업이 알맞다. 사업가, 연예인, 교사, 경영학 교수, 경제학 교수, 회계사, 변리사, 경제부처 공무원, 은행원, 보험, 증권, 감정평가, 자산관리, 유흥업, 요식업, 자영업 등이다.

6. 십성6_정재격

가. **정재격의 구성**

정재는 일간인 내가 극하는 오행으로 일간과 음양이 다르다.
월지가 정재이면 정재격이다.

갑(甲)목 일간이 축(丑), 미(未)월에 태어나면 정재격이다.
을(乙)목 일간이 진(辰), 술(戌)월에 태어나면 정재격이다.

병(丙)화 일간이 유(酉)월에 태어나면 정재격이다.

정(丁)화 일간이 신(申)월에 태어나면 정재격이다.

무(戊)토 일간이 자(子)월에 태어나면 정재격이다.

기(己)토 일간이 해(亥)월에 태어나면 정재격이다.

경(庚)금 일간이 묘(卯)월에 태어나면 정재격이다.

신(辛)금 일간이 인(寅)월에 태어나면 정재격이다.

임(壬)수 일간이 오(午)월에 태어나면 정재격이다.

계(癸)수 일간이 사(巳)월에 태어나면 정재격이다.

또한 월지 지장간 중에 중기나 여기에 정재가 있고, 정재가 천간에 있는 경우 정재격이다.

나. 정재격의 직업

정재는 바른 재물을 말한다. 즉, 정당한 노력의 대가로 정당하게 취득한 재물이다. 일반적으로 재성을 사회적인 역량으로도 말하기도 한다. 재물은 사회적으로 많은 영향력을 발휘할 수 있다. 많은 사람을 움직일 수 있고 큰 사업이나 투자를 통해 많은 사람들에게 영향을 미칠 수 있다. 따라서 재성은 재물뿐만 아니라 사회적인 영향력으로 보아도 될 것이다. 이러한 사회적 영향력 중에서 정재는 안전제일의 합리적 사고의 재성활동을 한다.

정재격을 가진 사람은 안정된 성장기를 거쳐 일찍 직업을 갖는 경우가 많으며 변화와 변동이 적은 직장에 알맞다. 계획적이고 체계적인 일, 성실성이 요구되는 일, 계산적인 일, 합리적인 일 등이 적합하

다. 또한 정재는 고정된 재물, 안정된 재물의 유통이나 수입을 뜻한
다. 무리한 투자나 사업 확장보다는 안정되고 확실한 사업에 투자한
다. 그러므로 자영업을 하는 경우에는 유행이나 경기에 민감하지 않
는 유망업종을 선택하여 공급자 중심의 직업이 알맞다.

금융업, 회사원, 재정공무원, 교사, 교수, 고정적인 월급을 받는 일,
경제학 교수, 경영학 교수 등이다.

7. 십성7_정관격

가. 정관격의 구성

정관은 일간인 나를 극하는 오행으로 일간과 음양이 다르다.
월지가 정관이면 정관격이다.

갑(甲)목 일간이 유(酉)월에 태어나면 정관격이다.
을(乙)목 일간이 신(申)월에 태어나면 정관격이다.
병(丙)화 일간이 자(子)월에 태어나면 정관격이다.
정(丁)화 일간이 해(亥)월에 태어나면 정관격이다.
무(戊)토 일간이 묘(卯)월에 태어나면 정관격이다.
기(己)토 일간이 인(寅)월에 태어나면 정관격이다.
경(庚)금 일간이 오(午)월에 태어나면 정관격이다.
신(辛)금 일간이 사(巳)월에 태어나면 정관격이다.
임(壬)수 일간이 축(丑), 미(未)월에 태어나면 정관격이다.

계(癸)수일간이 진(辰), 술(戌)월에 태어나면 정관격이다.

월지 지장간에 정관이 있고, 월주가 정관인 경우가 오리지널 정관격이다. 연간, 시간에 있어도 정관격이다. 정관격은 다른 간지에 정관, 편관이 없고, 신왕하고, 형충이 없고, 관인이 상생하면 최고로 친다.

나. 정관격의 직업

정관은 바른 관리다. 정관은 사회적으로 모든 사람이 인정할 만한 법, 규칙, 도덕, 윤리, 약속 등을 뜻한다. 정관은 안정되고 계획된 삶의 모습을 좋아한다. 정년이 보장된 공직에서 일하는 것이 적합하다. 정관이 인성을 만나 관인이 소통하면 고위공직자로 승진하게 된다.

관성이 상관만 있고 인성이 없으면 직급이 낮은 연구직이나 개발 전문직 등에 종사하게 된다. 정관이 재성과 인성이 함께하면 경제와 재무의 고위공직자가 많다. 정관격이 비견, 겁재와 같이 있으면 스포츠, 부동산회사, 증권사. 투신사, 선거관련 등 경쟁을 요구하는 조직으로 나아가게 되는 경우가 많다.

관성과 식상이 있으면 기술 중심의 조직사회, 제조회사, 교육조직, 유통회사 등으로 나아가게 된다. 관성과 재성이 함께 있으면 재무조직, 경영 관련 업무, 은행 등으로 나아가게 된다.

그 외 공무원, 교수, 교사, 연구소, 사회복지사, 자선사업가, 상담사, 문학가, 심리학자, 정신과의사, 기타 학자 등이다.

가. 편관격의 구성

편관은 일간인 나를 극하는 오행으로 일간과 음양이 같다.

월지가 편관이면 편관격이다.

갑(甲)목 일간이 신(申)월에 태어나면 편관격이다.

을(乙)목 일간이 유(酉)월에 태어나면 편관격이다.

병(丙)화 일간이 해(亥)월에 태어나면 편관격이다.

정(丁)화 일간이 자(子)월에 태어나면 편관격이다.

무(戊)토 일간이 인(寅)월에 태어나면 편관격이다.

기(己)토 일간이 묘(卯)월에 태어나면 편관격이다.

경(庚)금 일간이 사(巳)월에 태어나면 편관격이다.

신(辛)금 일간이 오(午)월에 태어나면 편관격이다.

임(壬)수 일간이 진(辰), 술(戌)월에 태어나면 편관격이다.

계(癸)수 일간이 축(丑), 미(未)월에 태어나면 편관격이다

월지 지장간에 편관이 있고, 월주가 편관인 경우가 오리지널 편관격이다. 연간, 시간에 있어도 편관격이다. 편관격은 다른 간지에 정관, 편관이 없고, 신왕하고, 형충이 없고, 관인이 상생하면 좋다.

고전에는 다른 곳에 편관이 없고 시지에 편관 하나만 있으면 시상일위귀격으로 귀하게 여겼다.

나. 편관격의 직업

편관은 칠살(七殺)이라고도 불린다. 무서운 호랑이 살이다. 편관은 정관과 달리 일간을 직접 극하는 것으로 강한 역동성을 보인다. 편관도 법을 준수하고 사회의 정의를 실현하고자 하는 마음은 정관과 같지만 그 방법에 있어서는 다르다. 편관은 엄격하고 살벌하며 강제성을 동원하여 사회적 법과 도덕을 지키고자 한다. 위엄이 있고 절도가 있으며 무엇도 두려워하지 않는 용기가 있으며 의협심과 모험심도 강하다.

특히 편관이 신왕하고 양인과 같이 있으면 공직, 군인, 경찰 등에 적합하다. 관살혼잡이 되면 격이 떨어진다. 살인상생격은 문장, 종교, 회계, 기업의 고급임원이나 고위공직자가 될 가능성이 많다.

신약하고 편관이 많고, 식상이 없는 경우는 시정잡배나 폭력배가 되기도 한다. 또한 칼을 쓰는 식당업도 적당하다.

9. 십성9_정인격

가. 정인격의 구성

정인은 일간인 나를 도와주는 오행으로 일간과 음양이 다르다.
월지가 정인이면 정인격이다.

갑(甲)목 일간이 자(子)월에 태어나면 정인격이다.
을(乙)목 일간이 해(亥)월에 태어나면 정인격이다.

병(丙)화 일간이 묘(卯)월에 태어나면 정인격이다.

정(丁)화 일간이 인(寅)월에 태어나면 정인격이다.

무(戊)토 일간이 오(午)월에 태어나면 정인격이다.

기(己)토 일간이 사(巳)월에 태어나면 정인격이다.

경(庚)금 일간이 축(丑), 미(未)월에 태어나면 정인격이다.

신(辛)금 일간이 진(辰), 술(戊)월에 태어나면 정인격이다.

임(壬)수 일간이 유(酉)월에 태어나면 정인격이다.

계(癸)수 일간이 신(申)월에 태어나면 정인격이다.

또한 월지 지장간 중기와 여기에 정인이 있고, 정인이 천간에 있으면 정인격이다.

나. 정인격의 직업

정인은 글과 학문을 말한다. 인문, 사회, 행정 등 전통적인 학문을 좋아한다. 또한 자격증을 가지고 하는 직업, 사람들을 좋아하는 직업, 연구하는 직업 등이 알맞다. 정인이 편관 또는 양인과 같이 있고 신왕하면 경찰이나 군인도 좋다. 화개, 문창, 공망이 정인과 같이 있으면 학문, 문화, 종교계에 진출한다. 정인격에 정관이 있으면 고위직 공무원이 될 수 있다. 그러나 인성이 너무 많으면 공짜를 좋아하고, 남에게 의존적이며, 게으르다. 이는 어머니가 많다는 의미이다. 모다멸자(母多滅子), 모자멸자(母慈滅子)이다.

인성은 전통적인 학문을 좋아한다. 인문, 사회, 역사, 행정, 국문학 등이다. 인성은 또한 문서이다. 문서는 부동산 즉 건물, 토지, 임대업 등을 말한다.

교수, 교사, 판사, 검사, 의사, 연구원, 성직자, 시인, 작가, 문학가,
상담, 외교, 전문지식, 예술, 임대업 등이다.

10. 십성 10_편인격

가. **편인격의 구성**

편인은 일간인 나를 도와주는 오행으로 일간과 음양이 같다.
월지가 편인이면 편인격이다.

갑(甲)목 일간이 해(亥)월에 태어나면 편인격이다.
을(乙)목 일간이 자(子)월에 태어나면 편인격이다.
병(丙)화 일간이 인(寅)월에 태어나면 편인격이다.
정(丁)화 일간이 묘(卯)월에 태어나면 편인격이다.
무(戊)토 일간이 사(巳)월에 태어나면 편인격이다.
기(己)토 일간이 오(午)월에 태어나면 편인격이다.
경(庚)금 일간이 진(辰), 술(戌)월에 태어나면 편인격이다.
신(辛)금 일간이 축(丑), 미(未)월에 태어나면 편인격이다.
임(壬)수 일간이 신(申)월에 태어나면 편인격이다.
계(癸)수 일간이 유(酉)월에 태어나면 편인격이다.

또한 월지 지장간에 중기, 여기에 편인이 있고, 편인이 천간에 있

는 경우도 편인격이다.

나. **편인격의 직업**

정인이 원칙적이고 정형화되어 있는 생각과 사고를 한다면 편인은 독창적이고 창의적인 사고를 한다. 따라서 철학, 종교, 의료, 4차산업 관련 직업, 연구하는 직업, 자격증을 바탕으로 한 직장, 자영업, 지적 정신적 활동을 하는 조직생활, 공급자 중심의 개인사업, 에너지를 발산시키는 직업이 알맞다.

그러나 편인도 정인과 같이 인성이 너무 많으면 공짜를 좋아하고, 남에게 의존적이며, 게으르다. 편인이 많으면 고독하기 때문에 사교적인 직업은 좋지 않다. 정인이 취미와 직업을 병행한다면, 편인은 직업과 취미가 다르다.

편인격은 일반적으로 공학, 과학, 작가, 평론가, 자유업, 유흥업, 연예인, 예술가, 의사, 체육인, 기술자, 건축가, 토목, 부동산, 임대업, 발명가 등이다.

IV 용신과 진로직업

사주와 직업의 관계를 판단하는 방법으로는 일간 오행에 의한 직업판단과 사주 격국에 의한 직업판단, 사주에 강한 오행에 의한 직업판단, 용신에 의한 직업 판단으로 나눌 수 있다. 어느 한 가지로만 판단하지 말고 이 모든 것을 종합적으로 분석하여 판단하는 것이 가장 최선의 방법이다. 그만큼 사주와 직업의 판단은 어렵다.

이번 장에서는 용신에 의한 직업을 설명하고자 한다.

1.비견 용신

비견이 용신이면 자존심과 독립심이 매우 강하다. 전문적인 직업에 종사하는 경우가 많다. 합작하는 회사나 동업을 하는 것이 좋다.

합작회사, 동업, 프리랜서, 의사, 변호사, 기자, 대리점, 스포츠, 종교, 창작 등이다.

2.겁재 용신

겁재는 성취욕과 자존심이 강하며 독립적이어서 혼자 행동하기를 좋아한다. 그래서 안정된 직업보다는 모험이나 투기와 관련된 직업에 종사하는 자가 많다.

겁재를 용신으로 하는 사람은 한 번 운이 트이면 매우 크게 일어나지만 한 번 망하면 완전히 망하기도 한다. 또 겁재가 용신인 경우 동업은 하지 않는 것이 좋다. 재물을 두고 다툼이 일어날 수 있기 때문이다.

전문기술자, 군인, 경찰, 발명, 폭파기술자, 혼자 하는 상업, 자유업, 스포츠, 유흥업, 건물관리, 경비 등이다.

3.식신 용신

식신이 용신인 사람은 자기가 속한 집단에서 두각을 나타내고 그 집단의 리더가 된다. 식신은 기본적으로 지적이며 정신적인 활동을 좋아한다. 또한 일반적으로 안정적인 생활을 영위하기 좋은 직업을 선호한다. 식신은 의식주에 관한 사업도 좋다.

식료품, 음식점, 커피숍, 건축업, 부동산, 중개업, 일반상업 도소매업, 일반회사원, 금융업, 교육 연구원, 서비스업, 교직이나 교육사업, 종교계통, 정신수련원, 제조, 생산, 사회복지사 등이다.

4. 상관 용신

상관은 창조적이고 미적인 감각이 뛰어나다. 천재성을 발휘할 때도 있다. 창조적인 방면의 업무나 분석, 비평, 전문적인 직업이 좋다.

회계사, 변호사, 특허변리사, 과학자, 발명가, 중개업, 연예인, 방송인, 예술인, 체육, 정치, 사회단체, 유흥업 등이다.

5. 정재 용신

정재는 바른 재물이다. 따라서 정재가 용신일 경우 안정된 생활을 위주로 한 고정소득이나 월급이 나오는 직업이 좋다. 정재는 편법을 부리지 않고 정직하고 성실하게 일한 대가로 돈을 벌며 돈을 불리기 위해 투기나 모험을 하지 않는다. 부당한 재물을 탐내지 않는 것을 말한다.

금융업, 은행, 보험, 세무, 회계, 무역, 상업, 공업, 제조, 부동산, 건축, 도매, 운수 대행사, 일반회사원 등이다.

6. 편재 용신

편재를 용신으로 하는 사람은 돈을 모으고 불리는데 아이디어가 넘치며 돈이 잘 따라 붙기도 하고 잘 나가기도 한다. 따라서 직장생활보다는 자기 사업을 하는 경우가 많으며 직장을 다녀도 자금의 흐름과 관련된 일을 하는 것이 좋다.

편재는 기본적으로 현실적이며 재물에 대한 집착과 사업적 기질이 강하고 승부욕이 강하다. 현실성이 없는 명예직인 직업적 활동에는 관심이 없고 실질적인 이익이 있는 직업에만 관심이 있다.

무역업, 유통업, 금융업, 광고나 증권, 홍보대행업 소개 혹은 중개업, 부동산 투자사업, 유통업, 여행, 개인사업, 각종 투자사업, 특기나 소질을 살릴 수 있는 사업 등이다.

7. 정관 용신

관은 공직을 말하고 특히 정관은 일반 행정이다. 정관 용신의 일간은 일반적으로 합리적이며, 안정적이고, 여유가 있다. 정년이 보장된 일반행정이나 교육공무원 등을 좋아한다. 행정, 교육, 세무관련 공무원, 판사, 은행, 증권, 금융업, 회사원 등이다.

8. 편관 용신

정관이 문신이라면 편관은 무신에 속한다. 권력과 깊은 관계가 있

다. 원칙과 소신이 분명하고, 판단력과 결단성이 뛰어나다. 조직에 대한 자부심도 대단하다. 그러나 편관이 잘못되면 깡패가 될 수도 있다.

군인, 경찰, 정치가, 검사, 경호, 군무원, 기술직공무원, 종교, 건축, 청부업 등이다.

9. 정인 용신

정인은 어머니에 해당한다. 사회적으로 보면 공부하고 남을 가르치는 역할에 해당한다. 관성이 강하여 정인이 용신인 경우에는 관인상생격으로 공직에 진출하여 승진을 한다. 반면에 식상과 재성이 많아서 정인이 용신인 경우에는 조직생활에 대한 만족도가 떨어지고 직업이 바뀌는 경우가 많다. 그러나 기본적으로 정인이 용신이면 안정과 명예를 중시한다.

따라서 정인을 용신으로 하는 사람은 교육, 학문, 의료, 작가, 창작 출판, 서점, 학원, 통역, 번역, 신문 잡지 관련 등이다.

IO. 편인 용신

편인이 용신이 되면 학문이나 기술 방면에서 뛰어나다. 집념이 대단하기도 하다. 정인은 일반적인 전문직이나, 편인은 특수 전문직에 해당하여 대체로 대중에게 서비스를 하고 인기를 받는 직업군에 해당한다.

의사, 한의사, 약사, 각종 기술사, 특수제조업 분야, 평론가, 연예인, 예술, 미용업, 요식업, 숙박, 여행, 디자인, 의상, 종교, 출판, 보석, 엔지니어, 역술, 심리상담 등이다.

V. 직업의 적응과 변동

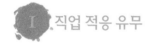

Ⅰ. 직업 적응 유무

일반적으로 직업에 적응을 잘하고 만족하는 사주와 적응하지 못하
는 사주의 유형으로 구분할 수 있다.

가. 음일간이 양일간보다 만족도가 높고 적응을 잘한다.

나. 음월 태생이 양월 태생보다 만족도가 높고 적응을 잘한다.

다. 신약사주가 신강사주보다 만족도가 높고 적응을 잘한다.

라. 정관격, 정인격, 정재격, 식신격이 편관격, 편인격, 편재격, 상관격
보다 만족도가 높고 적응을 잘한다.

마. 일지나 시간에 상관이나 편재가 없는 사주가 만족도와 적응을 잘
한다.

바. 관인 상생인 사주가 만족도가 높고 적응을 잘한다.

사. 비겁이 강하고 관성이 약하면 만족도가 낮고 적응을 잘 못한다.

아. 정관과 상관이 같이 있거나, 정인과 편재가 같이 있으면 만족도와 적응을 잘 못한다.

자. 식신 상관이 강하면 조직생활에 적응을 잘 못한다.

2. 직업 변동 시기

가. 상관운에는 인간관계가 문제가 있어 직장을 그만 두는 경우가 있다. 그러나 상관이 용신이면 직장변동의 결과가 좋고 기신이면 직장 변동 후가 더 나쁘다.

나. 대운이나 세운에서 격국과 합을 하면 직장이 변한다.

다. 대운이 희신인데 세운이 대운을 충극하면 실직한다.

라. 사주에 형, 충, 공망이 많으면 직업변동이 심하다.

마. 월지가 형, 충, 공망이면 직업 변동이 잦다.

3. 신왕 신약 직업

가. 일반적으로 신왕한 사람은 자영업이나 사람들을 지도하고 관리하는 업무가 좋다. 공무원, 정치가도 좋다. 신약한 사람은 월급을 받는 직업이나 기술 전문직이 좋다.

나. 극도로 신왕하거나 신약하여 용신에 의지할 것이 없으면 종업원

이다.

다. 신약하고 관살이 많으면 노동일에 종사하고, 신강하고 관살이 미
약하면 행상이나 영업이다.

라. 사주에 합충이 적으면 직업변동이 거의 없지만, 합충이 많으면 직
업 변동이 잦다.

VI 4차 산업혁명과 직업

4차 산업혁명이라는 용어는 '제조업과 정보통신의 융합'을 뜻하는 의미로 먼저 사용됐다. 이후 WEF에서 제4차 산업혁명을 의제로 설정하면서 전 세계적으로 주요 화두로 등장하게 되었다.

4차 산업혁명의 주창자이자 WEF 회장인 클라우스 슈밥은 4차 산업혁명을 '3차 산업혁명을 기반으로 한 디지털과 바이오산업, 물리학 등 3개 분야의 융합된 기술들이 경제체제와 사회구조를 급격히 변화시키는 기술혁명'으로 정의했다.

- **제1차 산업혁명(1760~1840)** : 인류가 철도, 증기기관으로 기계에 의한 대량생산의 기틀을 마련하였다.
- **제2차 산업혁명(19세기 말~20세기 초)** : 전기와 생산 조립라인 등으로 대량 생산체계를 구축하였다.
- **제3차 산업혁명** : 반도체, 메인프레임 컴퓨팅(1960년대), PC(1970~1980

년대), 인터넷(1990년대)의 발달을 통한 정보 기술 시대로 정리된다.

- **제4차 산업혁명** : '초연결성(Hyper-Connected)', '초지능화(Hyper-Intelligent)'의 특성을 가지고 있으며, 사물인터넷(IoT), 클라우드 등 정보통신기술(ICT)을 통해 인간과 인간, 사물과 사물, 인간과 사물이 상호 연결되고 빅데이터와 인공지능 등으로 보다 지능화된 사회로 변화될 것으로 예측된다.

이처럼 4차 산업혁명시대에는 인류가 적응하기 힘들 정도로 빨리 변화할 것이다. 미래학자 버크민스터 푸러(Buckminst Fuller)에 의하면 인류의 지식 총량은 백 년마다 두 배씩 증가해 왔다. 그러던 것이 1900년대부터는 25년으로 현재는 13개월로 그 주기가 단축되었다. 2030년이 되면 지식의 총량은 3일마다 2배씩 늘어난다고 예측하고 있다. 또한 인간 수명도 30년 이상 늘어날 것으로 예상하고 있다.

이처럼 미래가 급변할수록 가장 큰 문제 중 하나가 일자리다. 일자리는 한 사회가 유지될 수 있느냐 없느냐의 중대한 문제이다. 양질의 노동력은 점점 더 늘어 가는데 양질의 일자리는 거의 제자리걸음이다. 젊은 세대가 행복하지 않은 가장 큰 이유는 일자리 불안 때문이라고도 한다.

세계경제포럼은 일자리의 미래 보고서를 발표했다. 향후 5년간 세계고용의 65%를 차지하는 선진국 및 신흥시장 15개국에서 일자리 710만 개가 사라지고, 4차 산업혁명으로 210만 개의 일자리가 창출되어 500만 개의 일자리가 감소할 것으로 전망했다.

가장 큰 타격을 받을 직군은 사무관리직으로, 빅데이터 분석과 인공지능 기술을 갖춘 자동화 프로그램과 기계가 일자리를 대체해 앞으로 5년간 475만 9000개의 일자리가 줄어들 것으로 전망했다. 로봇과 3D프린팅의 위협을 받는 제조·광물업 분야 일자리도 160만 9000개 감소할 것으로 예상했다. 반면 전문지식이 필요한 경영·금융 서비스(49만 2000개), 컴퓨터·수학(40만 5000개), 건축·공학(33만 9000개) 등의 직군에선 일자리가 늘어날 것으로 전망했다.

한국고용정보원은 2016년 3월 국내 주요 직업군 400여 개 가운데 인공지능과 로봇기술 등에 따른 직무 대체 확률을 분석해 발표했다. 화가 및 조각가, 사진작가, 작가 등 감성에 기초한 예술 관련 직업은 자동화 대체 확률이 낮을 것으로 분석됐다. 음식서비스 종사원, 대학교수, 출판물기획전문가, 초등학교 교사, 귀금속 및 보석 세공원 등 직업들도 확률이 낮은 쪽이었다.

이 같은 변화는 기존 일자리에 암울한 전망을 제시하는 것으로 보일 수 있다. 그러나 세계경제포럼에서도 710만 개의 일자리가 사라지는 대신 200만 개의 일자리가 새로 생겨난다는 점을 함께 강조했다.

드론이 택배원의 자리는 빼앗겠지만 드론 조종사, 엔지니어 일자리를 만들 것이고 자율주행차에 맞는 교통 모니터링 전문가, 응급상황 처리 전문가 등이 새로 생겨난다.

이처럼 앞으로 10년은 지난 10년과 같은 기술, 같은 직업으로 살아남기는 힘들 것이다. 이러한 4차 산업혁명시대에 살아나가야 하는 우리 아이들에게 필요한 교육은 어떤 것이어야 하는지 심사숙고하지 않을 수 없다.

구글의 창업자인 래리페이지는 구글의 최종 목표는 '인터넷을 거대한 인공지능으로 만드는 것'이라고 밝힌 바 있다. 1956년 미국 다트머스 대학에서 열린 회의에서 인공지능(Artificial Intelligent AI)이라는 개념이 처음 나왔다.

인공지능이란 사람처럼 생각하고 문제를 해결하는 것이다. IBM의 슈퍼컴퓨터 왓슨은 1초에 책 100만 권 분량의 엄청난 데이터를 스스로 학습하는 능력이 있다.

인공지능의 비약적인 발전은 빅데이터(Big Data)와 딥러닝(Deep learning) 덕분이다. 수많은 지식과 자료들인 데이터를 수집, 가공, 분석하는 처리능력이 딥러닝이다. 딥러닝은 인간의 뇌가 사물을 인식하는 과정을 모방한 신기술이다. 뇌 속의 뉴런 네트워크와 같다. 인공지능이 수많은 데이터를 읽어 들이고 그 속에 숨어 있는 패턴을 스스로 찾아내 빅데이터를 재빨리 분류하고 분석해내는 능력이다. 이는 과거와 현재를 바탕으로 미래를 예측하여 새로운 가치를 창출할 수 있다는 점이다.

이처럼 앞으로 인류가 로봇이나 인공지능과 일자리를 두고 경쟁하는 일이 당장 우리 앞에 닥친 현실일 수 있다.

미래세대는 일생 동안 3개 이상의 영역에서 5개 이상의 직업을 갖고 19개 이상의 서로 다른 직무를 경험하게 될 것이라고 한다. 이러한 시대에 적응하기 위해서는 앞으로 자라나는 세대들에게 어떤 교육이 필요한 것일까?

미국 동부 메릴랜드주 아니폴리스에 있는 세인트존슨 대학은 1696년에 설립된 대학이다. 이 학교 학생들은 4년 동안 100권의 고전을 읽는다. 철학부터 수학, 과학, 역사에 이르기까지 다양한 고전을 읽고 토론하는 것이 커리큘럼의 전부다. 온종일 책을 읽고 토론하고 의견을 나누며 그 속에서 자신의 생각을 키워 나간다. 이들은 특별한 전공 없이 졸업하지만 법, 금융, 예술, 과학 등 다양한 분야로 진출하고 있다. 고전을 읽고 토론하는 과정에서 자신의 진짜 모습을 발견하고 자신에게 정말 좋은 것이 무엇인지 판단하여 창의적인 역량을 키워 나간 것이다.

학습자에게 발견되는 세 가지의 학습자질이 있다.

첫째가 수용적 사고력이다. 이는 자신이 배운 내용을 받아들이고 이해하고 암기하는 데 중점을 두는 능력이다.

두 번째는 비판적 사고력이다. 주어진 내용을 여러 방향에서 다시 생각해 보면서 배운 내용을 자신만의 관점에서 해석하는 능력이다.

세 번째는 창의적 사고력이다. 이는 주어진 내용을 다르게 생각해 보는 것을 넘어서 새로운 생각을 해내는 능력이다. 이 중 4차 산업혁명의 시대에서는 창의적 사고력이 가장 중요하다.

그런데 우리나라 최고 명문인 서울대의 최우등생들은 수용적 사고력이 높은 학생들이라고 한다. 이들은 교수의 농담까지도 토씨 하나 안 틀리게 그대로 받아 적어야만 A학점을 받을 수 있다고 한다. 교육이 변화하지 않으면 4차 산업혁명사회에서 뒤질 수밖에 없다.

그러면 어떤 교육으로 변화해 가야 하는가?

미래사회는 한 명의 천재가 아니라 집단지성이 힘을 발휘하는 시대다. 누군가가 새로운 가치를 창출하면 그것으로부터 도움을 받은 누군가가 또 다른 가치를 창출해 함께하는 것이다. 천재시대의 종말, 이것은 또 다른 창조의 시작을 의미한다. 과거의 경쟁이 누가 더 빨리 더 많은 기술을 집약적으로 선보이기를 겨루었다면 오늘날의 경쟁은 누가 더 많은 동반자와 함께 성장하는가에 초점을 맞추고 있다.

따라서 앞으로는 인간이 갖추어야 할 능력 중 가장 중요한 것 중 하나는 소통능력과 협업능력이다. 또한 넘쳐나는 지식 속에서 진짜를 가려내는 판단력, 어느 것이 핵심인지를 파악해내는 통찰력, 흩어져 있는 지식들을 연결하는 통섭력, 예술적이고 아름다운 것들을 느끼는 감각 등이 더욱 중요해질 것이다.

결국 인공지능이나 로봇이 대체할 수 없는, 인간만이 가진 능력이 더욱 가치로워질 것이다. 그러므로 미래교육은 그러한 능력을 키우는 방향으로 나아가야 한다.

인공지능이 흉내 낼 수 없는 것은 인간 마음의 가치라고 한다. 타인이 원하는 바를 읽어내고 다른 사람과 협업하는 능력도 기계가 대체할 수 없다. 사람과 사람 사이의 따뜻한 소통, 그런 능력을 가진 사람들이 일할 자리도 늘어나고 그 직업의 중요성이 훨씬 올라갈 거라고 미래학자들은 예측하고 있다.

지금까지 세대는 20대까지 공부한 것으로 평생을 먹고 살았다. 하지만 앞으로 나이 예순에도 여든에도 끊임없이 자기 계발을 해야만 생존이 가능할 것이다. 그래서 평생학습사회가 될 수밖에 없다. 학교에서 배운 것으로는 첫 번째 직업을 구할 수 있으며, 그 다음 직업은 스스로 공부해서 찾고 개척해 나가야 함으로 자기주도적 학습이 중요하다. 주어진 상황과 개인의 욕구에 따라 끊임없이 배우고 도전하는 자세가 제일 중요하다. 그러므로 고정관념에 사로잡힌 사람, 변화를 두려워하는 사람은 버티기 힘들 것이다.

그러므로 자신과 타인의 감정을 잘 다스려 원하는 결과를 이끌어낼 수 있는 능력인 감정지능과 마음의 균형 감각, 즉 중용지도가 중요하다.

② 4차 산업혁명과 사주

미래학자 토머스 프레이는 2030년까지, 20억 개의 일자리가 소멸한다고 예측했다. 2030년까지 현존하는 일자리의 80%가 소멸하거나 변환한다고 본 보고서도 있다.

또한 맥킨지 글로벌 연구소는 종래의 기술을 완전히 소멸시킬 신기술 12가지에 주목해야 한다고 밝혔다. 사물 인터넷, 클라우드, 첨단 로봇, 자율주행차, 차세대 유전체 지도, 3D 프린터, 석유 및 가스 탐사 신기술, 신재생 에너지, 나노기술 등이다.

이처럼 급변하는 미래사회를 살아갈 미래세대는 일생 동안 3개 이상의 영역에서 5개 이상의 직업을 갖고 19개 이상의 서로 다른 직무를 경험하게 될 것이라고 한다. 이제는 하나의 직업으로 평생 먹고사는 시대는 지나간 셈이다.

그렇다면 다가올 4차 산업혁명시대에 살아남기 위해 어떠한 능력이 필요한가? 미래학자들의 주장하는 내용들을 종합해 보면 다음과 같다.

◇ 4차 산업혁명시대에 필요한 역량

1 창의성(Creativity)

2 소통(Communication)

3 비판적 사고(Critical thinking)

4 협업(Collaboration)

5 도전(Challenge)

6 호기심(Curiosity)

7 연관성(Connection)

8 몰입(Commitment)

9 통섭(Consilience)

10 적응성(Adaptability)

11 복원력과 기개(Resiliency and Grit)

12 지속적으로 배우려는 사고방식(Mindset of continuous learning)

위의 12가지 역량과 사주를 통하여 알 수 있는 타고난 역량과의 관계를 살펴보자.

1 창의성(Creativity)

사주에서 편인과 상관이 발달되어야 창의성이 있다. 특히 상관은 독창성이 뛰어나다. 과거에는 상관이 관을 상한다고 하여 나쁘게 해석을 하는 경우가 많았지만 미래에는 아주 각광받는 역량이 상관이 갖고 있는 능력이 될 것이다.

2 소통(Communication)

사주에서 소통은 상생관계가 좋은 사주다. 즉, 오행이 형충을 하지 않는 상태에서 오행을 고루 갖추고 있을 때 소통능력이 있다.

3 비판적 사고(Critical thinking)

사주에서 비판적 사고는 상관과 편인의 역할이다. 이 또한 과거에는 부정적인 시각에서 편인과 상관을 보았지만 미래에는 주목받는 역량이 될 것이다. 사주에서 편인과 상관이 잘 구성된 사람은 비판적인 능력이 있다.

4 협업(Collaboration)

사주에서 정관, 정인, 식신, 정재가 잘 구성되어 있거나 오행이 상생관계에 있을 때 서로 돕고 의지함으로 협업이나 협동능력이 뛰어나다.

5 도전(Challenge)

사주에서 도전정신은 비견, 겁재가 잘 발달되어야 한다. 비견, 겁재가 잘 구성되어 있으면 도전과 경쟁의식이 강하고 실천력도 강하다. 또한 오행에서 목화가 잘 구성되어 있어도 도전정신이 강하다.

6 호기심(Curiosity)

사주에서 오행 중 목이 잘 발달되어 있으면 호기심이 많다. 식상과 편인이 발달되어도 호기심이 많다.

7 연관성(Connection)

연관성은 독립된 것처럼 보이는 것을 그 속에 있는 공통적인 요소를 찾아내어 이를 연결하여 결국 창의성으로 이어지는 능력이다. 사물을 보는 눈이 예리해야 한다. 식신과 상관의 역량으로 볼 수 있다. 그리고 연관성을 찾아내고 난 후에 이것들을 상품화시키는 능력은 정관과 정인의 능력이 겸해져야 한다.

8 몰입(Commitment)

몰입은 한 곳에 집중할 수 있는 능력이다. 정인과 편인의 역량과 비견과 겁재의 역량과 식신과 상관의 역량이 결합할 때 몰입이 잘 된다. 또한 재성과 관성과 인성이 상생될 때도 몰입을 잘한다.

9 통섭(Consilience)

두 학문을 연결시키는 능력이 통섭능력이다. 특히 인문학과 자연과학을 연결시키는 능력이다. 이는 정통적인 학문능력으로서 정관, 정재, 정인, 식신이 잘 발달될 때 사물의 통합과정을 이해하고 이들을 결합시켜 새로운 것을 만들어내는 능력이 있다.

10 적응성(Adaptability)

다윈 진화론의 핵심은 강한 자가 살아남는 것이 아니라 변화에 적응을 잘하는 자만이 살아남는다는 것이다. 그래서 적응력이 중요하다. 적응성은 인내심을 요구한다. 이러한 속성은 정관의 영역이다. 사주에 정관이 잘 발달되어 있으면 적응을 잘한다. 신강사주보다 신약사주가 적응력이 좋다. 일간이 양간보다는 음간이면 적응을 잘한다.

11 복원력과 기개(Resiliency and Grit)

불확실성의 세계에서 유일하게 변하지 않는 것은 적응하고 중심을 잡으며 다시 회복하는 능력이라고 한다. 이처럼 한 번 실패를 하더라도 빨리 적응하고 회복하는 능력이 중요하다.

그릿(grit)은 기개, 투지, 끈기로 번역된다. 즉, 그릿은 목표에 대한 흔들림 없는 열정과 목표를 향한 멈추지 않는 인내를 말한다. 끝까지 오르는 사람은 재능을 가진 사람이 아니라 그릿을 가진 사람이라고 한다. 그릿을 키울 수 있는 중요한 요소는 관심사(interest)를 분명히 하고, 연습(practice)을 하고, 목표의식(purpose)을 가지고, 희망(hope)을 품는 일이라고 한다.

음양이 균형 잡힌 사주가 복원력이 좋다. 신강하고 식상과 재성의 흐름이 좋은 사주는 실패를 하더라도 다시 도전하는 힘을 빨리 회복한다. 또한 사주에서 목이 적절히 왕성하면 실패를 하더라도 다시 도전하는 정신이 강하다. 또한 관인상생인 사주가 적응을 잘하고 회복하는 능력이 강하다. 편관과 편인이 잘 구성된 사주와 비견과 겁재가 잘 구성된 사주도 그릇이 강하다.

⑫ 지속적으로 배우려는 사고방식(Mindset of continuous learning)

비견과 정인과 식신이 용신인 사람은 평생학습하려는 태도를 갖고 있다. 특히 인성이 시주에 있으면서 용신인 사주는 평생학습하려는 태도를 갖고 있다.

결국 4차 산업혁명에 적합한 인재는 4차 산업혁명이 요구하는 능력과 타고난 능력을 융합시킴으로써 능력을 최대화할 수 있는 사람이다.

오행이 갖고 있는 장점, 즉 목의 장점인 적극성, 진취성, 긍정성, 유연성, 추진력, 미래지향성, 창의성을 살리고, 화의 장점인 사교성, 열정, 명예, 명랑, 예의, 처세 등의 특성을 살리고, 토의 장점인 원만, 조절, 중용의 장점을 살리고, 금의 장점인 의지, 수렴, 결실 등을 살리고, 수의 장점인 지혜, 저장, 휴식, 인내 등의 장점을 살려야 한다.

또한 비견의 장점인 독창성과 협동성, 열정을 살리고, 겁재의 장점인 적극적이고 도전적인 정신을 살리고, 식신의 장점인 이해와 연구능력, 미래지향적인 사고 능력을 살리고, 상관의 장점인 표현력이나 예술적인 능력과 독창성을 살리고, 편재의 장점인 수리력, 가치판단력, 기회포착력을 살리고 정재의 장점인 계산력, 논리력의 장점을 살리고, 편관의 장점인 과감한 행동력, 신속한 결정력을 살리고, 정관의 장점인 도덕, 공공성, 규범적인 능력을 살리고, 편인의 장점인 직관력, 순발력, 추리력, 초현실적 예술력을 살리고, 정인의 장점인 수용적, 안정적, 전통적, 과정중심적인 능력을 살려야한다.

결론적으로 나의 타고난 장점을 살려 위의 12가지 능력을 키우면 어떠한 사회가 와도 적응을 잘하여 행복한 삶을 영위하게 될 것이다. 결국 나의 타고난 장점을 살리고 그 단점을 고치면 어떠한 난관이 올지라도 극복할 수 있는 힘이 생기게 된다. 즉, 취장보단(取長補短)이다. 자신의 장점을 살리고 단점을 보완하면서 준비하는 사람은 4차 산업사회라는 커다란 변혁의 시대가 오더라도 유연하게 대처해 나갈 수 있을 것이다.

결국 인간은 『주역』에서 말하는 열심히 반복해서 노력하는 종일건건(終日乾乾)과 하늘의 운행이 쉬지 않고 돌아가는 것을 군자가 본받아서 스스로 굳세게 하여 쉬지 않아야 한다는 자강불식(自彊不息)의 태도로 살아가야만 미래사회에 적응하고 생존해 행복을 누릴 수 있는 것이다.

황교장의 시주평리한 여행

Chapter 04

명리학 공부 여행

I 사주와 학습

학습은 배우고 익히는 것이다. '학습'은 『논어』의 〈학이편〉에 나오는 첫 문장인 '학이시습지 불역열호(學而時習之不亦說乎)' 즉 '배우고 때때로 익히면 또한 기쁘지 아니한가!'에서 나온 말이다.

우리나라에는 배우고 익혀서 기뻐야 하는데 고통을 받는 학생들이 더 많다. 학습을 배우고 익히는 과정에 초점을 맞추는 것이 아니라 우수한 성적을 받기 위한 수단으로 인식하기 때문이다. 청소년 시기에 학업성적은 장래의 직업을 결정하는 데 주된 요소이기는 하지만 그것만이 전부는 아니다. 그런데도 우리나라에서는 적성에 따라 진로를 결정하기보다는 성적에 맞추어 진로를 결정하는 경향이기에 학습은 그 자체로 목적이 아니라 수단으로 전락하고 말았다. 우리나라 학부모와 사회적 분위기는 학력보다는 성적에 따라 학생의 미래와 가치를 저울질하고 있는 셈이다.

교육심리학에서는 학생의 학업성적은 주로 부모의 유전인자와 경제력, 부모의 언어모형, 학습태도 등과 상관관계가 있다고 본다. 그런데 명리학에서는 사주팔자와 운의 흐름이 학습에 영향을 미친다고 보고 있다. 이 둘을 상호 보완하여 대처하면 학습에 대한 스트레스를 줄이고, 배우고 익혀 즐거운 과정으로의 학습의 본질을 느낄 수 있도록 이끌어 나갈 수 있을 것이다.

Ⅰ. 공부에 전념할 수 있는 사주

사주에서 기본적으로 식신 상관을 학(學)이라고 하고, 인성을 습(習)이라고 본다. 기본적으로 인성과 식신 상관이 사주에 있어야만 공부를 잘할 수 있다.

일반적으로 공부를 잘하는 사주는 다음과 같다.

가. 사주 격국이 성립하고 조후용신이 있고 연주와 월주가 충극 없이 상생일 때

나. 관성격이 온전할 때, 즉 관인이 상생이고 오행이 순환일 때

다. 인성이 월주에 강하게 작용하고 두 번째 대운이 좋을 때

라. 인성과 일간과 식신이나 상관이 자연스럽게 흐를 때

마. 일간이 강하면서 식신 상관이 있으면 단기적인 학교 시험은 잘 보는데 장기적인 시험인 수능이나 고등고시 같은 시험은 성적이 기대에 못 미친다. 이유인즉, 학습은 배운 것을 반복해서 복습해야 하는데 사주에 인성이 없는 학생은 반복해서 복습하는 것을 싫어한다. 그러나 그 해에 인성운이 오면 좋은 점수를 받을 수 있다.

바. 대운과 세운에서 인성운이 들어오면 공부를 잘한다.

사. 오행에서 수(水)는 공부의 요소이다. 수가 적절하게 있으면 기억력
이 탁월하다.

아. 오행에서 목(木), 화(火)가 적절한 학생은 초·중학교 때는 공부를
잘하지만 고등학교에 가면 성적이 떨어진다. 이는 금(金), 수(水)가
부족하여 체력과 끈기가 부족하기 때문이다.

자. 사주에 양인이나 건록이 잘 구성되어 있으면 공부를 잘한다. 양인
은 힘이 있어 확실하게 끝낸다. 건록은 의지와 노력으로 끝을 본다.

차. 사주에 문창귀인, 천을귀인, 학당이 있으면 공부를 잘한다.

카. 시험을 치는 해에 대운과 세운이 중요하다. 원국에 관성이 있고 인
성이 없는데 세운에서 인성운이 들어오면 관생인하여 좋은 성적이
나온다. 반대로 인성이 있고 관성이 없는데 대운과 세운에서 관성
운이 오면 공부를 잘한다.

타. 목화통명(木火通名), 즉 목 일간이 화의 계절인 사오미월에 태어났
거나 화 일간이 목의 계절인 인묘진월에 태어난 경우에는 공부를
잘한다.

파. 금백수청(金白水淸), 즉 금 일간이 수의 계절인 해자축월에 태어나
면 공부를 잘한다. 단, 신왕하고 조후가 알맞아야 한다.

하. 괴강살과 백호살이 있으면 끈기와 힘이 있어 공부를 잘한다.

2. 공부에 전념할 수 없는 사주

그동안 수많은 학생들의 사주를 감정한 결과, 학교생활에 적응이

잘 안 되는 학생들의 특징은 충, 형, 파가 많았다. 특히 간충, 지충이 많았다. 그리고 중도에 학업을 포기하는 경우도 있었다. 사주에 막힘이 많고 운에서조차도 안 따라 줄 때 이런 일이 나타나는 경우를 많이 경험했다.

가. 연주와 월주가 충극이 심한 경우
나. 연주와 월주에 식상이 혼잡된 경우
다. 연주와 월주에 재성이 혼잡된 경우
라. 강한 식상운을 만나 원국의 관성이 극파되는 경우
마. 강한 재성운을 만나 원국의 인성이 극파되는 경우
바. 인성이 너무 많아도 생각이 많아서 공부가 잘 되지 않는다.
사. 사주오행에 수(水)가 부족하면 공부가 안 된다.
아. 연월에 금(金), 수(水)가 없으면 실천력과 행동력이 부족하다.
자. 조후가 일방적으로 치우치면 음양의 조화가 깨져 공부가 잘 안 된다.
차. 사주격국이 성립되어도 대운이 용신과 위배되거나 격국이 파격인 경우
카. 재성이 인성을 극하거나 대운과 세운이 용신과 충극으로 무력한 경우
타. 대운에 용신이 무력하면 공부의 기초가 부족하고, 용신이 사절지인 경우
파. 상관격에 인성이 없고 관성을 보게 되면 상관견관되어 파격인 경우
하. 원국에 용신을 극하고 세운에서 다시 용신을 극하는 경우

3. 공부가 잘 되는 시기

일반적으로 신약하면 문과 위주로 공부하고, 신강하면 이과 위주 또는 예체능에 알맞다. 그런데 앞으로는 이과와 문과가 특별히 구별되지 않고 통합된다. 즉, 융합학문이 되어야 빛을 발할 수 있다.

가. 사주가 신약하면 관인이 상생될 때, 즉 인성운이 오면 공부가 잘 된다.

나. 사주에 재성이 많아 신약한 재다신약인 경우에는 비겁운일 때 공부가 잘 된다.

다. 사주가 신왕할 때, 식신 상관운일 때 공부가 잘 된다.

라. 신왕한 사주가 인성이 기신일 때, 재성운일 때 공부가 잘 된다.

마. 신왕한 사주가 비겁이 많으면 관성이 용신이고 관성운일 때 공부가 잘 된다.

공부가 잘 되는 시기를 아는 방법 중 가장 중요한 것은 격국과 용신을 정확하게 아는 것이다. 격국이 성격이 되면 공부를 잘하고 용신이 뚜렷하고 용신운일 때 공부를 잘한다.

그러나 아무리 좋은 운을 타고나도 본인이 노력하지 않으면 안 된다. 사주에 격국 용신이 좋다는 것은 그릇의 크기이다. 아무리 큰 그릇이라도 그 속에 채워 넣을 내용물인 노력이 없으면 아무런 의미가 없는 것이다.

II 공부 잘하는 방법

　부모라면 누구나 자신의 자녀가 공부에 전념할 수 있는 사주를 가지고 태어나기를 바랄 것이다. 그러나 각자 타고난 사주와 운세가 다르니 주어진 여건 안에서 보완하고 의지와 노력으로 개척해 나가야 한다.

　사주명리학에서 자신을 나타내는 일간을 중심으로 공부 잘하는 방법을 살펴보자.

일간을 중심으로 학습방법을 달리하여야 한다. 일간의 특성에 맞춘 학습법은 다음과 같다.

가. 木 일간 학생의 특성과 학습법

목 일간인 학생은 적극성, 진취성, 긍정성, 유연성, 추진력, 미래지향성, 창의성, 즉흥성 등의 특성을 가지고 있다.

◉ 목 일간 학생의 특성

- 머리회전이 빠르고 엉뚱한 생각을 잘한다.
- 처음 만난 사람들과도 금방 친해진다.
- 이것저것에 관심과 호기심이 많고 새로운 것을 좋아한다.
- 활기차고 낙관적이며, 생각과 동시에 행동한다.
- 일을 벌이기를 좋아하나 마무리를 짓지 못한다.
- 새로운 것에 금방 재미를 느끼지만 싫증도 빨리 낸다.
- 칭찬에 민감한 반응을 일으키나 좌절에는 약하다.
- 공부 마무리를 잘 못한다.
- 쉬운 문제를 더 잘 틀린다.

◉ 목 일간 학생의 학습법

목 일간 학생들은 실천보다는 의욕이 앞서 뭐든지 빨리빨리 하려고 한다. 때문에 계획적인 공부가 필요하다.

- 연간 계획, 월간 계획, 주간 계획, 하루의 계획을 세워 우선순위에 따라 행동하는 습관을 길러 준다.
- 건강한 좌절감은 약이 될 수 있다. 좌절감을 비난하지 말고 잘하는 것을 찾아서 칭찬을 자주하여야 한다. 일간이 목인 아이는 칭찬을 먹고 산다.
- 단순한 암기도 게을리 하지 않게 하고, 방만한 계획은 피하고, 노트를 잘 정리하는 습관을 길러 주어야 한다.

나. 火 일간 학생의 특성과 학습법

화 일간인 학생은 사교성, 열정, 밝은 것, 화려한 것, 예쁜 것, 명예, 명랑, 예의, 인기, 처세 등의 특성을 가지고 있다.

● 화 일간 학생의 특성

- 일을 시키면 신속히 마무리를 짓는다.
- 싫고 좋다는 표현이 분명하고, 거침없이 행동한다.
- 승부 근성이 강하고, 앞에 나서는 상황을 즐긴다.
- 약속 안 지키는 사람은 참지 못한다.
- 성격이 급하고, 자존심이 강하고, 경쟁심이 매우 강한 편이다.
- 남의 얘기를 듣지 않고 자기주장을 내세우는 일이 많다.
- 겉모습에 신경을 많이 쓴다.
- 다혈질이나 뒤끝은 없다.
- 결과 중심의 공부를 한다.
- 과목에 대한 편애가 심하다.

● 화 일간 학생의 학습법

화 일간의 학생은 결과 중심의 학습을 하기 때문에 결과가 좋지 않을 때 좌절하기 쉽다. 결과보다 과정을 즐길 수 있는 여유 있는 자세를 가질 수 있도록 지도하는 것이 좋다.

- 땀이 나도록 운동을 시켜 마음을 차분하게 가라앉히고 학습을 시작하는 습관을 들이도록 한다.
- 자신이 최고여야 된다는 생각을 버리고 협동하여 더불어 사는 가치관 교육을 시켜야 한다.
- 자존심을 상하게 하는 말을 피하고 장점을 칭찬해 주어야 한다.
- 지는 것도 배움이라는 것을 알게 하여 실패에 대한 회복탄력성을 키워주어야 한다.
- 차분하게 하나하나 점검하는 습관을 들이도록 지도한다.
- 결과에 치중하지 말고 즐거움을 느낄 수 있는 폭넓은 공부가 필요하다.

다. 土 일간 학생의 특성과 학습법

토는 오행의 가운데로 조절과 중재, 즉 중용을 나타낸다. 그러므로 토 일간인 학생도 그와 같은 특성을 가지고 있다.

● 토 일간 학생의 특성

- 마음이 느긋하고 푸근하며, 마음먹은 일에 대해서는 꾸준히 한다.
- 양보다 질 중심의 공부를 하고, 하나를 배워도 오래 배운다.

- 갈수록 성적이 좋아질 수 있다.
- 양보를 잘하고, 원치 않는 상황에도 잘 적응하는 편이다.
- 매사에 행동이 느리고, 친구들의 부탁을 잘 거절하지 못한다.
- 표현이 불분명하고, 매우 순하다는 말을 자주 듣는다.
- 행동이 느리고, 어떤 일을 시작하는 데 상당히 미적거린다.

🔘 토 일간 학생의 학습법

토 일간인 학생은 대기만성형임으로 조급하게 공부를 시키면 안된다. 믿고 기다려 주면서 학습단계를 서서히 높여주면 좋은 결과를 얻을 수 있다. 부모가 조급하게 결과를 보려고 하면 학습부진은 더 심화될 것이다. 부모의 믿음과 인내가 필요하다.

- 매사에 느리고 급한 것이 없어 보여도 믿고 기다려 주어야 한다.
- 잠재력에 주목하면서 조금씩 개선시켜 나가야 한다.
- 함께 놀아주면서 명랑한 친구를 사귀게 한다.
- 꿈과 희망을 갖게 하고 점진적인 학습을 하도록 해야 한다.
- 학습의 속도와 결과보다 꾸준한 노력과 끈기를 칭찬하면서 격려해야 한다.

라. 金 일간 학생의 특성과 학습법

금의 특성은 수렴과 결실이다. 금 일간인 학생의 특성은 냉정함, 의리, 흑백논리 등이다.

● 금 일간 학생의 특성

- 성실하게 주어진 일을 체계적으로 잘 처리한다.
- 자기 일은 자기가 잘 알아서 꼼꼼히 잘 챙긴다.
- 수업시간에 자발적으로 손을 들어 발표하는 일은 드물지만 일단 시키면 잘한다.
- 자신 있는 일은 잘 해내지만 능력 부족인 것까지 욕심 내지 않는다.
- 잘 아는 사람들에게는 친절하고 관심을 두지만, 자신과 관계없는 사람과 일에는 관심을 두지 않는다.
- 실패를 두려워하고, 스트레스에 약하다.
- 꼼꼼하게 공부를 잘하나, 창의성이 부족하다.
- 배려성이 부족하고, 틀리는 문제를 회피하는 경향이 있다.

● 금 일간 학생의 학습법

금 일간 학생들은 대체적으로 자기가 알아서 공부를 잘하지만 실패에 대한 두려움이 크기 때문에 심리적인 강박감이 많다. 따라서 심리적인 안정을 취할 수 있도록 하고, 자신감과 적극성을 키워 주어야 한다.

- 실패도 작은 성공임을 알게 하여, 실패에 대한 내성을 길러 주어야 한다.
- 다양한 도전을 하는 기회를 주어 그릇의 크기를 키워 주어야 한다.
- 성공이나 실패와 관련 없는 취미활동을 권장하여 창의력을 개발해야 한다.

● 편안하게 적극적인 표현능력을 키워 주어야 한다.

마. 水 일간 학생의 특성과 학습법

수의 특성은 지혜, 저장, 갈무리, 휴식, 충전, 인내 등이다.

⚫ 수 일간 학생의 특성

● 자기 주관이 강하고, 매사에 냉철하며 비판을 잘한다.

● 어떤 일을 할 때 명분과 의미를 매우 중요하게 생각한다.

● 박학다식하고, 통찰력이 좋고, 권위에 설득당하지 않는다.

● 또래에 비해 조숙한 편이고, 잡기에 관심이 없다.

● 학교교사나 과외교사의 지도보다는 혼자 알아서 공부하는 편이다.

● 자기 주관과 수준에 맞지 않는 친구는 별로 배려하지 않는 경향이
있다.

● 명분을 중시하고, 속을 짐작하기 힘들다.

⚫ 수 일간 학생의 학습법

수 일간의 학생들은 대체적으로 지능이 좋아서 공부를 잘한다. 무
엇보다도 스스로 납득과 이해가 되지 않으면 받아들이지 않는다. 충
분히 소통을 하여 래포가 형성되도록 노력하여야 한다.

● 진정을 담아서 대화를 해야 한다.

● 혼자 공부하기를 좋아하기 때문에 대화와 타협으로 본인 스스로 의
사결정을 하게 해야 한다.

- 부모와 교사가 먼저 모범을 보여 모방학습, 모형학습을 하게 해야 한다.

일간 오행학습법은 저마다 타고난 성격의 장점을 충분히 살리고, 단점을 보완하는 공부 방법이다.

일반적으로 사주에서 격국이 잘 구성되어 있고 일간도 중화가 될 때와 용신이 같은 오행일 때에는 위의 학습 방법이 알맞다. 그러나 격국이 파격이거나, 일간 오행이 신약하거나 너무 신강할 경우에는 적용이 어렵다.

결국 일간과 오행학습법은 격국 용신을 정확하게 이해하고 적용해야만 많은 효과를 볼 수 있다.

2. 공부 잘하기 위한 불변의 법칙

타고난 일간 오행에 따른 학습법을 아는 것도 중요하지만 공부를 잘하는 데에는 불변의 법칙이 있다.

공부를 잘하기 위해서는 '즐기기 – 애착 – 몰입 – 비전 – 정상도달'이라는 단계를 거쳐야 한다. 성공한 사람, 공부 잘하는 사람들은 모두 이 과정을 거쳐 현재의 수준에 올라선 것이다.

가. 즐기기 단계

공부를 즐기기 위해서는 자기 마음대로 이것저것 시도해 볼 수 있는 자유가 보장된 상태여야 한다. 그리고 따뜻하고 재미있게 가르쳐

주는 지도가 필요하다.

나. 애착 단계

즐기는 가운데 조금씩 실력이 늘어나 자신의 능력에 대한 자신감을 가지게 되고, 누가 굳이 하지 않아도 자기 스스로 점점 더 하고 싶어지는 시기이다. 이때 공부하는 과정에서 성공하는 경험을 많이 가지는 것이 중요하다.

다. 몰입 단계

애착이 너무 강렬해지고 공부가 완전히 생활의 중요한 부분을 차지해서 그것에 푹 빠진 시기이다. 공부가 생활이고, 생활이 공부인 단계이다. 이 시기에 자신에게 가장 적합한 최적의 공부 방법을 스스로 만들게 된다.

라. 비전 단계

공부에 대한 목표의식이 확고해지는 시기이다. 이 시기는 공부가 구체적인 진로와 연결된다. 일생을 두고 볼 때, 공부는 진정으로 내 삶에서 무엇인지에 대한 명확한 상이 형성된다. 어떤 상황에서도 흔들림이 없는 공부 태도를 가지게 된다.

마. 정상도달 단계

한 사람의 인생을 놓고 본다면 전문가 또는 대가의 경지에 올라서는 단계이다.

노력하지 않으면 좋은 성적을 올릴 수 없다. 그렇지만 같은 시간 동안 공부를 한다면 올바른 방법, 효과적인 방법으로 공부를 하는 것이 더 바람직하다. 이것은 요령이 아니라 지혜이다. 이 중 5가지만 제대로 실천해도 우등생이 될 수 있을 것이다.

가. 교과서 내용의 구조화

교과서를 반복해서 보는 가운데 교과서에 있는 지식이 머릿속에서 구조화된다는 점이다. 사람의 뇌는 여러 번 반복해서 공부하면 그 지식에 대해서 인지구조가 새롭게 형성된다. 인지구조가 일단 형성되면 쉽게 망각되지 않고 오래간다. 따라서 교과서 내용의 구조화는 교과서를 충분히 이해되고 구조화될 때까지 반복해서 보는 것이 최고라는 것이다.

나. 참고서는 단지 참고만

참고서는 '교과서 내용을 보충해서 이해하기 위한 것'일 때 의미가 있다. 그런데 대부분의 참고서는 교과서 내용을 토막 내고 연습문제를 제시하는 수준에 머물러 있다. 이는 학생 스스로가 문제를 해결하는 방식을 만들어내야 하는데 참고서는 그 방식을 미리 귀띔해 준다. 이는 학생의 문제해결능력을 저해한다. 따라서 교과서를 충분히 이해하고 난 후에 참고서를 봐야 된다.

다. 적절한 휴식은 뇌를 바르게 정렬

문제가 넓은 범위에서 출제되는 경우, 시험 전날 공부를 하면 오히려 성적이 더 안 좋았던 경험이 많을 것이다. 이것은 뇌 속의 지식 구조화를 생각하면 당연한 결과이다. 시험 직전까지 지식을 마구 넣어버리면 지식이 차곡차곡 쌓이는 데 방해가 될 수 있고 아웃풋이 될 통로를 막아버릴 수도 있다. 대표적인 예가 벼락치기 공부다.

라. 직접 표현하는 연습을

자기가 읽은 내용을 발표하면 일단 표현능력이 좋아진다. 논리적 사고도 늘어나며 다른 사람을 설득하는 힘도 좋아진다. 더구나 발표하면서 지식이 머릿속에 기억되기 때문에 더 오래가게 된다. 결국 성적도 좋아진다.

마. 수업 전 5분, 수업 후 5분을 활용

수업 전 5분 동안 미리 예습을 하고, 수업이 끝난 후 복습을 5분하는 생활습관을 갖도록 한다. 이는 기억의 놀라운 흡수효과 때문이다.

바. 목표계획

올바른 시험전략 즉 연간 목표계획, 월간 목표계획, 주간 목표계획, 일간 목표계획, 시간계획을 세워 공부를 하도록 한다.

뇌과학에서는 단기, 장기 목표를 분명히 세워야 5000억 개의 뇌세포가 작동을 한다고 보고 있다.

공부를 잘하는 방법 중에서 변하지 않는 진리는 학생 스스로 공부가 재미가 있어서 열심히 공부를 하는 것이다. 하기 싫은 데 억지로 하는 공부는 오래 가지 못한다. 학생 스스로 재미가 있어서 공부를 해야지 부모의 강요에 의해 공부를 하면 절대로 지속적인 공부가 안 된다.

한국영재학교 전신인 부산과학고에 근무할 때 경험한 바로는 이들 학생들의 부모들은 한결같이 공부 그만하고 잠을 자게 불을 꺼 주는 것이 일과였다고 했다. 학생들 스스로 좋아서 공부를 했다는 것이다.

4. 자성예언과 피그말리온 효과

자성예언(自成豫言, self-fulfilling prophecy)은 자기충족 예언 또는 피그말리온 효과(Pygmalion effect)라고도 불린다. 자성예언은 자기가 예언하고 간절히 바라는 것이 실제 현실에서 실현된다는 것이다. 이는 그리스 신화에 나오는데 신화의 내용은 책마다 조금의 차이는 있지만 대체로 다음과 같다.

피그말리온(Pygmalion)은 키프러스의 왕이자 조각가였던 신화 속 주인공의 이름이다. 그리스 신화에 등장하는 키프로스의 왕 피그말리온은 여성들의 결점을 너무 많이 알기 때문에 여성을 혐오했다. 결혼을 하지 않고 한평생 독신으로 살 것을 결심한다. 하지만 외로움과 여성에 대한 그리움 때문에 아무런 결점이 없는 완벽하고 아름다운 여인을 조각했다. 피그말리온은 신에게 자신이 조각한 여인상이 아내가 되게 해달라고 간절히 빌었다.

그런데 놀라운 일이 일어났다. 피그말리온이 조각상인 그녀를 손으로 어루만지자 점점 따스한 체온이 느껴지며 사람으로 변해가기 시작했다. 결국 피그말리온의 순수한 사랑을 받아들인 신이 그 조각을 아름다운 여인으로 만들어주었던 것이다. 조각상이 살아 있는 여인으로 변하자 피그말리온은 그녀와 결혼을 하고 파포스라는 딸까지 낳았다.

무엇이든지 간절히 바라면 소원이 이루어진다. 학생들은 자신의 꿈을 글로 적어서 책상에 붙여놓고 하루에 몇 번씩 이 글귀를 소리내어 읽고 외치면 꿈이 실현될 가능성을 높인다고 한다.

애국가의 작곡가 안익태 선생은 런던교향악단의 지휘자가 되겠다는 자성예언을 했다고 한다. 그리고 김영삼 대통령은 학창 시절에 '미래의 대통령 김영삼' 이라고 써서 책상 앞에 붙여 놓았다고 한다. 그 외에도 자성예언을 성공적으로 이룬 유명인사 분들이 많다.

미국의 교육학자인 로젠탈과 제이콥슨(Rosenthal & L. Jacobs)은 1968년 샌프란시스코의 한 초등학교에서 전교생 650명을 대상으로 지능검사를 하였다. 그리고 이 검사의 실제 점수와는 아무런 상관없이 무작위로 20%의 학생을 뽑아 지능지수가 높은 학생들이라고 해당반의 교사들에게 알렸다.

8개월 후에 이들을 지능지수와 학업성적을 처음과 비교해 보았다. 그 결과 명단에 속한 학생들은 지능지수와 성적이 많이 향상되었다. 이는 교사들이 이 아이들은 지능지수가 높은 아이들이므로 지적 발달과 학업성적이 향상되리라는 기대를 가지고 정성껏 돌보고 칭찬한 결과로 나타난 것이다.

결국 교사의 우호적인 관심과 높은 기대수준이 학생의 능력을 향상시킨 것이다. 이것을 교육심리학에서는 피그말리온 효과라고 한다. 따라서 학생은 미래의 꿈을 자성예언으로 실현시켜야 되고 교사는 학생들에게 지속적인 칭찬, 격려, 신뢰, 인정, 애정, 사랑, 긍정, 확신, 믿음을 주어야 할 것이다.

자성예언의 예를 들어보면 다음과 같다.

- 나는 공부를 잘할 수 있다.
- 나는 어디에서나 필요한 사람이다.
- 나는 말보다 행동하는 사람이다.
- 나는 내 인생의 주인공이다.
- 나는 담배를 피우지 않는다.
- 나는 목표가 있다.
- 나는 참을 수 있다.
- 나는 나 자신을 다스릴 수 있다.
- 나는 정직하다.
- 나는 건강하다.
- 나는 부지런하다.
- 나는 겸손하다.
- 나는 예의바르고 건강하다.
- 나는 무엇이든지 끝까지 열심히 한다.
- 나는 남의 말을 적극적으로 경청한다.

- 나는 받기보다 주기를 좋아한다.
- 나는 약속을 잘 지킨다.
- 나는 솔직하게 먼저 인사한다.
- 나는 언제나 밝게 웃는다.
- 나는 절약한다.
- 나는 내 할 일을 찾아서 한다.
- 나는 스스로를 큰 사람이라고 생각한다.
- 나는 무슨 일이나 뜻이 있다고 생각한다.
- 나는 결과에 집착하지 않고 과정에 최선을 다한다.
- 나는 항상 앞서 준비한다.
- 나는 늘 목표를 확인하고 끈기를 갖고 나아간다.
- 나는 눈치를 보거나 위축되지 않고 자유로운 마음을 가진다.
- 나는 날마다 정기적으로 생각하는 시간을 갖는다.
- 나는 긍정적인 정신 자세를 갖고 있다.
- 나는 이기적인 생활에서 벗어나 남을 위해 의미 있는 일을 찾는다.
- 나는 어떤 절망 앞에서도 희망을 버리지 않는다.
- 나는 자신을 당당하고 멋진 배역을 맡은 주인공으로 여긴다.
- 나는 만나는 사람에게 도움을 주는 사람이다.
- 나는 생각하고 말하며, 생각하고 행동하는 사람이다.
- 나에게는 용기가 있다. 옳은 일에는 두려움을 갖지 않는다.
- 나에게는 양심이 있다. 잘못된 것이라고 생각되면 하지 않는다.
- 나는 분노와 슬픔을 참을 줄 알며 감정을 조절할 줄 안다.
- 나는 내가 하는 일에서 항상 의미를 찾는다.

- 나는 나 이외의 것에도 관심을 가지며 다른 이와 뜻을 같이 한다.
- 나는 필요할 때 망설이지 않고 필요한 행동을 취한다.
- 나는 당장 변화가 없고 빨리 인정받지 못한다고 포기하지 않는다.
- 나는 시대의 흐름과 미래의 흐름을 보려고 한다.
- 나는 내 마음의 소리에 귀를 기울인다.
- 나는 나 자신을 사랑하는 사람이다.
- 나는 나 자신을 다스릴 수 있다.
- 나는 술을 먹지 않는다.
- 나는 상대방의 말을 진지하게 듣고 약속을 잘 지킨다.
- 나는 받기보다 주기를 좋아하며 남을 칭찬해준다.
- 나는 계획한 일을 잘 실천한다.
- 나는 날마다 모든 면에서 점점 나아지고 있다.

위의 내용 중 자신이 하고자 하는 것이나 자신이 바라는 내용을 책상 앞에 적어놓고 항상 외우고 외치면서 간절히 바라면 꿈은 이루어진다.

5. 정신일도하사불성

정신과 의사로 유명한 이시형 박사의 저서 『공부하는 독종이 살아남는다』(중앙books)를 보면 공부에 집중할 수 있는 법에 대한 시사점을 얻을 수 있다.

젊은 시절에 이박사의 저서인 『배짱으로 삽시다』를 읽고 많은 감동을 받았던 적이 있었다. 이시형 박사는 1934년생으로 올해 84세이다. 아직도 왕성한 사회활동을 하고 계시다.

이시형 박사는 미래의 새로운 세상에서 살아남을 수 있는 방법을 다음과 같이 질문과 답변을 하고 있다.

📖 어떤 상황이 올지 누구도 예측할 수 없는 불확실성의 시대, 당신은 무엇으로 승부할 생각인가요?

📝 해결책은 오직 한 가지, 창조적 인재가 되는 것입니다.

창조는 기억이고 기억은 암기다. 기억의 깊이와 수명은 암기를 위한 연습량과 비례한다는 사실이다. 창조적 인재도 연습이고 반복이다.

결국 창의성이나 창조성도 반복 훈련과 암기에 있다는 의미다. 자기가 하고 싶은 공부를 기쁜 마음으로 집중적으로 반복하여 완전히 암기해야만 전문가가 되고 전문가가 되어야만 새로운 것을 창조할 수 있다.

이시형 박사가 강조하는 것은 집중력을 높인 '압축공부법'이다.

압축공부법은 공부를 하는 데 있어 먼저 시간제한을 둔다. 정해진 시간 내에 해야 할 일이 생기면 뇌는 적당한 긴장 상태에 접어들게 되어 놀라운 집중력이 생긴다고 한다.

압축공부법에서 제일 핵심은 '일점집중력'이다. 일점집중력은 의식적으로, 필요할 때, 필요한 곳에서, 내 마음 먹은 대로, 필요한 한 점의 목표를 향해 발휘하는 기술이다. 일점집중력을 기르는 비결로 다음의 네 가지를 제시하고 있다.

첫째 '버리는 것'에서 시작한다.

지금하고 있는 공부 외에는 다른 것은 모두 잊어버리라는 것이다.

둘째 집중의 대상이 단순 명쾌해야 한다.

'이번 시간에 단어 20개를 외운다'처럼 구체적이고 실질적인 목표를 정해야 된다는 의미다.

셋째 전체를 개관해야 한다.

앞으로 남은 시간, 분량, 내 실력 등 전체적인 판단이 서야 버릴 건 버리고 한 점에 집중할 수 있다.

넷째 전체적인 흐름에서 감당할 만큼의 부하를 걸어야 한다.

처음 하는 공부라면 적정한 양을 마스터함으로써 달성감, 자신감을 얻을 수 있다. 하지만 차츰 수준을 높여, 자기 허용 범위까지 넘어야 한계를 돌파할 수 있다.

일점집중은 훈련을 통해 성공 경험이 쌓여 가면 나중엔 의식적인 노력 없이도 저절로 된다. 공부에 집중하다 계란 대신 시계를 삶아 버렸다는 뉴턴의 일화처럼, 누구든지 연습과 훈련을 통해 시계를 삶을 정도의 집중력이 생긴다.

이시형 박사는 일점집중력 강화를 위한 마음의 자세로 다음 네 가지를 제안하고 있다.

❶ 초심으로 돌아가라.
❷ 사전 준비를 해 두어라.
❸ 용서하라.
❹ 잊어라.

이 중에서 흥미로운 것은 세 번째인 '용서하라' 이다. 집중이 힘든 이유 중 하나는 '화가 나는 일' 때문이다. 오죽하면 그런 짓을 했을까, 안됐다, 불쌍하다. 녀석도 지금쯤 불안에 떨고 있을지 모른다. 이렇게 생각하고 심호흡으로 상기된 흥분을 가라앉히라고 한다.

일반적으로 공부할 때 가장 큰 적은 심리적 불안이다. 특히 남과 다투고 난 후에는 집중이 잘 안 된다. 나 자신을 위해서라도 상대방에게 적개심을 가지기보다는 용서하는 마음이 필요하다. 학교에서 공부를 잘하는 학생들 중에 왕따를 당하고 나면 성적이 떨어지는 것을 종종 볼 수 있다. 이는 정신적으로 번민과 갈등을 느껴서이다. 이때 가장 이상적인 방법은 상대를 용서하는 것이다.

압축공부법의 요점은 일점집중력이다. 결국 우리가 잘 알고 있는 말인 '정신일도하사불성(精神一到何事不成)'과 일맥상통한다.

이 말은 성리학자 주희(朱熹)가 여러 문하생들과 좌담한 어록을 편집한 책인 『주자어류(朱子語類)』에 나오는 구절이다. '정신을 한 곳으로 모으면 무슨 일인들 이루어지지 않으랴' 라는 뜻이다. 정신을 한 데모아 집중하고 소망하면 우주의 기운도 나에게 감응한다고 하지 않는가.

6. 독서백편 의자현(讀書百遍 意自見)

인간으로 태어난 이상 죽지 않고 영원히 살 수는 없다. 그러면 어떻게 해야 할까? 이 세상에 태어난 이상 살아 있는 동안 건강하고 행복하게 오래 살다가 죽는 것이 중요하다.

우리 인간이 건강하게 살기 위해서는 먼저 체력을 길러야 한다. 요즘은 체력은 곧 뇌력이라고 한다. 뇌가 우리 인간에게 가장 중요한 기관이기 때문이다. 하지만 아직도 뇌의 비밀은 다 밝혀지지가 않았다는 것이 뇌과학자들의 정설이다. 그러나 지금까지 밝혀진 것을 중심으로 인간의 뇌와 몸을 건강하게 하는 생활습관은 일반적으로 다음과 같다.

- 하나 주 2–3회 이상, 1회 30분 이상 운동은 필수
- 둘 과식은 금물, 균형 잡힌 식생활
- 셋 굿 바이! 스트레스
- 넷 커뮤니케이션이 있는 하루하루
- 다섯 호기심과 도전
- 여섯 세 살 공부 습관이 여든까지 간다
- 일곱 마감기한과 목표를 정하자
- 여덟 자신에게 성공 보수를 주자
- 아홉 독서는 뇌를 움직이게 하는 원동력
- 열 의식적인 생활로 뇌에 부담을 주자

또한 백 세 이상의 장수한 사람들의 특징은 다음과 같다.

- 가족, 친구들과 가깝게 지낸다.
- 끊임없이 공부하고 배운다.

- 자주 웃고 유머감각을 갖고 여유롭고 대범하고 느긋하다.
- 매일 새로움을 기대하며 생활한다.
- 계속 움직이고 운동을 꾸준히 한다.
- 집착하지 않는다.
- 소식하고 폭식과 폭음을 하지 않는다.
- 규칙적인 생활, 일찍 자고 일찍 일어난다.
- 자기 나름의 방식으로 자유롭게 행동한다.
- 편식하지 않는다.
- 무엇이든 적극적으로 참여하고 함께 나눈다.

위에 열거된 내용들은 대부분 이미 알고 있는 평범한 내용들이다. 그러나 실천하기는 쉽지가 않을 것이다.

노화는 인간으로 태어난 이상 어쩔 수 없는 현상이다. 그러나 뇌는 기회가 주어지면 언제든 성장을 계속한다. 뇌세포는 줄어들지만 뇌 안에 있는 아미노산 등의 물질은 증가하기 때문에 뇌 성장은 멈추지 않는다고 한다. 결론적으로 우리의 뇌는 죽을 때까지 계속 성장한다.

뇌를 활성화하기 위한 방법은 다음과 같다.

첫째 **호기심을 가지고 늘 새로운 것에 도전하면 언제까지나 기억력을 유지한 채 젊은 뇌를 유지할 수 있다.**

괴테(1749~1832)는 노년이 되어서도 이성에 가슴이 설레 젊은 활기를 되찾았다고 한다. 괴테는 82세에 세상을 떠나기 전년도인 1831년에 '파우스트 2부'를 완성했다. 피카소는 1973년 4월, 91세로 세상을 떠날 때까지 약 1만 3500점의 유화와 스케치, 약 10만 점의 판화, 약 3만 4000점의 삽화, 300점의 조각과 도기를 제작했다. 세상을 떠나기 3년 전인 1970년에 아비뇽의 교황청에서 140점의 신작 유화전이 열렸을 정도로 80대 후반에도 창작의욕은 전혀 쇠퇴하지 않았다. 이처럼 끊임없는 호기심과 새로운 것에 도전을 하는 사람은 뇌세포가 서서히 줄어든다는 것이다.

둘째 **꾸준한 학습이다.**

성적이 좋은 아이일수록 뇌를 효율적으로 사용해 오랜 시간 공부해도 피곤하지 않고 그만큼 성적도 높다. 반대로 공부가 서툴고 공부하기 싫어하는 아이는 조금만 공부해도 뇌에 큰 부담을 주어 짧은 시간만 공부해도 금세 피곤해한다. 당연히 효과도 떨어져서 결국에는 공부에 흥미를 잃는다.

배움과 학습은 뇌를 효율적으로 사용하는 방법을 익히게 한다. 무엇이든 익숙해지기 위해서는 시간이 걸린다. 그러나 배움과 학습을 반복하는 동안에 뇌는 지름길을 익히고 단시간에 일을 해낸다. 싫어하는 공부를 좋아하기 위해서는 처음 얼마 동안은 효과를 얻지 못하더라도 꾸준히 공부하여 뇌에 지속적으로 부담을 주는 방법밖에 없다. 따라서 처음부터 효율적으로 하겠다는 생각을 버리고, 요령을 피우지 않고 꾸준히 하는 것이 중요하다.

운동을 하면 몸에 근육이 생기는 것처럼 학습을 반복하면 학습근육이 생긴다고 한다. 학습근육이 생길 때까지 반복하는 것이 중요하다. 학습근육이 생기면 공부하는 습관이 잡힌 것이라고 할 수 있다.

공부하는 습관이 생기면 그 습관이 학습의 효율성을 더 높여준다.

결국 독서백편 의자현(讀書百遍 意自見)으로 되돌아간 느낌이다. 이 말은『삼국지 위지 왕숙전(三國志 魏志 王肅傳)』에 나온다. 즉 '책을 백 번 읽으면 그 뜻이 저절로 드러난다'는 뜻이다. 완전히 익힐 때까지 반복연습을 하면 공부를 잘할 수 있다는 평범한 진리로 되돌아간 것이다.

7. 창의성

창의성(創意性)은 새로운 생각이나 개념을 찾아내거나 기존에 있던 생각이나 개념들을 새롭게 조합해 내는 것과 연관된 정신적이고 사회적인 과정이다. 인공지능과 기계가 모방하기 어려운 것이 인간의 창의성이다.

창의성 연구의 세계적 석학이며『생각의 탄생』의 저자인 미사간주립대학의 루트번스타인 교수는 창의성 교육은 정답이 무엇(What)인지 가르치는 것이 아니라 어떻게(How) 구하는지를 가르치는 것이라고 주장했다.

노벨상 수상자들을 분석해 보면 학문 외에도 미술, 문학, 역사 등을 폭넓게 탐독하고 악기 연주와 스포츠 등을 즐겼다. 취미 계발은 창의성 계발과 매우 비슷하게 호기심-도전-실패-학습의 과정을 거친다.

그러므로 창의성 인재는 학교에서 배우는 지식, 취미를 통해 얻은 능력과 사회적 경험 등을 조합하고 극대화해서 탄생한다고 한다. 모든 인간은 각자 창의성을 갖고 태어나지만 이를 계발하기 위해서는 교육 등 후천적 노력이 필요하다. 관찰, 상상, 분석을 할 능력이 있다면 누구나 후천적으로 창의성을 강화할 수 있다. 따라서 어릴 때부터 예체능 쪽에 한두 개 정도 취미를 갖는 것도 중요하다.

하바드의대 존레이티 교수는 '운동화 신은 뇌'에서 학생들이 매일 최소 40분은 신체운동을 해줘야 뇌가 자극받고 학습능력이 좋아진다고 하였다. 운동을 하면 뇌로 공급되는 피와 산소량이 늘어나면서 세포 배양속도가 빨라지고 뇌 안의 신경세포(뉴런) 역시 더 활기차게 기능한다.

임상실험을 통해 아이와 어른 할 것 없이 운동을 하면 집중력과 성취욕, 창의성이 증가하고 뇌의 능력이 확장한다. 실제로 아침에 0교시 체육수업을 도입한 미국 네이퍼빌 고교에서 학생들이 학업성취도가 두 배 높아지고 스트레스는 줄었다.

우리 몸은 인류가 수렵 채집을 하던 시절의 상태 그대로이다. 당시 인류는 먹이를 사냥하기 위해 끊임없이 움직이면서 고도의 집중력과 창의성을 발휘했다. 우리 뇌도 신체의 활발한 움직임과 함께 최상의 능력을 끌어내도록 진화했다. 인공지능기술이 발달할수록 건강한 신체에 대한 인류의 열망도 높아질 것이다. 그 시대를 살아갈 아이들이 육체적, 지적으로 대비할 수 있도록 교육시켜야 한다.

8 뇌의 전두엽을 활성화시켜라

전두엽은 대뇌에 속하고, 대뇌는 뇌에 속하고, 뇌는 중추신경계에 속한다. 신경계는 중추신경계와 말초신경계로 나누어져 있다. 중추신경계에는 뇌와 척수가 있고, 말초신경계에는 체성신경계와 자율신경계가 있다. 뇌는 대뇌, 소뇌, 간뇌, 중뇌, 연수로 나누어진다. 체성신경계는 뇌신경과 척수신경으로 나누어지고, 자율신경계는 교감신경과 부교감신경으로 구분된다.

신경계는 상호 연결된 3가지 기능을 한다. 몸의 내외 환경을 감지하는 감각기능(sensory input)과 감지된 정보를 처리하고 적절한 반응을 하도록 결정하는 통합기능(integrative)과 결정된 반응이 나타나도록 하는 운동출력기능(motor output)을 한다.

신경계는 사고, 기억, 판단, 감각, 운동, 인지, 대화, 행동, 인격을 관장하는 중추로서 환경의 변화를 수용하고 해석하고 반응하여 신체와 정신을 통합하고 조절한다. 즉, 인체에서 매우 중요한 부분이다.

특히 신경계 중에서 뇌가 가장 중요한 요소다. 성인의 뇌는 1,3kg 정도의 무게이며 150억 개의 연합뉴런으로 구성되어 있다.

❶ 대뇌
대뇌의 모양은 껍질을 깐 호두 알맹이와 비슷하게 생겼다. 언어, 사고, 판단, 창조 등 인간 고유의 정신 활동이 이루어진다.

❷ 소뇌

대뇌 뒤편 아래쪽에 좌우 한 쌍으로 있고 평형감각과 근육운동 조절, 학습기억을 담당한다.

❸ 간뇌

혈압, 체온, 위산 분비 등 항상성 유지 역할을 하고 수많은 호르몬 분비를 조절한다

❹ 중뇌

안구 운동, 홍채 수축 등 눈에 관련된 활동을 한다.

❺ 연수

심장박동, 호흡, 소화 등 생명 유지에 필수적인 활동을 담당한다.

❻ 척수

뇌의 가장 아래쪽에 위치하며 운동신경, 감각신경, 자율신경이 지나가는 통로이다. 척추로 감싸고 있다.

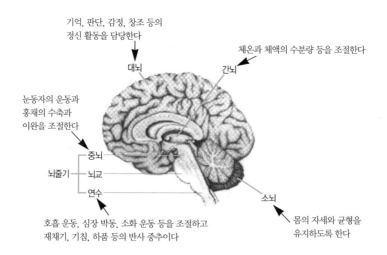

기억, 판단, 감정, 창조 등의
정신 활동을 담당한다

체온과 체액의 수분량 등을 조절한다

대뇌

간뇌

눈동자의 운동과
홍채의 수축과
이완을 조절한다

중뇌

뇌줄기 — 뇌교

연수

소뇌

호흡 운동, 심장 박동, 소화 운동 등을 조절하고
재채기, 기침, 하품 등의 반사 중추이다

몸의 자세와 균형을
유지하도록 한다

대뇌는 전두엽, 측두엽, 두정엽, 후두엽으로 나뉜다. 유아기에는 전두엽의 왕성한 발달을 시작으로 측두엽, 두정엽, 후두엽 순으로 발달한다. 전두엽은 대략 여성은 25세, 남성은 30세가 되어야 완성이 된다.

전두엽은 뇌의 앞부분을 이루는 영역이다. 주의집중을 유지하거나 충동을 통제, 스스로 성찰하고 감독하거나 객관적으로 상황을 판단하는 능력, 공감능력 등을 담당한다. 프로이드가 말한 원초아(id)의 원초적인 본능을 억제하는 초자아(super ego)가 바로 전두엽에 위치한다고 한다.

두정엽은 공간지각, 또는 '아인슈타인의 뇌'라고 한다. 이는 아인슈타인의 두정엽 부위가 다른 사람보다 더 많이 발달되었기 때문이다. 두정엽은 공간지각과 사고를 이해하는데 중요한 역할을 한다. 측

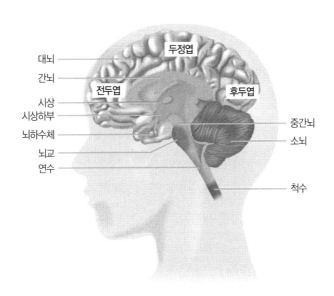

두엽은 사물과 인간의 얼굴에 대한 기억을 담당한다. 후두엽은 시각 중추가 있어 시각정보에 관여한다.

전두엽은 기억력, 사고력, 추리력, 계획, 운동, 감정, 문제해결 등 고등정신작용을 관장하며 다른 연합영역으로부터 들어오는 정보를 조정하고 행동을 조절한다.

주의력결핍과잉행동장애(attention deficit hyperactivity disorder. ADHD)는 전두엽의 발달이 지연되어 발생한다.

충동조절장애(Impulse control disorder) 역시 전두엽의 기능이 떨어져서 생기는 현상이다. 충동조절장애는 병적으로 도박에 몰두하는 것과 같이 본능적 욕구가 지나치게 강하거나 자기방어 기능이 약해져서 스스로 충동을 조절하지 못하는 정신 장애이다.

뇌를 다치거나, 게임을 많이 해 충동조절이 잘 안 되면 전두엽의 기능이 떨어지는 경우가 발생한다. 학대당한 아이, 방임됐던 아이, 부모와 사이가 좋지 않아 겉도는 아이 등은 어렸을 때부터 불안감이 커져 감정을 조절하는 능력이 떨어진 상태로 성장하게 된다. 오냐오냐하고 키우는 아이 또한 문제가 생기면 엄마가 다 해결해주다 보니 좌절이나 실패를 경험할 수 없고, 그걸 스스로 극복해내는 과정도 겪어보지 못한다. 즉, 변연계와 전두엽 기능이 성숙될 기회가 없는 것이다. 변연계에는 해마와 편도체가 속해 있다. 해마가 손상되면 손상되기 전의 기억은 그대로 유지하지만 손상된 후에는 새로운 기억을 하지 못한다. 편도체는 기억뿐만이 아니라 주의집중과 감정 처리와 관련된 중요한 부위이다.

이처럼 전두엽과 변연계가 성숙이 되지 않는 사람은 좌절했을 때 참고 이겨내지 못하고 자살, 방화 등 충동적 선택을 하게 된다.

이러한 것들은 전두엽에 더욱 문제가 있다. 따라서 이러한 문제점을 극복하려면 전두엽을 발달시켜야 한다.

전두엽을 발달시키는 방법은 다음과 같은 것들이 있다.

첫째 오늘, 이번 주, 이번 달, 올해, 10년 후 등 장기·단기 목표를 세워서 실행해야 한다.

목표가 없으면 뇌는 죽은 것과 마찬가지이다. 목표라는 명령이 없으면 오천억 개의 뇌세포는 움직이지 않는다.

둘째 작은 일이라도 자신이 할 수 있는 일은 반드시 마무리 짓는 습관을 가져야 한다.

앞쪽 뇌 아래쪽에 충동조절센터와 사회센터가 있다. 이를 키우려면 화를 참고, 화가 나는 이유를 곰곰이 짚어보는 연습이 필요하다. 화를 잘 내는 사람은 전두엽이 약한 불쌍한 사람이다. 창조는 단박에 이루어지는 것이 아니라 인내와 끈기를 통해 완성되기 때문에 새로운 창조를 위해서 충동을 억제하는 훈련이 필요하다.

셋째 명상, 기도, 규칙적인 운동, 등산, 독서, 그림, 음악, 규칙적인 식사, 사색 등이 좋다.

전두엽이 손상되면 타인과 끊임없이 싸우고 충돌한다.

넷째 학생들에게는 선 공부 후 놀이의 규칙이 적용되어야 한다.

즐거운 일을 앞두고 밀린 숙제나 공부를 해놓는 습관을 들이면 의무적으로 해야 할 것들도 즐겁게 할 수 있다.

다섯째 운동을 정기적으로 하면 실행력과 추진력을 키울 수 있다.

전두엽 뒷부분은 운동기능의 실행의지 센터가 맞물려 있다.

◇ **전두엽을 활성화시키는 10가지 방법**

1 선 공부 후 놀이를 하라!

즐거움에 대한 기대로 숙제 등 의무이행을 잘할 수 있다.

2 꿈을 찾아라!

꿈은 뇌 전체에 불을 켜는 효과와 같다.

3 정기적으로 운동을 하라!

운동은 추진력과 실행력을 증진시킨다.

4 화를 참고 화나는 이유를 생각하라!

인내와 끈기는 창조의 원천이다.

5 주변사람을 소중히 여겨라!

좋은 인간관계는 조화로움을 개발한다. 특히 전두엽이 손상되면 타인과 충돌이 잦다.

6 뒤쪽 뇌를 자주 달아라!

명상, 기도, 사색 등은 뇌를 세팅한다.

7 단기 장기 목표를 분명히 세워라!

목표는 5000억 개의 뇌세포를 작동시켜 뇌가 발달한다.

8 남의 의견을 듣기 전에 나만의 고유한 답을 찾아야만 창의성과 독창성이 발휘된다.

9 작은 일부터 반드시 마무리하라!

작은 일이라고 무시하지 말고 작은 일부터 마무리를 하고나면 자신감과 성취욕이 유발된다.

10 외국어를 공부하면 새로운 학습자극을 받아, 넓은 세상으로 인도한다.

◇ **전두엽을 발달시켰을 때 효과**

1 모방에서 벗어나 독창성이 증가한다.

2 자신이 주도적으로 문제를 해결한다.

3 전체를 보는 안목이 증가한다.

4 충동을 억제하는 능력이 늘어난다.

5 외부 자극에 의연하게 반응한다.

황교장의 시주명리학 여행

Chapter 05

운명을 바꾸는 여행

I 좋은 사주는 어떤 사주인가

『적천수징의(滴天髓徵義)』에 가장 좋은 사주의 예로 나오는 사주를 한번 살펴보자. 사주만 나오고 사람 이름이 없어 이해를 돕기 위해 주인공의 특징에 따라 한 명은 '과갑연등 과갑부절', 한 명은 '일처이 첩 부유백만'이라고 이름을 붙여 보았다.

<과갑연등 과갑부절>

시	일	월	년
辛	己	丙	甲
未	巳	寅	子

甲	癸	壬	辛	庚	己	戊	丁
戌	酉	申	未	午	巳	辰	卯

이 사주는 천간을 보면 갑목이 병화를 생하고, 병화는 기토를 생하고, 기토는 신금을 생한다. 지지를 보면 연지 자수는 인목을 생해주

고, 인목은 사화를 생하여 주고, 사화는 미토를 생하여 주고, 미토는 신금을 생하여 준다. 그리고 지지가 모두 천간을 생하고 있다.

위의 사주는 『적천수』〈간지총론〉 마지막 구절인 *始其所始*시기소시. *終其所終*종기소종. *福壽富貴*복수부귀. *永乎無窮*영호무궁과 딱 맞아떨어진다. 이는 사주 간지가 모두 상생으로 되어 있어 '시작될 곳에서 시작하고 끝이 날 곳에서 끝이 나서 복과 수명과 부와 귀가 모두 영원하게 다함이 없다'의 뜻이다.

위의 사주를 분석해 보자.

- 기토 일간이 인월에 태어나 인의 지장간이 무병갑이다. 인의 정기인 갑목과 중기인 정화가 천간에 있다. 따라서 정관격이다. 정관 갑목이 정인 병화를 돕고 있어 관인상생이다. 관인상생은 큰 벼슬을 한다.
- 일간 기토는 사화와 미토에 뿌리를 내리고, 병화도 인목에 뿌리를 내리고 있어 강하다. 그리고 시간 신금이 식신이다. 정관이 정인을 생하고 정인은 일간을 생하고 일간은 식신을 생하는 가장 이상적인 배합이다. 어디 하나 막히는 곳이 없다.
- 『적천수징의』에서는 이 사주의 주인공을 *科甲聯登*과갑연등 *仕至極品*사지극품 *夫婦齊眉*부부제미 *子孫繁衍*자손번연 *科甲不絕*과갑부절 *壽至九旬*수지구순으로 설명하고 있다.
- 풀이하면, 과거시험 갑과에 합격을 하여 벼슬이 계속 올라 지극히 귀한 곳까지 올라갔다. 부부의 정은 너무 좋았고, 자손들은 번창을 했다. 자손들은 과거 갑과에 합격자가 끊이지 않았다. 수명은 구십에 이르렀다.

- 여기에서 특히 주목할 대목은 과갑연등과 과갑부절이다. 이는 본인도 갑과에 합격했을 뿐만 아니라 아들, 손자들도 계속해서 과거에, 그것도 갑과에 합격했다는 의미이다.

　중국의 과거제도는 수나라 문제가 귀족의 권한을 약화시키고, 왕권을 강화하기 위해 도입한 제도이다. 이후 정착을 하여 청나라 말기까지 이어져 왔다. 일반적으로 과거를 보기 위해서는 12종의 유교경전 57만 자에 달하는 내용을 암송해야만 된다. 보통 8세에 시작하여 25세에 모든 과정을 마친다.

　과거시험 중 본적지의 주에서 치르는 시험인 초시의 성격을 지닌 해시의 합격률이 100대 1이었다. 두 번째 단계인 중앙 예부에서 치르는 성시는 100 대 3 정도였다. 즉, 성시 합격자는 3천 명 중 한 명꼴이다. 우리가 잘 아는 성리학의 조종인 주자, 즉 주희선생도 1148년에 치른 문과 성시에서 330명 중에서 278등을 했다. 주희선생은 병과 합격자이다.

- 그런데 위 사주의 주인공은 갑과에 합격을 했다는 것이다. 갑과는 단 세 사람이다. 1등이 장원, 2등이 방안, 3등이 탐화이다. 본인도 3등 안에 들었고, 그 자손들도 줄줄이 3등 안에 들었다는 의미이다.
- 이러하니 이 사주는 더 이상 설명이 필요 없는 최고의 사주라고 할 수 있다.

<일처이첩 부유백만>

시	일	월	년
乙	癸	庚	戊
卯	亥	申	戌

戊 丁 丙 乙 甲 癸 壬 辛
辰 卯 寅 丑 子 亥 戌 酉

이 사주는 연간 무토가 월간 경금을 생하고, 경금은 일간인 계수를 생하고, 계수는 시간 을목을 생하고 있다. 지지 또한 연지 술토가 월지 신금을 생하고, 신금은 일지 해수를 생하고, 해수는 시지 묘목을 생하고 있다. 그리고 천간과 지지가 모두 같은 토생금, 금생수, 수생목으로 이어져 있다.

이 사주 또한 앞의 사주와 같이 始其所始시기소시. 終其所終종기소종. 福壽富貴복수부귀. 永乎無窮영호무궁이다.

이 사주도 분석해 보자.

- 계수 일간이 신월에 태어나 신의 지장간은 무임경이다. 이중 정기인 경금과 여기인 무토가 천간에 투출되었다. 따라서 정인격이다.
- 연간 정관 무토가 정인 경금을 생하고, 경금은 일간 계수를 생하고, 계수는 식신 을목을 생하고 있다. 지지 역시 연지 술토 정관은 월지 신금 정인을 생하고, 월지 신금은 일지 해수를 생하고, 일지 해수는 시지 식신 묘목을 생한다.
- 그런데 이 사주의 결함은 화가 없다는 점이다. 화는 연지 술토 중에 정화가 숨어 있을 따름이다. 그러나 다행스러운 것은 운에서 도와주

고 있다. 병인 대운에 목화운이 같이 온다. 아마 이때부터 부유백만이 되었을 것이다.

- 이 사주의 주인공은 鄕榜出身향방출신. 仕至黃堂사지황당. 一妻二妾일처이첩. 子有十三자유십삼. 科第連綿과제연면. 富有百萬부유백만. 壽過九旬수과구순이다.

- 시골 관리 출신으로 시작하여 벼슬이 황당(태수)까지 이르렀고, 일처이첩에 아들만 열세 명을 두었다. 아들들이 과거에 계속 합격을 하였고, 부는 백만금을 쌓았고, 수명은 90세를 넘게 살았다.

이름에서 알 수 있듯이 **과갑연등 과갑부절**의 특징은 본인도 과거에 갑과로 급제를 했고, 벼슬이 정일품인 삼정승급이고, 자손들도 과거에 갑과로 급제를 하였다. 반면, **일처이첩 부유백만**의 특징은 여자복과 재물복이다.

'사주와 진로상담' 연수를 듣는 수강생들에게 두 사주 중에서 어느 사주를 택할지 질문을 해보면 남성들은 대부분 '일처이첩 부유백만'을 택하는 반면 여성들은 '과갑연등 과갑부절'님의 부인이 되고 싶다고 한다. 성별에 따라 뚜렷한 차이가 난다.

과갑연등은 정관격이고 **일처이첩**은 정인격이다. 벼슬에서 차이가 난다. 자식도 과갑연등은 과갑을 했지만 일처이첩의 자식들은 '과제연면'이다. 과제연면이면 지방 해시 합격자일 가능성이 크다.

처의 숫자를 보면 **과갑연등**은 오직 부인 한 사람하고만 알콩달콩 살았지만, **일처이첩**은 다양한 여인들과 풍류를 즐기면서도 더 오래 살았다. 이 차이는 사주의 구성에서 찾을 수 있다.

과갑은 기토 일간이 수가 연지에 자수 하나뿐이다. 운에서도 본격적인 수운은 말년에서야 들어온다. 반면에 **일처이첩**은 계해 일주가 경신월에 태어나 금수가 아주 강하다. 수는 정력을 상징한다. 수의 많고 적음에서 오는 차이가 가장 크게 보인다.

재산도 일종의 처복과 같다고 보면 된다. **일처이첩**은 병인대운부터 원국 지장간에만 있던 화가 본격적으로 왔기 때문에 백만금을 벌수 있었지만, **과갑**은 재물인 수가 약하다고 볼 수 있다.

위의 두 사주는 모든 사람들이 원하는 좋은 사주라고 할 수 있다. 그러나 이들이 섬겼던 사람들이 있다. 바로 황제들이다. 위의 사주가 아무리 좋아도 황제의 신하일 따름이다. 그러면 이들을 마음대로 부렸던 황제의 사주는 어떨까?

중국 역사상 가장 위대했던 세 명의 황제 사주를 살펴보자.

〈강희제〉

시	일	월	년
戊	戊	戊	甲
午	申	辰	午

乙 甲 癸 壬 辛 庚 己
亥 戌 酉 申 未 午 巳

강희제에 대한 사주 풀이는 이석영선생이 지은 『사주첩경』 〈6권〉에 두 번이나 나온다. 첫 번째는 암요제궐(暗邀帝闕)을 설명하면서 나오고, 두 번째는 원원류장(源遠流長)을 설명하면서 나온다.

사주풀이 1 암요제궐(暗邀帝闕)

이 사주는 연월 辰午가 그 중간에 巳자를 협공(挾拱)하여 무일주의 녹원을 이루었고 또 일시 申午가 그 중간에 未를 협공하여 무일주의 옥당(玉堂) 천을귀인을 얻어냈으니, 午辰 申午는 그 귀중한 협공녹귀를 암암리에 간직하고 있다. 그리고 더욱 귀한 것은 午生제좌(帝座)의 제궐(帝闕)은 子인데 사주에 申辰이 있어 申子辰으로 그 없는 子를 암암리에 맞이하여 암요제궐을 이루고 있어 일국의 왕이 되었던 강희제의 사주이다. 그런데 그 제궐 子가 戊申일생으로서 甲辰旬中에 속하여 공망(인묘)이 아니고 년상 甲木이 辰中 乙木 습토에 근하고 申辰이 반회성 水局하여 일위 귀를 이루어 잘 돕고 있어 단연 귀격으로서 제위(帝位)를 육십 년간이나 길게 보전하였던 것이다.

여기서 '암요제궐'이라는 용어가 나온다. 암요제궐은 암암리에 제궐을 맞이하였다는 뜻이다. 제궐은 궁궐의 정문을 뜻한다. 이는 제좌와 대칭되는 말이다. 제좌(帝座)는 임금이 앉아 있는 자리로 용상(龍床)을 뜻한다. 여기서 제좌는 태어난 생년의 지지(地支)를 말한다. 강희제는 무오년에 태어났기 때문에 제좌는 午이다. 제좌와 대칭되는 곳에 대궐문이 있기 때문에 제궐은 제좌와 충되는 글자다. 태어난 해가 午년이기 때문에 午의 충은 子이다. 따라서 제궐은 子이다.

또 다른 특이한 점은 공협(拱挾) 또는 협공(挾拱)으로 불리는 것인데, 연지 午와 월지 辰 사이에 巳가 끼이고, 일지 申과 시지 午 사이에 未가 끼인다. 그래서 일주 戊에서 볼 때 巳는 건록이고, 未는 천을귀인인 옥당이 있다고 본 것이다. 여기에 더하여 암요제궐인 子가 일지 申과 월지 辰 사이에 끼어 완벽한 申子辰 삼합이 된다는 논리다.

즉, 일반 사람들은 '사주팔자'이지만 강희제는 사주가 공협인 巳와 未 그리고 제궐인 子까지 합쳐 총 '사주십일자'라는 뜻이다.

시　일　월　년
戊　戊　戊　甲
午未申子辰巳午

그러니 61년간 황제를 했고, 후세 사람들에게도 천고일제(千古一帝)의 칭송을 받고 있다.

사주풀이2 원원류장(源遠流長)

원원류장에서는 戊午시가 아닌 丁巳시로 되어 있다.

<강희제>

시　일　월　년
丁　戊　戊　甲
巳　申　辰　午

乙 甲 癸 壬 辛 庚 己
亥 戌 酉 申 未 午 巳

이 사주는 진월 무토로 원신이 월간에 투출되고, 진사오로 화토가 왕하여 득령, 득지, 득세하였으므로 身이 매우 旺하다. 그러므로 갑목 관을 용해야 의당 옳겠는데, 그만 그 갑목이 오화를 생하고, 오화는 진토를 생하고, 진토는 다시 신금을 생하고 있으니, 신왕호설정(身旺好泄精)에 목생화, 화생토, 토생금하여 원원유장(源遠流長)으로 과연 귀격인 것이다. 순환상생(循環相生)에 그만 수가 빠져 있는데 다행히도 申辰이 반회수국(半會水局)하여 子수를 인용하게 되는 까닭에 이제 주류불체(周流不滯)하여 완전히 순환상생을 이루어서 오행 중에 마땅치 않은 것이 없다. 일세에 기운하야 구세에 등극한 뒤로 육십일 년간 제위에서 늙어 亥운에서 끝마치게 되었으니, 이는 가상관격에 金용신으로써 금임어병사궁(金臨於病死宮)하여 금침수저(金沈水低)하게 된 까닭이다. 이 사주는 얼른 보기에는 아무 것도 아니고 단지 신왕가상관이다. 또는 일록거시(日錄居時)다. 이렇게만 보기 쉬우나 위와 같이 원원유장이 순환상생(循環相生)으로 좋은 격이 이루어져 국왕이 되었던 청나라 강희황제의 사주다.

이 두 사주의 차이에 대하여 이석영선생은 아무런 설명이 없다. 자세히 설명을 하는 선생의 성품으로 보면 빠뜨리면 안 되는 부분이다. '암요제궐'은 어느 정도 설득력이 있어 보이지만 '원원류장'은 설득력이 약하다. 연간의 갑목은 월간의 무토를 극하고, 시지의 사화는 일지의 신금과는 합형파다. 그래서 더욱 이해가 안 되는 부분이기도 하다.

따라서 실제 강희제의 사주는 암요제궐(暗邀帝闕)일 가능성이 높다고 생각된다.

강희제(康熙帝, 1654-1722)는 청나라의 제4대 황제이다. 여덟 살의 어린 나이에 황제로 즉위하여 61년간 재위함으로써 중국 역사상 가장 긴 재위기간을 가진 황제다.

삼번의 난을 평정하고, 대만을 복속시켰으며, 러시아와 네르친스크 조약을 체결함으로써 만주와 연해주 쪽의 국경을 확정하였다. 한편 몽골 오이라트로 원정하여 중가르의 칸 가르단을 물리쳤다. 가르단을 지원했던 티베트를 청나라 영토에 편입시켰다.

중국 역대 황조 중 마지막 태평성대인 강건성세(康乾盛世)를 일으켜 아들인 옹정제, 손자인 건륭제까지 태평성대가 지속되었다. 중국 역사상 최고의 성군이자 명군으로 천고일제(千古一帝)로 칭송받고 있다. 천고일제는 천 년에 한 번 나올 만한 황제라는 뜻이다.

황후 4명을 포함하여 총 64명의 비첩을 두었다. 청나라의 역대 황제 중 가장 많은 후궁을 둔 황제다. 아들 35명과 딸 20명 등 총 55명의 자식을 두어 중국 역대 황제 중 가장 많은 자식들을 둔 황제이기도 하다. 앞의 '일처이첩'과 비교 불가의 풍류다.

좌우명(座右銘)으로는, 촉한의 승상 제갈량의 후출사표의 한 구절인 '국궁진력(鞠躬盡力)과 안거낙업(安居樂業)'을 삼았다. 즉 백성을 존경하는 마음으로, 몸을 낮춰 온 힘을 다하고, 백성을 편안하게 살게 해주고, 즐겁게 일에 종사하게 해준다는 의미다.

강희제를 이어 아들인 옹정제가 그 뒤를 이었다. 옹정제 사주 역시 이석영선생이 지은 『사주첩경』〈6권〉에 관로살장(官露殺藏)이라는 항목에 소개된 내용이다.

<옹정제>

시	일	월	년
壬	丁	甲	戊
寅	酉	子	午

庚 己 戊 丁 丙 乙
午 巳 辰 卯 寅 丑

이 사주는 정일생이 오화 연지에 근하고 인오로 화국을 이루고 있으니 일주는 약화위강이 된다. 사주에 임수는 투출하여 관로가 되고 동지 계수 살은 자중 깊숙이 간직되어 살장이 되니 왈 관로살장(官露殺藏)이라고 한다. 그리고 생일에 일귀, 시간에 월덕을 놓아 크게 귀하게 되는 사주로 태어났다. 그래서 46세에 제위에 올라 13년간 잘 있다가 경금대운에 갑목을 충극하여 불록지객이 되고 말았다.

옹정제 사주는 정화 일주가 자월에 태어나 임수가 시간에 투출하여 정관격이다. 비록 정화가 자월에 태어나 실령을 했지만 연지 오화와 시지 인목이 합을 하여 화가 강하다. 일주 정유는 천을귀인인 옥당이다. 태어난 날에 천을귀인은 정유, 정해, 계묘, 계사일밖에 없다.

그런데 이 사주가 안 좋은 부분은 연지 오와 월지 자가 자오 충이다. 또한 일지 유와 월지 자는 자유 귀문관살이 있다. 그리고 시지 인목과 일지 유는 원진살이다. 실제 옹정제는 아버지 강희제나 아들 건륭제에 비하여 한 격이 떨어지는 평가를 받고 있다. 그러나 어떤 측면에서는 더욱 뛰어난 면도 있다. 특히 국고를 늘리는 재정적인 면에서는 가장 뛰어나다.

옹정제(雍正帝, 1678-1735)는 청나라의 제5대 황제이다. 어릴 때부터 유교의 경전과 불경을 고루 암송하였고, 무예와 사냥을 학문보다 더 좋아하는 전형적인 무인의 기질을 가지고 있었다. 활솜씨는 가히 황자들 중 최고의 실력을 자랑하여 80근의 강궁을 능히 다루어 백발백중이었다.

　　옹정제는 아버지의 정책을 잘 이어 갔으며 세금을 단일화하여 백성들의 노고를 덜어주었고, 강희제 말기부터 시작되어 온 재정 개혁을 단행하여 1721년(강희 60년) 700만 냥밖에 없던 국고가 1735년(옹정 13년)에는 6천만 냥이나 있었다.

　　그는 재위 초년에 권력 강화에 힘써 자기 형제들 중 일부와 그들의 지지자들을 투옥하거나 처형했으며, 나머지 형제들의 권력을 약화시켰다. 또한 황권 강화를 위해 핵심적인 군사조직인 팔기군에 대한 지휘권 자격에서 황족들을 제외시키고 황실 직속으로 바꾸었다.

　　옹정제는 성실함에 극치를 이룬다. 하루 4시간에서 5시간밖에 자지 않고 정무에 몰두하고 1년 내내 쉬는 날이 없이 바쁘게 지냈다. 특히 식사를 하면서도 결재 서류를 보았다고 한다.

　　옹정제는 자신이 거처하던 양심전(養心殿)의 대청에 좌우명인 '愿以一人治天下원이일인치천하 不以天下奉一人부이천하봉일인', 즉 '천하가 다스려지는 데에는 한 사람의 책임에 달린 것이며 자신의 한 몸을 위해 천하를 희생시키지는 않으리라'라는 글귀를 걸어놓았다.

　　옹정제는 양심전 대청 중앙에 '중정인화'(中正仁和)라는 편액도 걸어놓았다. 이는 중립적이고, 정직하며, 인자하고, 화애로움으로 통치하고자 하는 통치철학을 밝힌 것이다.

중국 역사상 최후의 태평성세인 강건성세(康乾盛世)의 마지막을
장식한 황제인 건륭제에 대한 사주는 임철초선생이 『적천수천미』에
서 다음과 같이 풀이하고 있다.

<건륭제>

시	일	월	년
丙	庚	丁	辛
子	午	酉	卯

96	86	76	66	56	46	36	26	16	6
丁	戊	己	庚	辛	壬	癸	甲	乙	丙
亥	子	丑	寅	卯	辰	巳	午	未	申

천간에 경신병정이 있으니 화련추금(불이 가을의 금을 제련함)의 올바
른 배합이 이루어졌고, 지지에 자오묘유가 있으니 이 또한 감리진태
가 배합을 이루었다. 지지에 사정(四正)이 있으니 기가 팔방으로 통하
고 있다. 그런데 오행 가운데 토가 없으니 비록 추령에 출생했으나 왕
하다고 논할 수 없다. 가장 기쁜 것은 자오가 충하여 수가 화를 극하여
오화가 유금을 파하지 못하니 충분히 일주를 보한 것이다. 더욱 묘하
게도 묘유가 충하여 금이 목을 극하니 묘목이 오화를 생하지 못하여
제복(칠살을 제압함)이 잘 되었다. 묘유는 진태로서 목금이고 인의는
진기를 주관하는 진정한 기틀이 되고, 자오는 감리로서 수화이고 천
지의 중기를 관장하며 또한 감리가 일월의 정체를 얻으니 소멸하지
않고 한편으로 윤택하고 한편으로 화창하여 좌하에 단문(오)이 있고
수화기제가 되었다. 그러므로 팔방의 모든 무리가 복종하여 조공하러

오고 사해가 하나가 되었으며 금마와 주연처럼 용맹을 떨치니 예의 지역에 있는 이리 같고 토끼 같은 무리들이 모두 장막안에 귀의하고 복종하여 천하가 화평하고 평안하게 되었다.

건륭제 사주를 자세히 살펴보면 어느 한 글자라도 옆으로 옮기거나 바꾸어도 맛이 살아나지 않는다. 경오 일주가 유월에 태어나 월령을 얻었다. 그러나 토가 없어 인성이 없다. 그런데 묘하게도 연간에 신금이 있다. 이 신금은 시간의 병화와 합이 되어 거살유관, 즉 편관인 병화를 신금이 병신 합으로 묶어 놓고는 정관 정화가 돋보이게 앉아 있다. 그리고도 묘하게 연간의 신금은 유금에 뿌리를 내리고, 월간의 정화는 일지 오화에 뿌리를 내리고, 일간 경금은 월지 유금에 뿌리를 내리고 또한 연간의 신금에게 도움을 받고 있다. 지지 또한 수의 중심인 자수와 화의 중심인 오화와 금의 중심인 유금과 목의 중심인 묘목이 각각 자신의 위치를 고수하면서 팽팽한 긴장을 유지하여 현묘한 중용지도를 이루고 있다.

건륭제(乾隆帝, 1711-1799)는 청나라의 제6대 황제(재위 기간 1735-1796)이다.

어릴 때부터 제왕의 자질이 보여 할아버지 강희제와 아버지 옹정제에게 인정을 받았다. 1735년(옹정 13년) 옹정제가 급사하자 황위에 올라 먼저 만주족과 한족 대신들의 갈등을 조정했다. 내치를 다진 후 대규모 정복 사업과 문화 사업을 펼쳤다. 10년 동안 고금의 도서를 수집하여 중국 역사상 최대의 편찬 사업인 '사고전서'를 완성했다.

또한 10차례에 걸친 정복 사업을 펼쳐 중가르와 위구르를 복속시키고 티베트, 미얀마, 베트남, 네팔까지 진출하는 등 현재 중국 영토의 기틀을 만들었다. 그러나 집권 후반기에 들어서면서 사치, 반란, 희대의 탐관오리로 평가받는 화신을 20여 년간 총애하여 말년엔 매관매직과 부정부패가 빈번히 일어났고 국고가 비어 결국 청나라는 쇠락의 길로 접어들었다.

건륭제 사후 아들인 가경제가 화신의 재산을 몰수했는데, 화신의 재산은 국가 총 수입액의 20년치에 다다를 만큼 엄청난 양이었다. 1795년(건륭 60년) 감히 할아버지인 강희제의 재위 기간을 넘을 수 없다며 재위 60년째에 태상황제로 물러났지만, 막후에서 정책 최고 결정권을 행사하여 여전히 실권을 쥐고 있었다. 재위 기간 60년에 태상황제로서 4년까지 합쳐 총 64년 동안 실권을 장악한 황제다. 이는 중국 역사상 가장 오랫동안 실권을 장악한 황제였다. 스스로 십전노인(十全老人, 열 번의 원정을 모두 승리로 이끈 노인)이라 칭했다. 중국 최후의 태평성세인 강건성세(康乾盛世)의 마지막을 장식한 황제이다. 중국의 역대 황제 중 가장 장수한 황제이기도 하다.

중국 역사상 가장 위대하다고 평가받는 세 황제들의 사주와 업적을 볼 때 관심이 가는 부분은 수명이다. 오복 중에 제일 먼저 나오는 것이 수(壽)이다. 오래 사는 것이 가장 우선이다. 우리 나이로 강희제 69세, 옹정제 59세, 건륭제는 90세까지 살았다.

강희제는 하루에 무려 300개에서 400개의 문서들을 모두 보고 그것을 결재하고 일일이 그 상소에 대한 비답도 적어주었다. 때로는 밤을 새울 때도 많았다. 그러나 강희제는 엄청난 양의 정무 스트레스를 풀기 위해 자주 사냥을 갔다. 강희제는 강궁을 자유자재로 다룰 만큼 활의 명수였다. 문(文)과 무(武)를 모두 중시하여 힘의 균형을 잃지 않았다.

옹정제는 돌연사했는데 암살설과 수은 중독설, 과로설이 있다. 암살설은 옹정제에 대하여 비판적인 글을 기고하여 문자의 옥으로 멸문을 당한 산동성 출신의 학자 여유량의 손녀 여사랑이 궁녀로 잠입하여 할아버지의 원수를 갚았다는 설이다. 수은 중독설은 도교에 심취해 진시황제처럼 불로장생을 꿈꾸다가 수은이 들어간 단약에 중독되어 사망했다는 설이다. 또 하나는 하루에 잠을 4시간 가량만 자고 결재서류를 읽으면서 밥을 먹었을 정도여서 과로사를 했다는 설이다. 이 중 과로사가 가장 설득력이 있다고 알려져 있다.

건륭제는 아침 6시에 일어나 목욕을 하고 나면 혼자서 간단히 아침식사를 하고 정무를 시작했다. 신하를 접견하거나 결재, 지시사항 등을 오후 2시까지만 했다. 오후 2시부터 15분 정도 간단하게 식사를 하고는 쉬면서 독서, 그림, 서예, 학자들과 토론 등 취미활동으로만 나머지 시간을 보냈다고 한다. 건륭제는 이렇게 여유 있는 생활을 하였기에 장수를 누릴 수 있었다.

박지원(1737-1805)은 『열하일기』에서 건륭제가 실제 나이보다 10년이 젊게 보인다고 서술하고 있다. 연암은 건륭제를 "황제의 네모난 얼굴은 하얗고 조금 누런 빛을 띠었으며, 수염은 절반쯤 하얗게 세었고

나이는 60세 가량으로 봄날의 화창한 기운을 지니고 있었다."라고 표현하고 있다. 『열하일기』는 건륭제의 70회 생일을 축하하기 위하여 1780년 진하사절인 삼종형 박명원을 따라 연경(북경), 열하 등지를 여행한 것을 기록한 기행문이다.

세 명의 황제를 보면 장수에는 사주도 중요하지만 생활습관이 더 중요하다고 생각된다.

강희제 사주는 장수의 상징인 원원류장과 사주11자인 암요제궐이다. 이러한 사주는 90세는 넘겨야 하는데도 자주 밤을 세워가면서 정무에 너무 전념하여 몸을 혹사하여 69세에 멈추었다.

옹정제 사주는 오행주류격이면서 관로살장이다. 이는 70세는 넘겨야 하지만 59세에서 멈추었다. 옹정제는 4시간만 자고, 식사를 하면서도 결재서류를 보았다. 단 하루도 편히 쉬지 않았기 때문이다.

건륭제 사주는 천간에서 병경 충, 정신 충, 지지에서 자오 충, 묘유 충이다. 즉 천간과 지지 모두가 다 충이다. 이는 일반적인 사주 이론에서는 단명의 대명사이다. 그런데도 섭생과 고상한 취미 생활로 90세의 장수를 누렸다. 건륭제는 오후 2시 이후에는 일절 정무를 보지 않고 자기가 하고 싶은 취미 생활을 하면서 즐거움을 누리고 살았다. 즉 균형 있는 삶을 산 것이다. 인간의 삶에서 자기가 좋아하는 것을 여유 있게 즐기는 삶이야말로 가장 좋은 삶이다. 이는 요즈음 신조어인 워라밸(Work-And-Life Balance)을 일찍이 보여준 삶이기도 하다. 결국 인간은 사주대로 사는 것이 아니라 타고난 사주를 어떻게 취장보단(取長補短)하느냐가 더 중요한 것이다.

II 운명을 바꾸는 개운법(改運法)

　나쁜 사주나 나쁜 운일 때 피해 가는 방법과 나쁜 것을 좋게 바꾸는 것이 개운법이다. 개운법이 없다면 사주를 볼 필요가 없다. 사주를 보나 안 보나 마찬가지이기 때문이다. 하지만 고서에도 조심을 하면 피할 수 있다는 것을 많이 강조하고 있으니 사주 공부에서 개운법이 중요하다.

　사주를 보는 이유 중 하나는 취장보단(取長補短)이다. 나의 타고난 장점을 취하고 단점을 보강하는데 그 의미가 있겠다. 또한 피흉취길(避凶取吉)이기도 하다. 흉한 것을 피하고 길한 것을 취하는 것이기도 하다.

　이는 외출을 할 때 일기예보를 보는 것과도 비슷하다. 일기예보에 비가 온다고 하면 집에서 우산을 챙겨 가면 비를 피할 수 있기 때문이다.

우리 인간은 궁극적으로 행복을 추구한다. 사주를 보는 것도 일생 동안 굴곡 없이 행복하게 살고 싶기 때문이다. 어떤 것이 행복인가에 대해서는 다양한 이론이 있다. 그중 『서경(書經)』〈홍범(洪範)편〉에 나오는 오복(五福), 다섯 가지 복이 행복을 가장 적절하게 표현하고 있다.

첫째가 수(壽), 즉 목숨이다. 목숨이 살아 있어야 행복도 함께 있는 것이지 죽고 난 뒤의 재산은 아무런 의미가 없지 않은가. 그 다음이 부(富), 강녕(康寧), 유호덕(攸好德), 고종명(考終命) 등 이 다섯 가지를 오복으로 보았다.

서민들의 경우 『서경(書經)』〈통속(通俗)편〉에 나오는 것으로 수(壽), 부(富), 귀(貴), 강녕(康寧), 자손중다(子孫衆多)를 오복으로 보았다.

이를 종합해 보면 다음과 같다.

첫째 수(壽)다.

사주에서 목숨을 관장하는 별은 식신이다. 식신이 충, 형을 맞거나 운에서 좋지 않을 때에는 평소에 몸 관리를 잘해야 한다.

둘째 부(富)다.

사주에서 부를 나타내는 별은 재성이다. 사주에 재성이 좋지 않을 때는 근검절약을 해야 한다.

셋째 귀(貴)다.

사주에서 귀함을 나타내는 별은 관성이다. 특히 정관이 잘 구성되어야 한다.

넷째 유호덕(攸好德)이다.

유호덕은 도덕을 지키기를 낙으로 삼는 일이다. 사주에서 덕성을 나타내는 인성이 잘 구성되어야 한다.

다섯째 강녕(康寧)이다.

강녕은 몸이 건강하여 마음이 편안함을 의미한다. 강녕은 수(壽)와 합쳐 건강하게 오래 사는 것이다.

위의 다섯 가지가 행복의 근원이 된다. 사주가 아무리 좋고, 운이 잘 흘러도 평생 동안 이 오복을 고루 누리기는 어렵다. 길흉화복이 교차되어 흘러가는 것이 우리네 인생살이다. 사주명리학을 알면 길흉화복에 일희일비하지 않고 자기 중심을 지니고 잘 살아낼 수 있다. 그래서 주어진 사주와 운세에 안주하거나 체념하지 말고 적극적으로 운명을 개척해 나가는 자세가 필요하다. 그러므로 개운법은 노력으로 자신의 운을 개척해 나가는 적극적인 삶의 태도라고 할 수 있다.

그럼 이러한 복을 누리기 위해 일상생활에서 꾸준히 실천해 나가야 하는 기본적인 삶의 태도를 살펴보자.

Ⅰ. 검(儉)

사주에 재성이 기신 작용을 하여 좋지 않는 사람은 대체로 돈과 인연이 멀다. 이런 사람은 어떻게 살아야 하는가를 『도덕경』〈67장〉에서 그 해답을 찾아보자.

『도덕경』〈67장〉은 아래와 같다.

我有三寶 持而保之 一曰慈 二曰儉 三曰不敢爲天下先 夫慈故能
아 유 삼 보 지 이 보 지 일 왈 자 이 왈 검 삼 왈 불 감 위 천 하 선 부 자 고 능

勇儉故能廣 不敢爲天下先故能成器長 今捨其慈且勇 捨其儉且
용 검 고 능 광 불 감 위 천 하 선 고 능 성 기 장 금 사 기 자 차 용 사 기 검 차

廣 捨其後此先 死義 夫慈以戰則勝 以守則固 天將求之 以慈衛之
광 사 기 후 차 선 사 의 부 자 이 전 즉 승 이 수 즉 고 천 장 구 지 이 자 위 지

나에게 세 가지 보물이 있다. 세 보물을 지키고 간직을 한다. 첫째는 사랑함이고, 둘째는 검소함이요, 셋째는 섣불리 천하에 나서지 않는 것이다. 무릇 사랑하는 까닭에 용감할 수 있고, 검소하기 때문에 넉넉할 수 있으며, 섣불리 남들 앞에 나서지 않는 까닭에 오히려 남들 앞에서 어른 노릇을 할 수 있다. 반면에 사랑을 버리고 용감해지려고 하고, 검소함을 버리고 넉넉해지려 하며, 뒤로 물러남을 버리고 앞서려고만 한다면 죽는다. 무릇 사랑으로써 싸우면 이기고 사랑으로써 지키면 견고하고 하늘이 도와 사랑으로써 지켜주리라.

노자가 『도덕경』〈81장〉 중에서 자기 자랑을 내놓고 한 대목이 이

〈67장〉이다.

이 중에서 두 번째 보물인 검소함이 재성과 관련이 많다. 검소함은 물건을 아끼고 절약하고 저축하며 항상 만족하는 마음이다. 사주팔자에 재성이 너무 많거나 아예 없어서 문제가 되는 사람은 검소함을 늘 가슴 속에 두고 살아야 한다. 왜냐하면 재성이 많아도 돈이 안 되고, 재성이 없어도 돈이 안 되기 때문이다. 그러나 재성과 관계없이 검소함을 실천하면 타고난 사주팔자를 고칠 수 있다.

우리 속담에 "큰 부자는 하늘이 내리고 작은 부자는 절약에 있다."라고 하였다. 큰 부자는 의지대로 되기가 어렵지만 작은 부자는 인간의 의지대로 될 수 있다는 말이다. 사주에 재성이 중용을 이루지 못하고 치우쳐서 문제가 되는 사람도 검소하고 알뜰살뜰하게 살면 몸과 마음이 넉넉한 부자가 될 수 있다.

돈과 출세를 지나치게 탐하는 것은 결국 자신을 죽이는 것이다. 늘 사랑으로, 검소함으로, 남들 앞에 잘났다고 나서지 않음으로써 심신의 평안을 찾아야 할 것이다.

2. 겸손(謙遜)

사주와 운이 나쁠 때 이를 피해 가는 또 한 가지 방법이 겸손이다. 겸손하면 나쁜 운명도 극복할 수 있다. 겸손이 얼마나 중요한 미덕인가를 『주역』의 열다섯 번째 괘인 **지산겸(地山謙)**은 많은 교훈을 주고 있다.

『주역』의 64괘에는 모두 길흉화복(吉凶禍福)이 같이 존재하는데 오직 지산겸만이 흉(凶)과 화(禍)가 없고, 길(吉)과 복(福)만 있다. 이처럼 지산겸괘는 매력적이다.

지산겸괘는 위에는 땅이고 아래에는 산이다. '겸괘(☷☶ 謙卦)'의 괘상은 상괘가 땅을 가리키는 곤괘☷☷, 하괘가 산을 가리키는 간괘☶☶로 구성되어 있다. 높은 산이 낮은 땅보다 아래에 처하는 모양이다. 즉, 땅 아래에 산이 엎드려 있는 모습이다. 이는 지극한 겸손을 나타낸다.

겸은 지극히 높은 덕이 있으면서도 자기보다 못한 자의 아래에 몸을 낮춘다. 자신의 능력과 덕을 내세우지 않고 남을 존중하는 것이다.

《대상전》에서 다음과 같이 말한다.

象曰 地中有山이 謙이니 君子 以하야 裒多益寡하야 稱物平施하
상 왈 지중유산   겸   군자 이   부다익과   칭물평시
나리라

상에 말하기를 땅 속에 산이 있는 것이 겸이니, 군자가 본받아서 많은 것을 덜어 적은 데 더해서, 물건을 저울질하여 베풂을 고르게 하느니라.

인간이 교만하지 않고 자랑하지도 않고 겸손으로 자기 자신을 낮추면 모든 사람들은 오히려 그를 더욱 더 높여준다. 하지만 인간사는 말은 쉽지만 행동하기는 어려운 법이다. 그러나 운명을 바꾸려면 이만한 노력도 없이 될 수 있겠는가!

3 적선(積善)

사주가 나쁜데도 잘 풀리는 사람들을 보면 그 집안의 선조들이 적선을 많이 한 경우를 볼 수 있다.

『주역(周易)』의 두 번째 괘인 **중지곤괘(重地坤卦)**《문언전(文言傳), 주공이 쓴 곤괘의 각 효사에 공자가 설명을 덧붙인 글)에 다음과 같은 글이 있다.

> **積善之家 必有餘慶 積不善之家 必有餘殃**
> 적선지가 필유여경 적불선지가 필유여앙
> 선을 쌓은 집은 반드시 경사가 넘치고 불선을 쌓은 집은 반드시 재앙
> 이 넘친다.

그리고 심리학자 알프레드 아들러(Alfred Adler, 1870-1937)는 행복의 세 가지 조건을 다음과 같이 제시하고 있다.

첫째 자기 수용이다.

이는 지금 있는 그대로의 자신을 받아들이는 것이다. '하지 못하는 나' 를 그대로 받아들이고 할 수 있을 때까지 앞으로 나아가 방법을 찾는 것이 자기 수용이다. 자기 수용은 자기 긍정과는 다르다. 자기 긍정은 '나는 강하다', '나는 할 수 있다' 처럼 생각하는 것이다. 이는 자칫 우월 콤플렉스에 빠질 수 있다. 하지만 자기 수용은 자기의 결점을 그대로 인정하는 태도에서 출발한다.

둘째 타자신뢰이다.

신용과 신뢰는 다른 의미다. 신용은 은행의 담보대출처럼 담보만큼 돈을 빌려주는 것이지만 신뢰는 사람을 믿을 때 일절 조건을 달지 않는 것이다.

다른 사람을 믿지 않고서는 행복해질 수 없다. 신뢰하는 것을 두려워하면 결국은 누구와도 깊은 관계를 맺을 수 없다. 남을 적으로 여기는 사람은 자기 수용도 하지 못하고 남을 신뢰하지도 못한다. 타자신뢰를 통해서 더 깊은 관계 속으로 들어갈 용기를 가질 때 인간관계의 즐거움이 늘어나고 인생의 기쁨도 늘어나는 것이다.

셋째 타자공헌이다.

우리는 누군가에게 기쁨이 될 때 행복해진다. 남이 내게 무엇을 해주느냐가 아니라 내가 남을 위해 무엇을 할 수 있는가를 생각하고 실천하는 것이 행복의 마지막 단계다.

이처럼 『주역』에서 주장하는 **적선지가 필유여경**이나 아들러가 주장하는 **타자공헌**은 같은 의미다. 남을 위해 봉사할 때 경사가 있고 행복해진다.

내가 쌓은 선은 나의 당대에 영향을 미치기도 하지만 나의 자손에게 미치기도 한다. 내가 지금 잘 살고 있다면 내가 조상이 쌓은 적선의 득을 보고 있는 셈이다. 그러니 내가 덕업과 선업을 쌓아 놓으면 내가 사랑하는 자손들에게 그 혜택이 돌아가는 것이다. 한 그루 사과나무를 심듯이 선을 쌓아가고 키워나갈 필요가 있다.

4. 정도(正道)

　인성이 용신인 사주에는 운에서 재운이 오면 탐재괴인(貪財壞印)이라고 하여 재물을 탐하다가 명예와 학문을 망치는 경우가 많다. 고급관리들을 보면 관과 인성이 상생되는 관인상생격이 많다. 그리고 학문을 하는 교수나 교사들 또한 인성이 좋아서 교수나 교사가 된 경우가 많다.

　그러나 이들에게 재운이 오면 돈과 이성에 눈이 어두워진다. 이때에 조심하지 않으면 명망 높은 고급관료나 학자들이라도 돈을 밝히다가 명예에 먹칠을 하고, 감옥신세를 지는 경우도 있다.

　이렇게 안 좋은 운이 오면 어떻게 처신을 해야 할까? 정도(正道)로 살아야 한다. 『명심보감』에 그 첫 번째 답이 있다.

　　福生於淸儉복생어청검
　　복은 맑고 깨끗한 데서 생기고
　　德生於卑退덕생어비퇴
　　덕은 자신을 낮추고 물러나는 데서 생기며
　　道生於安靜도생어안정
　　지혜는 고요히 생각하는 데서 생기고
　　患生於多慾환생어다욕
　　근심은 욕심이 많은데서 생기며
　　因不廉而失位인불렴이실위
　　청렴하지 않으면 지위를 잃는다.

사주가 나빠도 사람이 부지런하고 청렴하고 검소하면 자신의 힘으로 복을 쌓아 잘 살게 된다. 그러나 자신의 삶이 청렴하지 못하고 사치를 좋아하면 지금 누리는 복도 언제 사라질지 모른다.

자신을 낮추고 겸손한 사람은 덕 있는 사람이다. 사람이 오만하고 거만하면 아무리 실력이 있어도 결국은 버림받게 된다. 자랑하지 마라. 덕이 무너지는 단초가 된다.

심신이 안정돼야 도심(道心)이 싹튼다. 근심 걱정은 탐욕에서 생긴다. 욕심이 작을수록 행복하다. 청렴하지 않으면 지위를 잃을 뿐만 아니라 결국은 목숨까지 잃을 수 있다.

또한 『논어』 《술이편》 〈15장〉에서 두 번째 대답이 나온다.

飯疏食飮水반소사음수,

초라한 밥과, 물을 마시고

曲肱而枕之곡괭이침지,

팔을 베고 누웠으니

樂亦在其中矣낙역재기중의,

즐거움은 이 가운데에도 있다.

不義而富且貴불의이부차귀,

의롭지 않게 부귀를 누리는 것은

於我如浮雲어아여부운

나에게는 뜬구름과 같다.

특히 마지막 구절인 '의롭지 못한 부와 귀는 뜬 구름과 같다.'를 기억해야 한다. 정당하지 못한 재물은 결국 명예를 잃게 됨은 물론이고 목숨과도 바꾸게 되는 것이다.

이처럼 뜬 구름 같은 재물을 탐내는 이에게 경종을 울리는 서산대사의 임종시 게송을 살펴 보자.

生從何處來 생종하처래
인생은 어디로부터 오며
死向何處去 사향하처거
죽어서 어디로 가는 것일까
生也一片浮雲起 생아일편부운기
삶이란 한 조각 구름이 일어남이오
死也一片浮雲滅 사야일편부운멸
죽음이란 한 조각 구름이 없어질 뿐
浮雲自體本無實 부운자체본무실
뜬 구름은 본래 실체가 없으니
生死去來亦如是 생사거래역어시
삶과 죽음 역시 그와 같다.

게송을 읽고 난 서산대사는 자신의 영정 뒷면에다 다음과 같은 마지막 법어를 써 놓고 결가부좌한 자세로 입적했다고 한다.

八十年前渠是我 팔십년전거시아 八十年後我是渠 팔십년후아시거
80년 전에는 저것이 나이더니, 팔십 년 후에는 내가 저것이구나

직장을 그만두는 사람 중 80%가 인간관계 때문이라고 한다. 사주에서 형, 충, 파, 해, 원진, 괴강, 백호, 양인 등이 있으면 인간관계가 힘들어진다.

직장생활뿐 아니라 가정에서도 가장 어려운 것이 바로 인간관계이다. 각자 타고난 기질이 다르고, 가치관이 다르고 연령층이 다르다. 그리고 살아온 문화적, 사회적, 가정적인 배경이 다 다른 사람들끼리 원만한 인간관계를 맺기는 쉽지 않다.

현대 심리학에서 인간관계는 일반적으로 성장과정에서 경험한 대인관계에 의해 결정된다고 한다. 대인관계는 부모와 자녀간의 애정관계에서 출발하여, 점차 성장해 감으로써 부모 이외의 사회생활 속에서 자신의 태도나 의견에 강한 영향을 끼치는 중요한 타자 - 친구, 연인, 학교선생님 등 - 에 의해 결정된다고 한다.

이러한 관점은 인간관계에 대한 보편적 설명에 불과하다. 구체적이고 실질적인 해답을 주지 못한다. 그럼 구체적이고 실질적인 인간관계의 해답은 무엇인가?

사주명리학에서는 인간관계에 관해서 10간과 12지의 상생 상극관계를 이용하여 명쾌한 해답을 준다.

인간관계는 일간을 기준으로 상생 상극과 지지의 합과 충으로 설명할 수 있다. 실제 임상을 해보면 상당히 설득력이 있다. 그러나 맹신은 금물이다. 사주명리학은 인간관계를 설명할 수 있는 하나의 도구일 뿐, 복잡한 인간관계를 모두 다 설명해 줄 수는 없다. 그만큼 인간은 어떤 특정한 이론이나 규칙으로 다 설명을 할 수 없는 존재이다.

인간이 다른 동물과 구별되는 특징 중 하나는 자아실현의 의지이다. 자아실현의 의지와 노력으로 많은 문제들을 해결해 나갈 수 있다. 인간관계 역시 타고나는 것도 중요하지만 그것을 뛰어넘을 수 있는 것은 인간의 의지와 노력이다.

좋은 인간관계를 맺는 것은 타고난 품성도 있겠지만 교육에 의해서 다듬어지고 가꾸어질 수 있다. 즉 개인의 의지와 노력, 훈련에 의해 달라질 수 있다는 점을 꼭 기억해야겠다.

그렇다면 좋은 인간관계를 맺기 위해서 우리는 어떤 노력을 해야 할 것인가?

첫 번째 역지사지(易地思之)의 자세가 제일 중요하다고 본다.

황금률(黃金律, Golden Rule)로 잘 알려진 성경의 《마태복음》〈7장 12절〉에 나오는 구절을 보자.

남에게 대접을 받고자 하는 대로 너희도 남을 대접하라_What you do not want done to yourself, do not do to others

이 구절이 황금률이라는 별칭을 얻게 된 것은 로마 황제 세베루스 알렉산데르(Severus Alexander, 재위기간 225-235년)가 이 문장을 금으로 써서 거실 벽에 붙인 데서 유래한 것으로 알려져 있다.

그리고 『논어』에 나오는 유명한 구절을 보자.

己所不欲勿施於人 기소불욕물시어인

자기가 하고자 하지 않는 것은 남에게도 강요하지 말라

이 구절은 『논어』에서 두 번이나 나오는데 〈안연편〉과 〈위령공편〉에 나온다. 『논어』의 핵심어인 인(仁)을 설명하는 내용 중 하나이다.

위의 두 문장을 보면 예수님이나 공자님이나 거의 같은 말씀을 하고 있다는 것을 알 수 있다. 요약하면 역지사지(易地思之), 상대방의 입장에서 먼저 생각하라는 것이다. 이 역지사지야말로 인간관계의 제1의 원리라고 할 수 있다.

두 번째 건강이다.

내가 건강해야만 항상 최고의 컨디션을 유지할 수 있어 남에게도 베풀어줄 수 있는 에너지가 생긴다. 좋은 인간관계를 맺으려면 내 그릇이 커야 베풀 수가 있고, 내 그릇을 키우기 위해서는 건강해야 한다.

건강하게 살기 위해서는 중국 전설의 명의인 편작의 **육불치(六不治)**를 참작하면 도움이 될 것이다. 사마천『사기』〈편작열전〉에 보면 어떠한 명의라도 도저히 고칠 수 없는 **6가지 불치병**이 나온다.

육불치(六不治)

1 驕恣不論於理 교자부론어리

교만하고 방자해서 병의 원리를 따져보지 않는 것이다. 즉, 내 병은 내가 안다고 하면서 주관적인 판단만 중요시하고, 정확한 의사의 진료와 충고를 따르지 않는 교만한 사람은 치료가 불가능하다는 뜻이다.

2 輕身重財 경신중재

몸을 함부로 여기고 오로지 재물을 중히 여기는 것이다. 몸은 세상에서 무엇과도 바꿀 수 없는 소중한 존재다. 돈을 중시하여 몸을 가벼이 부린다면 이것 또한 불치병이다.

3 衣食不能適 의식불능적

입고 먹는 것을 잘 가려지 않는 것이다. 의복과 음식을 함부로 하는 것이다. 옷은 추위를 견딜 정도면 적당하고, 음식은 배고픔을 채울 만하면 적당한 것인데 지나치게 음식을 탐하고 편안한 것만 쫓는 환자는 고칠 수 없다.

4 陰陽竝 臟氣不定 음양병 장기부정

음양의 조화를 거스르고 과욕을 부려 장기의 기가 불안정한 것을 말한다.

5 形羸不能服藥 형리불능복약

몸이 극도로 허약하여 약을 먹지 못하는 것이다. 어떤 명약을 쓰더라도 그 약을 받아들일 만한 기본 체력이 없다면 이것 또한 고치기 힘든 병이다.

6 信巫不信醫 신무불신의

의사의 말은 믿지 않고 무당의 말만 믿는 것을 말한다.

육불치는 인간이 교만하여 전문가를 신뢰하지 못하고 돈만 중시하는 인간들에게 경종을 주는 내용이다.

편작은 삼형제 중 막내라고 한다. 편작의 큰형님은 병이 생기기 전에 미리 알아서 고쳐주고, 작은형님은 발병 초기에 고쳐주고, 편작 본인은 증세가 심해지고 난 후에 대수술로 고쳐줄 수 있었다고 한다. 이는 역으로 불치병으로 가기 전에 사전에 몸을 조심하고 건강검진을 열심히 받아야 된다는 의미이기도 하다. 그래야만 건강을 유지할 수 있다.

세 번째 웃음 띤 얼굴로 친절하게 인사 잘하기이다.

우리 속담에 '웃는 얼굴에 침 못 뱉는다' 라는 말이 있다. 늘 웃음 띤 얼굴로 인사를 잘하는데 어느 누가 싫다고 하겠는가. 너무나 당연한 가장 기본적인 인간관계의 시작이 인사와 웃음이다. 웃는 얼굴로 인사하다 보면 먼저 나 자신이 행복해지고 내 관상도 바뀌고 운명도 바뀐다.

네 번째 적극적 '경청(傾聽)'이다.

내 말만 할 것이 아니라 상대방의 말을 존중하고, 귀를 기울이고 주의 깊게 듣는 태도이다. 학교생활을 하다 보면 선생님들 중에도 자기 말만 하다가 상대가 말을 하면 자르거나 가버리는 경우를 종종 볼 수 있다. 이런 분은 인간관계에서 빵점짜리인 것이다. 내 말도 중요하지만 상대의 말도 들어주는 것, 나아가 상대의 말을 더 적극적으로 들어주는 것이 인간관계의 시작이며 근간이다. 경청해야만 역지사지도 가능하다.

다섯 번째 칭찬(稱讚)이다.

칭찬은 고래도 춤추게 만든다고 하지 않는가. 칭찬의 효과를 알고 싶거든 지금 당장이라도 가장 가까이에 있는 사람에게 진심으로 칭찬을 해볼 일이다. 여기서 중요한 것은 칭찬은 반드시 진심으로 해야 한다는 점이다. 비난과 나무람으로 사람을 변화시킬 수 없다. 칭찬만이 사람을 바꾸고, 운명을 변화시킨다.

여섯 번째 피하라이다.

그동안 살아오면서 경험한 바로는 아무리 노력을 해도 대화도 안되고 모든 것이 근본적으로 싫은 사람이 있다. 이런 경우는 부딪치지 않고 피하는 것이 상책이다.

유대교 교리에는 "열 명 중 한 명은 반드시 당신을 비판하고, 2명은 친구가 되고, 7명은 이것도 저것도 아니다."라고 한다. 아무리 잘하려고 애써도 반드시 나를 비난하는 사람이 열 명 중 꼭 한 명은 있다는 뜻이다. 나를 비난하는 사람과 부딪치면 충돌만 일어날 뿐이다. 이런 사람은 피하는 것이 가장 상책이다. 이런 사람들과는 최소한의 인간관계만 하자. 억지로 하지 않는 것이 좋다. 즉 나와 맞는 사람들을 주변에 두고, 안 맞는 사람에게는 집중하지 않도록 노력해야 한다. 모든 사람들과 친하게 지내려고 하거나 모든 사람들에게 인정받으려고 하는 욕심은 빨리 포기해야 한다.

그러나 인간관계를 개선하려는 노력도 하지 않고 선입견으로 미리 피해서는 안 될 것이다.

일곱 번째 애기애타(愛己, 愛他)이다.

인간은 결점투성이이다. 결점 없는 인간이란 없다. 결점투성이인 나 자신도 사랑하고 결점투성이인 다른 사람도 사랑하는 것이야말로 인간관계의 최고 경지일 것이다.

운명을 바꾸는 개운법으로 검(儉), 겸손, 적선, 정도, 좋은 인간관계를 들었다.

운명이 사람마다 다르듯 이것만이 개운법이 아니다. 자신의 사주와 운을 잘 살펴서 자신에게 넘치는 것, 부족한 것을 판단하여 중용이 되도록 보완하면 그것이 운명을 바꾸는 개운법이 된다.

즉, 사주명리학에 대한 바른 이해를 바탕으로 자신의 운명을 알고, 그것을 바꿀 수 있는 개운법을 찾고, 꾸준히 실천하는 것이 제일 중요하다.

참고문헌

_심재열 / 『연해자평정해』 / 명문당

_심재열 / 『명리정종정해』 / 명문당

_심효첨 / 『자평진전』 / 박영창 역 / 달과별

_여춘태 / 『궁통보감정해』 / 최봉수 역 / 명문당

_이석영 / 『사주첩경』 / 한국역학교육원

_박재완 / 『명리사전』 / 역문관서우회

_박재완 / 『명리요강』 / 역문관서우회

_백영관 / 『사주정설』 / 명문당

_신육천 / 『사주명리학대사전』 / 갑을당

_신육천 / 『사주감정비결집』 / 갑을당

_김배성 / 『명리학 정론』 / 창해

_김배성 / 『사주심리치료학』 / 창해

_고해정 / 『사주학정해』(전3권) / 한빛출판미디어

_맹기옥 / 『나이스 사주명리』 / 상원문화사

_맹기옥 / 『나이스 자평진전(해설서)』 / 상원문화사

_맹기옥 / 『나이스 난강망(해설서)』 / 상원문화사

_홍재관 · 안성재 / 『명리진학 정보론』 / 상원문화사

_박주현 / 『용신분석』 / 동학사

_박주현 / 『왕초보사주학』(전3권) / 동학사

_박주현 / 『적천수 강의』(전3권) / 동학사

_김만태 / 『한국사주명리연구』 / 민속원

_설현욱 / 『초과학이야기』 / 성아카데미

_정현우 / 『신비의 운명학』 / 명문당

_정대엽 / 『사주학』 / 삼한

_박청화 / 『춘하추동신사주학』(전4권) / 청화학술원

_김동완 / 『사주명리학』(전9권) / 동학사

_덕　연 / 『지천명리 격과 그릇』 / 지천명

_이선종 / 『미래 사주학』(전3권) / 진산

_조규문 / 『인생의 운』 / RHK

_전형일 / 『사주팔자 30문 30답』 / 창해

_전형일 / 『명리인문학』 / 알렙

_김학목 / 『명리명강』 / 판미동

_강　헌 / 『명리』 / 돌베개

_김광일·박영창 / 『한 권으로 완성하는 사주학』 / 책만드는집

_한동석 / 『우주변화의 원리』 / 대원출판

_강진원 / 『동양천문학 이야기』 / 정신세계사

_김석진 / 『대산주역』 / 대유학당

_이기석 / 『명심보감』 / 홍신문화사

_윤재근 / 『노자』 / 동학사

_이기영 / 『논어강좌』 / 큰나

_박문호 / 『뇌생각의 출현』 / 휴머니스트

_박문호 / 『뇌과학의 모든 것』 / 휴머니스트

_KBS 명견만리 제작팀 / 『명견만리』(전3권) / 인플루엔셜

_윤홍균 / 『자존감 수업』 / 심플라이프

_가토 토시노리 / 『기적의 두뇌강화법』 / 나라원

_서상민 / 『공부 지금 시작해도 인생 역전된다』 / 지상사

_이시형 / 『공부하는 독종이 살아남는다』 / 중앙북스

_이재철 / 『호흡법 몰입법을 통한 절대집중 공부법』 / 세림출판사

_크리스 라반 / 『심리학의 즐거움』 / 휘닉스

_이시우라 쇼이치 / 『뇌 새로고침』 / 열음사

_모기 겐이치로 / 『뇌가 기뻐하는 공부법』 / 이아소

_김승호 / 『돈보다 운을 벌어라』 / 쌤앤파커스

_김승호 / 『사람이 운명이다』 / 쌤앤파커스

_기시미 이치로·고가 후미타케 / 『미움받을 용기』 / 인플루엔셜

_기시미 이치로 / 『아들러 심리학을 읽는 밤』 / 살림

_고영성·신영준 / 『완벽한 공부법』 / 로크미디어

_박영숙 / 『세계미래보고서』 / 교보문고

운명을 바꾸는
황교장의 사주명리학 여행

1판 1쇄 인쇄 | 2017년 08월 30일
1판 2쇄 발행 | 2017년 10월 26일

지은이 | 황대식
펴낸이 | 문해성
펴낸곳 | 상원문화사
주소 | 서울시 은평구 증산로 15길 36(신사동) (03448)
전화 | 02)354-8646 · **팩시밀리** | 02)384-8644
이메일 | mjs1044@naver.com
출판등록 | 1996년 7월 2일 제8-190호

책임편집 | 김영철
표지 및 본문디자인 | 개미집

ISBN 979-11-85179-00-0 (03180)

이 도서의 국립중앙도서관 출판예정도서목록(CIP)은 서지정보유통지원시스템 홈페이지
(http://seoji.nl.go.kr)와 국가자료공동목록시스템(http://www.nl.go.kr/kolisnet)에서 이
용하실 수 있습니다. (CIP제어번호 : CIP2017021429)